教育部高等学校机械类专业教学指导委员会规划教材

汽车可靠性与质量管理

主　编　梅雪晴　吴华伟
副主编　刘建强　耿向阳　刘　静　龙四龙

清华大学出版社
北京

内 容 简 介

本书在介绍汽车可靠性与质量管理的基本概念、理论和知识的基础上,按照汽车可靠性统计特性、可靠性分析与设计、可靠性管理、汽车质量管理理论体系、汽车生产方式的脉络系统阐述汽车可靠性与质量管理两方面的内容。本书力求汽车可靠性理论与工程技术相结合、汽车质量管理理论与企业生产实际相结合,理论联系实际,将汽车可靠性工程与汽车产品质量管理有机结合,达到前后章节内容有效衔接、知识体系完整、合理。

本书可作为面向应用型人才培养的本科汽车类各专业(车辆工程、汽车服务工程、智能车辆工程等)的教材,也可供从事可靠性技术和质量管理的工作人员阅读参考。

版权所有,侵权必究。举报: 010-62782989,beiqinquan@tup.tsinghua.edu.cn。

图书在版编目(CIP)数据

汽车可靠性与质量管理/梅雪晴,吴华伟主编. —北京:清华大学出版社,2021.8
教育部高等学校机械类专业教学指导委员会规划教材
ISBN 978-7-302-58827-6

Ⅰ.①汽⋯ Ⅱ.①梅⋯ ②吴⋯ Ⅲ.①汽车-可靠性理论-高等学校-教材 Ⅳ.①U461.7

中国版本图书馆 CIP 数据核字(2021)第 158134 号

责任编辑:许 龙
封面设计:常雪影
责任校对:赵丽敏
责任印制:朱雨萌

出版发行:清华大学出版社
    网 址: http://www.tup.com.cn, http://www.wqbook.com
    地 址:北京清华大学学研大厦 A 座 邮 编: 100084
    社 总 机: 010-62770175 邮 购: 010-62786544
    投稿与读者服务: 010-62776969, c-service@tup.tsinghua.edu.cn
    质量反馈: 010-62772015, zhiliang@tup.tsinghua.edu.cn
印 装 者:三河市少明印务有限公司
经 销:全国新华书店
开 本: 185mm×260mm 印 张: 14.75 字 数: 356 千字
版 次: 2021 年 8 月第 1 版 印 次: 2021 年 8 月第 1 次印刷
定 价: 45.00 元

产品编号: 090805-01

前言
FOREWORD

可靠性理论自第二次世界大战后从航空和电子工业发展起来，现已广泛应用于航天、化工、机械、汽车等领域，涉及基础科学、技术科学和管理科学等众多学科。可靠性已经成为汽车产品质量的一项重要属性，是汽车用户最关心的性能之一，同时也是汽车生产企业提高汽车产品质量和核心竞争力的要素之一。随着《中国制造2025》的颁布以及我国对汽车工业自主研发的不断强化，汽车可靠性与质量管理的研究日益受到人们的重视。尤其是随着汽车电气化、轻量化、智能化、网联化的发展，汽车已成为涉及机械、电气、计算机、人工智能、网络等多学科交叉应用的综合体。为适应汽车产业应用型人才的需求，急需一本涉及汽车可靠性与质量管理方面的综合性图书。

本书分为11章，内容包括绪论、汽车可靠性工程理论基础、汽车系统可靠性分析、汽车可靠性设计、汽车可靠性试验、汽车失效工程分析、软件可靠性工程、可靠性管理、质量管理理论与方法、汽车生产质量管理体系、汽车生产方式。本书可作为高等院校车辆工程、汽车服务工程、智能车辆工程等本科专业的教材，也可供汽车设计、制造、生产管理和科研人员阅读参考。

本书由湖北文理学院梅雪晴、吴华伟担任主编，国家动力电池产品质量监督检验中心（襄阳）刘建强、东风电驱动系统有限公司耿向阳、湖北文理学院刘静、国家动力电池产品质量监督检验中心（襄阳）龙四龙担任副主编。梅雪晴编写第2、4、5、6、7、9章，吴华伟编写第1、3章，刘建强编写第8章，耿向阳编写第10章，刘静、龙四龙编写第11章。湖北文理学院新能源汽车团队的刘祯、聂金泉、万锐、叶从进、张远进等老师对本书资料的收集和整理给予了无私的帮助和支持！本书在编写过程中，参考了一些国内外文献资料，并得到湖北文理学院"机电汽车"湖北省优势特色学科群项目的资助，在此一并致以衷心感谢！

由于作者时间和水平有限，书中不足和不妥之处恳请读者批评指正。

编　者

2021年3月

目 录 CONTENTS

第 1 章 绪论 ……………………………………………… 1
1.1 可靠性研究的发展 ……………………………………… 1
1.1.1 可靠性工程的形成与发展 ………………………… 1
1.1.2 汽车可靠性工程 …………………………………… 3
1.2 汽车可靠性研究的重要性 ……………………………… 4
1.2.1 可靠性与产品质量 ………………………………… 4
1.2.2 可靠性研究的重要性 ……………………………… 5
1.3 汽车可靠性研究的主要内容 …………………………… 6
复习思考题 …………………………………………………… 7

第 2 章 汽车可靠性工程理论基础 ………………………… 8
2.1 可靠性定义 ……………………………………………… 8
2.1.1 可靠性的基本概念 ………………………………… 8
2.1.2 可靠性和维修性 …………………………………… 9
2.1.3 可靠性常用的三大指标 …………………………… 9
2.2 可靠性的主要特征量 …………………………………… 10
2.2.1 不可修复产品与可修复产品 ……………………… 10
2.2.2 可靠度与不可靠度 ………………………………… 10
2.2.3 失效概率密度 ……………………………………… 12
2.2.4 失效率 ……………………………………………… 13
2.2.5 产品的寿命指标 …………………………………… 14
2.2.6 失效率与可靠度、失效概率密度函数的关系 …… 15
2.3 汽车可靠性工程中的常见分布 ………………………… 16
2.3.1 正态分布 …………………………………………… 16
2.3.2 对数正态分布 ……………………………………… 18
2.3.3 指数分布 …………………………………………… 19
2.3.4 威布尔分布 ………………………………………… 20
2.3.5 二项分布 …………………………………………… 20
2.3.6 泊松分布 …………………………………………… 22
2.3.7 多项分布 …………………………………………… 22

2.3.8 贝塔分布 ………………………………………………………………… 23
  2.4 维修性及其主要数量指标 …………………………………………………… 23
   2.4.1 维修思想的演变 …………………………………………………… 23
   2.4.2 我国的汽车维修制度 ……………………………………………… 25
   2.4.3 维修性主要指标 …………………………………………………… 26
  复习思考题 ………………………………………………………………………… 28

第3章 汽车系统可靠性分析 …………………………………………………… 30

  3.1 系统可靠性的基本概念 ……………………………………………………… 30
   3.1.1 系统与单元 ………………………………………………………… 30
   3.1.2 可靠性逻辑框图 …………………………………………………… 30
  3.2 简单系统的可靠性分析 ……………………………………………………… 32
   3.2.1 串联系统的可靠性分析 …………………………………………… 32
   3.2.2 并联系统的可靠性分析 …………………………………………… 33
   3.2.3 混联系统的可靠性分析 …………………………………………… 34
   3.2.4 表决系统的可靠性分析 …………………………………………… 35
   3.2.5 储备系统的可靠性分析 …………………………………………… 35
  3.3 一般网络系统的可靠性分析 ………………………………………………… 36
   3.3.1 真值表法 …………………………………………………………… 36
   3.3.2 条件概率法 ………………………………………………………… 37
   3.3.3 最小割集法 ………………………………………………………… 38
  复习思考题 ………………………………………………………………………… 39

第4章 汽车可靠性设计 ………………………………………………………… 40

  4.1 可靠性分配 …………………………………………………………………… 40
   4.1.1 可靠性分配的意义 ………………………………………………… 40
   4.1.2 简单系统可靠性分配 ……………………………………………… 41
   4.1.3 复杂系统可靠性分配 ……………………………………………… 42
  4.2 可靠性设计原理 ……………………………………………………………… 44
   4.2.1 应力-强度干涉理论 ………………………………………………… 44
   4.2.2 常用分布的可靠度计算 …………………………………………… 47
  4.3 可靠性设计方法 ……………………………………………………………… 49
   4.3.1 可靠性设计基础 …………………………………………………… 49
   4.3.2 可靠性设计的内容 ………………………………………………… 50
   4.3.3 可靠性设计原则 …………………………………………………… 51
   4.3.4 汽车可靠性设计的基本要求 ……………………………………… 52
  4.4 维修性分配 …………………………………………………………………… 53
   4.4.1 维修性分配的目的和意义 ………………………………………… 53
   4.4.2 维修性指标的确定 ………………………………………………… 53

  4.4.3 维修性分配方法 ……………………………………………………………… 54
4.5 电子产品可靠性设计 …………………………………………………………………… 57
  4.5.1 电路容差分析 …………………………………………………………………… 57
  4.5.2 元器件降额设计 ………………………………………………………………… 58
  4.5.3 电子产品的热设计 ……………………………………………………………… 59
复习思考题 ……………………………………………………………………………………… 63

第5章 汽车可靠性试验 ……………………………………………………………………… 64

5.1 可靠性试验概述 ………………………………………………………………………… 64
  5.1.1 可靠性试验的含义 ……………………………………………………………… 64
  5.1.2 可靠性试验的目的 ……………………………………………………………… 64
  5.1.3 可靠性试验的分类 ……………………………………………………………… 65
  5.1.4 可靠性试验的发展历程 ………………………………………………………… 66
5.2 汽车可靠性试验理论基础 ……………………………………………………………… 67
  5.2.1 可靠性试验抽样 ………………………………………………………………… 67
  5.2.2 快速可靠性试验 ………………………………………………………………… 70
5.3 特殊条件下的汽车可靠性试验 ………………………………………………………… 71
  5.3.1 特殊环境下的可靠性试验 ……………………………………………………… 71
  5.3.2 极限条件下的可靠性试验 ……………………………………………………… 73
5.4 汽车可靠性行驶试验 …………………………………………………………………… 73
  5.4.1 试验条件 ………………………………………………………………………… 73
  5.4.2 试验车辆准备 …………………………………………………………………… 79
  5.4.3 试验仪器准备 …………………………………………………………………… 79
  5.4.4 汽车可靠性行驶试验规范 ……………………………………………………… 80
  5.4.5 试验数据处理 …………………………………………………………………… 84
  5.4.6 汽车可靠性评价指标及其计算方法 …………………………………………… 86
  5.4.7 试验报告的编写 ………………………………………………………………… 89
5.5 汽车可靠性室内试验 …………………………………………………………………… 90
  5.5.1 可靠性室内试验概述 …………………………………………………………… 90
  5.5.2 可靠性室内试验的一般步骤 …………………………………………………… 91
  5.5.3 载荷谱的编制 …………………………………………………………………… 91
  5.5.4 可靠性室内试验方法 …………………………………………………………… 92
5.6 汽车可靠性试验注意事项 ……………………………………………………………… 95
复习思考题 ……………………………………………………………………………………… 96

第6章 汽车失效工程分析 …………………………………………………………………… 97

6.1 失效分析 ………………………………………………………………………………… 97
  6.1.1 汽车失效分析概述 ……………………………………………………………… 97
  6.1.2 汽车的失效模式 ……………………………………………………………… 100

  6.1.3 失效分析方法 ································· 101
6.2 失效模式影响分析 ··· 103
  6.2.1 失效模式影响分析的含义 ····················· 103
  6.2.2 FMEA 的作用及特点 ···························· 104
  6.2.3 FMEA 的应用范围 ······························· 104
  6.2.4 FMEA 的基本思路与主要步骤 ················ 105
  6.2.5 DFMEA(设计 FMEA)介绍 ···················· 106
6.3 故障树分析 ·· 114
  6.3.1 故障树分析概述 ································ 114
  6.3.2 故障树的建立过程 ····························· 117
  6.3.3 故障树的分析方法 ····························· 121
复习思考题 ·· 123

第 7 章　软件可靠性工程 ································· 124

7.1 软件可靠性概述 ·· 124
  7.1.1 基本概念 ·· 124
  7.1.2 软件与硬件的区别 ····························· 128
  7.1.3 影响软件可靠性的因素 ························ 130
  7.1.4 软件可靠性模型 ································ 132
7.2 软件可靠性要求与分配 ···································· 134
  7.2.1 软件可靠性要求 ································ 134
  7.2.2 软件可靠性分配 ································ 136
7.3 软件可靠性的设计 ··· 139
  7.3.1 设计原则及分类 ································ 139
  7.3.2 避错设计 ·· 141
  7.3.3 查错设计 ·· 143
  7.3.4 纠错设计 ·· 144
  7.3.5 容错设计 ·· 145
7.4 软件可靠性测试 ·· 151
复习思考题 ·· 152

第 8 章　可靠性管理 ··· 153

8.1 可靠性管理的目标和内容 ································· 153
  8.1.1 可靠性管理的目标 ····························· 153
  8.1.2 可靠性管理的内容及特点 ····················· 154
  8.1.3 可靠性管理与质量管理 ························ 156
  8.1.4 可靠性管理机构及职责 ························ 157
8.2 可靠性控制计划 ·· 159
8.3 可靠性增长管理 ·· 161

　　　　8.3.1　可靠性增长的概念 …………………………………………………… 161
　　　　8.3.2　研究可靠性增长的目的 ……………………………………………… 161
　　　　8.3.3　可靠性增长模型 ……………………………………………………… 161
　　8.4　可靠性评审与认证 ………………………………………………………………… 163
　　　　8.4.1　可靠性评审 …………………………………………………………… 163
　　　　8.4.2　质量与可靠性认证 …………………………………………………… 165
　　复习思考题 ……………………………………………………………………………… 166

第9章　质量管理理论与方法 …………………………………………………………… 167

　　9.1　质量与质量管理 …………………………………………………………………… 167
　　　　9.1.1　质量的基本概念 ……………………………………………………… 167
　　　　9.1.2　质量管理的基本概念 ………………………………………………… 169
　　　　9.1.3　质量管理的演变过程 ………………………………………………… 170
　　9.2　统计质量管理 ……………………………………………………………………… 172
　　　　9.2.1　质量管理的统计控制方法 …………………………………………… 172
　　　　9.2.2　质量管理的统计方法 ………………………………………………… 172
　　9.3　全面质量管理 ……………………………………………………………………… 176
　　　　9.3.1　概述 …………………………………………………………………… 176
　　　　9.3.2　全面质量管理主要工作 ……………………………………………… 176
　　　　9.3.3　全面质量管理方法 …………………………………………………… 177
　　9.4　六西格玛质量管理 ………………………………………………………………… 178
　　　　9.4.1　概述 …………………………………………………………………… 178
　　　　9.4.2　六西格玛质量管理理念 ……………………………………………… 178
　　　　9.4.3　六西格玛质量管理实施步骤 ………………………………………… 179
　　复习思考题 ……………………………………………………………………………… 179
　　案例讨论　上海大众汽车基于市场评价的全面质量管理 ……………………………… 180

第10章　汽车生产质量管理体系 ………………………………………………………… 182

　　10.1　质量管理体系概述 ………………………………………………………………… 182
　　10.2　国际汽车行业质量管理体系 ……………………………………………………… 183
　　　　10.2.1　汽车行业质量管理体系演变 ………………………………………… 183
　　　　10.2.2　IATF 16949:2016简介 ……………………………………………… 186
　　　　10.2.3　IATF 16949:2016质量管理原则 …………………………………… 187
　　10.3　汽车行业质量管理体系实施工具 ………………………………………………… 188
　　　　10.3.1　产品质量先期策划和控制计划 ……………………………………… 188
　　　　10.3.2　测量系统分析 ………………………………………………………… 189
　　　　10.3.3　生产件批准程序 ……………………………………………………… 190
　　　　10.3.4　其他重要工具和技术 ………………………………………………… 190
　　复习思考题 ……………………………………………………………………………… 193

案例讨论　上海日用—友捷汽车电气公司质量管理 …………………………… 193

第 11 章　汽车生产方式 …………………………………………………………… 196

11.1　汽车生产方式概述 ………………………………………………………… 196
11.2　精益生产方式 ……………………………………………………………… 197
11.2.1　精益思想 ……………………………………………………………… 197
11.2.2　准时化与自动化 ……………………………………………………… 203
11.2.3　实行精益生产的条件 ………………………………………………… 204
11.3　敏捷制造方式 ……………………………………………………………… 210
11.3.1　概述 …………………………………………………………………… 210
11.3.2　敏捷制造的内涵 ……………………………………………………… 211
11.3.3　敏捷制造的实施 ……………………………………………………… 212
11.4　大规模定制 ………………………………………………………………… 212
11.4.1　概述 …………………………………………………………………… 212
11.4.2　大规模定制生产模式 ………………………………………………… 213
11.5　OPT 和 TOC ……………………………………………………………… 214
11.5.1　最优化生产技术 OPT ………………………………………………… 214
11.5.2　约束理论 TOC ………………………………………………………… 216
11.6　绿色制造 …………………………………………………………………… 217
11.6.1　概述 …………………………………………………………………… 217
11.6.2　绿色制造实现策略 …………………………………………………… 218
11.6.3　发展趋势 ……………………………………………………………… 220
复习思考题 ……………………………………………………………………… 220
案例讨论　约束理论在某汽车制造企业物料供应系统中的应用 …………… 221

参考文献 …………………………………………………………………………… 224

第 1 章

绪　　论

在日常生活中,如果一个产品"结实""耐用""很少出故障",即使用的持久性和性能的稳定性都很好,则说明该产品的可靠性高、质量好。相反,如果一个产品"不结实""不耐用""经常出故障",即使用的持久性和性能的稳定性都不好,则说明该产品的可靠性差、质量不好。具体到汽车行业,用户对汽车性能的要求,对产品是否先进、好坏,则有很多评价指标:汽车的可靠性、燃油经济性、动力性、维修性、通过性、平顺性、售价等。可靠性是质量的核心,因而必须把产品的可靠性提高到质量问题的首位,即只有达到了产品可靠性指标,然后谈论其他性能指标才是有意义的。

可靠性理论及工程是近二三十年发展起来的一门综合性的新兴学科,它以产品的可靠性及寿命特征作为研究对象,涉及基础科学、技术科学和管理科学,现应用于机械、汽车、电子及化工等各个领域。

李克强总理在第十二届全国人大四次会议的政府工作报告中明确提出了要"建设质量强国"。《中国制造 2025》指出,坚持质量是坚持制造强国生命线,没有一流的制造质量,就不可能建设成为制造强国,我国必须走以质取胜的发展道路。《中国制造 2025》强调:一是加强可靠性设计、试验、验证技术的研究和应用;二是推广先进的在线故障预测与诊断技术及后勤系统;三是国产关键产品可靠性指标达到国际先进水平。

1.1　可靠性研究的发展

1.1.1　可靠性工程的形成与发展

1. 可靠性工程的准备及萌芽时期(20 世纪 30—40 年代)

可靠性概念的建立,起源于航空业。第二次世界大战期间,飞机作为主要的交通、作战工具,飞行事故频繁,要求计算一台发动机失效的概率以及在一段飞行时间内不失效的概率,这就是初始的可靠性概念。

1939 年,英国航空委员会出版《适航性统计学注释》,首次把飞机安全性及可靠性作为概率的概念提出。

1944 年,纳粹德国在研制Ⅵ型火箭的过程中,最早提出了系统可靠性的基本理论,即可靠性乘积定律。德国战败后终止研制,专家流落美国。

第二次世界大战中,美国有 60% 的机载电子设备运到远东后不能使用,50% 的电子设备在储运期间失效。美国于1943年成立了电子管研究委员会,主要开展电子管的可靠性问题研究。1949年,美国无线电工程师学会成立了可靠性技术组,这是第一个可靠性专业学术组织。

2. 可靠性工程的兴起及形成阶段(20世纪50年代)

20世纪50年代初期,美国侵略朝鲜。由于电子设备不可靠,影响了战争进程,导致维修费用增加(每年维修费用是成本的2倍)。1955年,美国举行第一届质量控制及可靠性年会。1957年,美国军方发表了第一份可靠性研究报告《军用电子设备可靠性》。

在这一时期,美国组织可靠性研究力量,制定了可靠性管理大纲,在可靠性设计、试验方法和程序、失效数据的收集及处理系统等方面对可靠性工程作出了贡献。

苏联、日本也在20世纪50年代后期着手开展可靠性研究工作。

3. 可靠性工程迅速、全面发展阶段(20世纪60年代)

20世纪60年代是美国经济发展较快的时期,航空航天业迅速发展,此时期称为美国的"航宇年代"。1963年,美国一颗地球同步卫星SYNCOM Ⅰ因高压容器壳体破裂而损毁,"水手Ⅲ"航天飞行器也因机械部件失效而坠毁。

在这个阶段,美国主要开展了如下研究工作:改善可靠性管理;建立可靠性研究中心;制定可靠性试验标准,发展新的可靠性试验方法;开辟失效物理研究新领域,发展新的失效模式分析技术;重视机械部件的可靠性研究;建立起一种新的设计理论——"应力-强度干涉理论",其相应的设计方法就是机械概率设计;注意人与可靠性、安全性以及维修性的研究;创建可靠性教育课程。起初只有几所学校开设可靠性课程,到20世纪60年代后期,美国40%的大学设有可靠性课程,并开办研究生班,设立硕士、博士学位。

此间,苏联、日本、英国、法国等相继全面开展可靠性研究。日本从美国引进可靠性技术,把美国在航空、航天及军事工业的可靠性研究成果应用于民用工业。

4. 可靠性工程深入发展阶段(20世纪70年代以后)

一些发展中国家也开展了可靠性研究,重视可靠性教育。此时,日本产品的可靠性研究工作取得了很大进展。在1978年召开的第四届国际质量管理会议上,日本的可靠性研究工作得到了高度评价。可靠性研究工作在世界范围内达到成熟期。我国关于可靠性的研究是从20世纪60年代末、70年代初开始的,当时的航天工业部和电子工业部是开展可靠性研究比较早的部门。首先开展的是电子产品的可靠性研究,逐步扩大到其他的产品和部门。我国汽车行业的可靠性研究始于20世纪80年代。

综上所述,可靠性的研究是从20世纪40年代起,由于处理电子产品所面临的问题而开展起来的。20世纪60年代,由于空间科学和航天技术的发展,可靠性的研究水平得到了进一步的提高,其研究范围从电子产品逐渐扩展到机械产品。20世纪70年代初,集成电路的迅速发展又更进一步促进了可靠性的研究。

有人把可靠性研究发展成为一门学科的历史称为"教训总结史"。

1.1.2 汽车可靠性工程

汽车可靠性工程,包括可靠性管理和可靠性技术两个方面,是从系统的观点出发对汽车全寿命周期中的各项可靠性技术活动进行规划、组织、协调、控制与监督,以实现确定的可靠性目标,并保持产品全寿命周期费用最省且贯穿于汽车产品开发、生产、销售、售后服务全过程的系统工程之中。

汽车产品质量的竞争,在很大程度上就是产品可靠性的竞争。因此,汽车企业在把产品推向市场的过程中,就必须高度重视产品的可靠性。

1. 可靠性工程与市场

市场占有率是企业管理的策划重点,市场占有率又一直以产品的"物优""价廉"为基础,而汽车产品的"物优""价廉"又必须以可靠性工程做后盾。随着我国经济发展和国民生活水平的提高,人们的消费观念正在发生变化,把汽车作为一种交通工具的观念更加明显。顾客更重视其可靠性、经济性、维修方便和较低的购置费用。汽车企业只有在充分掌握竞争对手的优势领域和薄弱环节的基础上,将对方竞争优势作为自己学习的榜样,将对方薄弱环节作为自己的改进目标,将顾客给对方产品的抱怨在自己的产品中得到彻底解决,才能制造出满足顾客要求的产品。汽车企业要实现这一目标,并不是从汽车产品首次销售开始的,而是从汽车产品持续不断的销售过程中,就应该不断地研究产品的可靠性工程。这里所指的持续不断销售的产品,就是用户认可的价格既便宜、可靠性又好的汽车产品。因此,汽车企业必须十分清楚地认识到产品可靠性工程是企业开拓市场和占领市场的重要法宝。

2. 可靠性工程与用户满意

市场经济是以用户需求为导向的经济,只有赢得用户才能占领市场,用户满意才是产品的最终标准。用户满意往往来源于对产品适用性的主观评价,汽车产品只有按用户愿望把用户关注的产品适用性要求转化为产品可靠性要求,才能赢得用户满意。汽车产品可靠性工程包括可靠性技术与可靠性管理,可靠性工程与质量管理的指导思想都是强调预防为主、事先控制。可靠性工程的工作重点放在设计阶段,注重设计质量;而质量管理则是强调全过程管理和全面控制。可靠性工程与质量管理都强调"一切用数据说话"的信息收集,但可靠性工程更强调产品使用后故障缺陷模式的失效分析,以及从分析入手的科学设计。因此,汽车企业在进行产品开发时,就应引入可靠性工程,并根据国内产品使用环境进行故障缺陷模式的失效分析,并通过分析将所确定的各项质量改进措施落实到产品设计过程中,这样才能确保赢得用户满意。

3. 可靠性工程与产品成本

顾客需求的产品价格实质上是在产品质量保证的前提下,同等产品质量水平的可比价格。价格竞争是指通过运用比竞争对手更有效的价格方式进行设计、生产和销售同等产品而进行的竞争,其核心就是成本优势。汽车企业应充分认识到,为满足用户的适用性要求,产品可靠性工程与产品成本必然是一个对立的统一体,当年日本丰田汽车就是靠价格竞争策略占领美国市场。但是,如果有些汽车企业在进行产品设计时没有正确学习日本丰田的成功经验,而是简单地学习它降低成本的思路,这样就会造成这些企业开发的新产品的可靠性先天不足,必然会使顾客在今后的使用过程中后患无穷。因此,汽车企业在产品研制过程中,首先就应学习国外汽车企业"以高投入换取高技术,用高技术确保产品可靠性"的设计理念;其次应在吸收国外先进技术的基础上,从国情出发,针对引进产品有些零部件不适应国内道路使用状况的致命弱点,在正确处理可靠性工程与产品成本的关系基础上尽快进行产品的设计改进。

1.2 汽车可靠性研究的重要性

1.2.1 可靠性与产品质量

产品的真正价值主要体现在使用过程中,而产品质量是产品使用的重要保证。汽车已成为现代社会的主要交通工具,人们都希望购买自己满意的汽车,在购买汽车时,有随意选择的自由。用户的要求是多方面的,不仅要求汽车坚固耐用,而且要故障少、维修方便。

1. 质量与可靠性的关系

一般含义的汽车产品质量包括基本性能(动力性、经济性)、可靠性、有效性、外观等。即可靠性是产品的一种质量指标,并且可以说可靠性就是产品性能的稳定性。

和一般的质量指标不同,可靠性指标有自身的特点:①必须明确3个规定的条件(时间、条件、功能)。②一般产品的性能,只要产品制成就能测定,可以在出厂前加以检验和考核,称作使用时间 $t=0$ 时的质量,也称作狭义质量。可靠性的评定则要待用户使用后,或者模拟使用试验后才能进行,要到使用现场去考核,故称作使用时间 $t>0$ 时的质量。③可靠性并不笼统地指寿命长,而是指在对应的规定使用时间内能否充分发挥其功能的可能性。其意义在于,保证在规定时间内产品不发生故障或少发生故障,并且发生故障后又能很快修复。④产品的可靠性是从设计到使用的全过程加以保证而获得的,因此产品发生故障的时间是个随机变量,即发生故障的可能性或何时发生故障难以预料。但另一方面,一批产品的可靠性是符合一定统计规律的,即发生故障的时间服从一定的概率分布规律,因而发生故障的可能性可用概率表示。

可靠性是一个可以度量(定量)的质量指标,是一个硬指标,可以进行考核。

2. 质量管理与可靠性

质量管理是科学管理(其创始人是美国人泰勒)的一个重要组成部分。质量管理大致分为以下几个阶段:

(1) 事后检验阶段。产品检验从制造过程中分离出来,成为一道独立的工序,设立专门的检验机构及专职人员。

(2) 统计质量控制(Statistical Quality Control,SQC)。20世纪初,因流水线生产的发

展,事后检验已不能充分保证产品的高质量。一个环节出问题,将导致大批产品报废。全检(每个环节检查)不可能,应用"抽样检查""管理图"及统计原理统计产品的检验结果,控制产品质量。

(3) 全面质量管理(Total Quality Control,TQC)。把质量管理扩展到规划、设计和销售等领域,实行全过程、全员质量管理。20世纪60年代后期,质量管理目标转向质量保证(QA)和可靠性。

(4) 以可靠性为主的全面质量管理阶段。20世纪后期,随着新型复杂产品的出现,特别是航天事业的发展,可靠性成为制约质量的主要矛盾。以工厂为主的质量管理已经不再能保证产品的高质量,因此进入了以提高可靠性为主的全面质量管理阶段。包括4个方面:可靠性工作贯彻到企业的各个部门;可靠性工作贯彻到科研设计、生产、使用的整个产品生存周期中;从企业的最高领导到所有职工都应尽力抓好产品的可靠性;强调人的因素。

可靠性被引入质量管理中,产品质量的概念从狭义的"减少次品,杜绝不合格品"的消极质量管理,发展为满足市场需求的积极质量(魅力质量)管理;产品质量的概念也从单纯的"符合性"质量扩展到"适用性"质量,即从产品自身的功能性质量,扩展到产品的可靠性、品种、价格、交货期和售后服务等广义的质量概念。质量管理活动也向可靠性、市场需求与产品开发研究方向转移。在诸多的质量指标中,产品可靠性是用户最为关心的质量指标。因而可靠性成为现代质量保证的核心。

1.2.2 可靠性研究的重要性

1. 企业生存的需要

由于竞争压力,世界各国的汽车生产企业,越来越重视汽车可靠性问题。汽车可靠性差不仅降低了汽车原有的使用价值,也使企业失去了信誉,从而失去营销市场,因此提高汽车的可靠性也是为了企业生存的需要。国际上许多汽车企业的倒闭,无不与汽车质量因素有关。

2. 用户的需要

用户对汽车的需求是多方面的,往往也是十分苛刻的。就消费心态而言,既希望价格便宜,又希望具有优越的性能和可靠性。面对眼花缭乱的各款汽车,他们总是在价格、性能、可靠性之间抉择,绝大多数的用户会把汽车可靠性作为首要因素考虑,因为谁都不希望把自己刚买不久的新车就开往修理厂。

3. 现代汽车技术发展的需要

随着经济和技术的高速发展,人们对汽车舒适性要求越来越高,使得汽车的结构变得越来越复杂,汽车的零件数逐渐增加,由过去的1万个左右,猛增到如今的10万个以上,且有继续增加的趋势。众所周知,零件的质量决定了整车的质量。由于每个零件的可靠性并不是百分之百的,随着汽车零件数的增加,如果仍然维持零件原来的质量水平,那么整车的总体质量就会下降；如果维持原来的整车可靠性水平，就必须提高零件的可靠性水平。

4. 军事战备的需要

在战场上，汽车、坦克的可靠性及运行状况，往往决定着战争的胜负。例如，我国幅员辽阔，高原与平原，沿海与内地，南方与北疆，各地的地理条件和气候条件相差很大，因此，需要汽车具有良好的适应性和可靠性，这样才能利于战备的需要。

1.3 汽车可靠性研究的主要内容

可靠性研究在其发展过程中已逐渐形成如下几个方面的研究内容。

1. 可靠性工程

可靠性工程是一门以概率论、统计学为基础，与系统工程、环境工程、价值工程、运筹学、工程心理学、物理学、化学、质量控制技术、生产管理技术及计算机等学科密切相关的综合性学科。主要研究产品在开发、规划、设计、制造、管理与使用整个寿命过程中的可靠性问题，包括：可靠性设计；系统可靠性设计；系统可靠性分析；可靠性试验；制造和使用过程中的可靠性技术与可靠性管理，以及可靠性标准的建立等内容。

2. 故障物理学

研究产品失效的机理、失效的规律、防止措施以及材料性能的物理化学变化过程。

3. 可靠性数学

重点研究产品可靠性的定量规律，对可靠性研究的思想、数学模型及数学方法等进行综合研究。它是以概率论和数理统计为基础发展起来的一门数学分支。

汽车产品的可靠性研究不完全等同于其他产品的可靠性研究。汽车产品的可靠性有其本身的特点。

（1）不能要求过高的固有可靠度。汽车零件的生产批量大，精度要求不是很高，不像飞机及航天设备那样，有可能因一点"小故障"而带来毁灭性灾难。因此汽车产品不必片面追求过高的固有可靠度，但汽车的安保系统则是需要较高的安全可靠度的。

（2）汽车产品是可维修产品。汽车产品与电子产品不同，它是可维修的产品。对于可维修产品，除了狭义的可靠性要求之外，还包含维修性的内容。为了使汽车保持较高的正常状态，一方面要少出故障，使平均无故障工作时间增长；另一方面应使平均维修时间尽量缩短。

（3）汽车系统以串联为主。汽车系统多半是串并联或并串联组合，且以串联为主（即系统中有一个零件损坏，系统就不能工作）。

4. 可靠性管理

可靠性管理是指通过对各个阶段的可靠性工程技术活动进行规划、组织、协调、控制和监督，经济性地实现产品计划所要求的定量可靠性，是为科学地实施可靠性工程和达到可靠性目标的一种管理方法。

复习思考题

1-1　为什么说可靠性是产品质量的核心？

1-2　可靠性与质量管理有何联系？

1-3　可靠性研究的主要内容有哪些？

第 2 章

汽车可靠性工程理论基础

  一件产品的质量好坏不仅仅是指该产品的性能指标能否满足使用要求，还应考虑该产品在日后使用过程中保持其性能指标的能力，即可靠性指标。在各项性能指标都满足人们使用要求的前提下，产品的可靠性越高，则该产品的质量越好。对用户而言，产品的可靠性关系到该产品的使用寿命及在使用过程中为维护需付出的代价；对生产厂家和销售商而言，即使该产品的性能指标很高，如果它保持该性能指标的能力较差，容易失效或者经常发生故障，那么该产品也不会有市场，从而影响厂家和销售商的信誉与利益。因此，研究产品保持其性能指标的能力，即可靠性问题，与实现产品的性能指标一样重要。

  要研究汽车产品的可靠性，首先要明确可靠性的基本概念，描述产品可靠性的一些主要特征量的含义及其估计方法，如可靠度、平均寿命、失效率等。

2.1 可靠性定义

2.1.1 可靠性的基本概念

  根据 GB/T 3187—1994 可靠性、维修性术语，可靠性是指"产品在规定的条件下和规定的时间内完成规定功能的能力"，常以概率（即可能性）表示。从可靠性的定义来看，可靠性主要包括四大要素，即"产品""规定的条件""规定的时间"和"规定功能"。

  "产品"是指要考察的研究对象，如零件、部件、仪器或系统等。本书着重研究的是汽车系统及其零部件和车配的电子元器件等。

  "规定的条件"是指产品在正常运行或使用过程中可能遇到的使用条件、环境条件和储存条件，如载荷、温度、振动、环境湿度、含尘量及维护保养等。"规定的条件"不同，同种产品完成其"规定功能"的能力也不同，即可靠性不同。因此，产品的可靠性是与"规定的条件"密切相关的，脱离"规定的条件"来谈产品的可靠性是没有意义的。

  "规定的时间"是指产品的工作时间。一般情况下，产品考察的工作时间不同，完成其"规定功能"的能力也不尽相同。因此产品的可靠性一般会随着规定时间的变化而相应变化，即产品的可靠性应是时间的函数，离开"规定的时间"讨论可靠性也是不可能的。"规定的时间"可以用时间单位表示，也可以用与时间成比例的循环次数、行驶里程等表示。例如，考察开关的可靠性一般用"次数"表示规定时间，而对汽车一般用"行驶里程"表示。

  产品的可靠性与"规定功能"也密切相关。"规定功能"一般由产品的功能和功能参数组成。功能参数是根据产品的功能和用途以及对产品提出的各种要求而制定的某些指标，如承载能力、工作精度、工作寿命、机械特性、运动特性、动力特性和经济性等。产品丧失其规定功能称为失效,对可修复产品也常称为故障。研究产品可靠性时,应明确其需要维持的功能及功能参数,即"规定功能"。

"能力"则是定量地刻画产品可靠性的程度。"能力"具有统计学的意义,是比较同类产品可靠性或提高产品可靠性的依据。"能力"有具体的内容,通常为度量产品可靠性的指标。

2.1.2 可靠性和维修性

产品的可靠性包括固有可靠性、使用可靠性和环境适应性。

固有可靠性是指产品从设计到制造整个过程所确定了的内在可靠性,是产品的固有属性。它主要取决于设计技术、制造技术、零部件材料和结构等。

使用可靠性是指使用、维修对产品可靠性的影响。包括使用维修方法、操作人员技术水平等对可靠性的影响。

环境适应性是指产品所处的环境条件对可靠性的影响。环境因素很复杂,有气候环境、机械环境、化学环境、生物环境及储存、运输环境等。

维修性是对可修复产品而言的。它的定义指标是:在规定条件下使用的产品,在规定时间内,按规定的程序和方法进行维修时,保持或恢复到完成功能的能力,即为了保持产品的可靠性而采取的措施。这个措施就是实际的维修工作,包括检查、修理、调整和更换零部件等,直至重新恢复产品的功能为止。

可靠性与经济性有关,这里主要指研制产品的投资费用。可靠性越高,相应的投资费用越高。维修性也与经济性有关,这里主要指停工损失和修理费用。可靠性越高,产品出现故障的次数越少,维修费用和停工损失越少。图 2-1 描述了可靠度与成本的关系。

图 2-1 中横坐标的可靠度为包括维修性在内的广义可靠性。若追求高可靠性,则购买费用(投资费用)较高;若可靠性较低,其使用

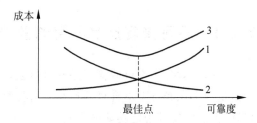

图 2-1 可靠度与成本关系曲线
1—研制投资费用;2—使用维修费用;3—总成本

费用却较高;两者的总成本都是偏高的。总成本曲线是可靠性的凸函数。在某一可靠性数值下,存在着总成本的一极小值,这是价值上的最佳点。也就是说,在考虑设备的投资费用时,同时应考虑设备的维护修理费用。

2.1.3 可靠性常用的三大指标

狭义的可靠性仅指产品在规定的条件下和规定的时间内完成规定功能的能力,它无法反映可修复产品的维修性。而广义可靠性,又称为有效性,除了包含狭义可靠性方面的内容之外,还包含产品的维修性。产品的维修性,是指在规定的维护修理使用条件下,产品在执行任务期间某一时刻处于良好状态的能力。

此外,产品在长期的储存过程中,其零部件会因为内部材料的磨损、腐蚀、老化等因

素而导致产品失效,因此还应考虑产品的储存性能。在可靠性工程中,常以产品的储存寿命来反映产品的储存性能,即在规定的储存条件下,产品从开始储存到丧失其规定功能的时间。

狭义可靠性、维修性、广义可靠性、有效性和储存寿命之间的相互关系,可由图 2-2 表示。

图 2-2　可靠性各指标的相互关系

狭义可靠性、有效性和储存寿命 3 个指标综合起来,全面描述了产品寿命期内的性能稳定性,是可靠性工程中常用的 3 大指标。

2.2　可靠性的主要特征量

度量产品可靠性的量值称为可靠性特征量,常用的有可靠度、累积失效概率、失效率、平均寿命及可靠寿命等。

2.2.1　不可修复产品与可修复产品

产品一般分为不可修复产品和可修复产品。不可修复产品是指不能修复,或者所花费的修复费用在经济上不合算的产品。可修复产品,顾名思义,是指发生故障后,经过合理的维修,仍能恢复其规定功能的产品。

在可靠性工程中,可修复产品和不可修复产品的"寿命"定义并不完全一致。对于不可修复产品,其寿命是指产品发生失效前的实际工作时间。而对于可修复的产品,产品的寿命是指相邻两次故障间的工作时间,一般也称为无故障工作时间。显然,每个产品的寿命是客观存在的,但只有在产品使用(或试验)失效或发生故障后才能确切知道。因此,产品的寿命可以看作一个随机变量。研究产品可靠性的特征量,就是要研究产品寿命这个随机变量的分布规律。

2.2.2　可靠度与不可靠度

1. 可靠度

可靠度是产品可靠性最重要的定量指标之一。可靠度是指产品在规定的条件下和规定的时间内,完成规定功能的概率。它是时间的函数,一般表示为 $R(t)$,故又可称为可靠度函数。

设产品寿命为随机变量 T,则产品在规定时间 t 时刻的可靠度为

$$R(t) = P(T > t) \tag{2-1}$$

显然,若规定时间 $t=0$,则产品寿命大于 0 的概率为 1,$R(0)=1$;若规定时间足够长 $t \to \infty$,则所有产品都会失效,产品的可靠度 $R(\infty)=0$。故可靠度的取值范围为 $0 \leqslant R(t) \leqslant 1$。即在开始使用时,全部产品都是正常的;只要工作时间足够长,全部产品都会失效。产品可靠度的分布函数如图 2-3 所示。

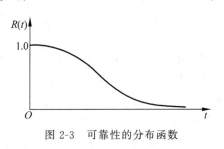

图 2-3 可靠性的分布函数

如果已知某产品的寿命分布函数,则可根据可靠度的定义理论计算得到可靠度的函数值。但是,一般情况下,产品的理论寿命分布是很难获得的,因此难以理论计算产品的可靠度函数值。一般需通过可靠性试验中获得的有限个观测样本来估计产品在不同时刻的可靠度。

根据概率定义,对于不可修复的产品,t 时刻的可靠度可以用直到规定时间 t 还没有失效的产品数 $N_f(t)$ 与观测时间内投入工作的产品数 N 之比来估计,即

$$\hat{R}(t) = \frac{N_s(t)}{N} = 1 - \frac{N_f(t)}{N} \tag{2-2}$$

式中,$N_f(t)$ 为 t 时刻已经失效的产品数,即失效数或故障数。

对于可修复的产品,t 时刻可靠度可以用产品的无故障工作时间达到或超过规定时间的次数 $N_s(t)$ 与观测时间内无故障工作的总次数 N 之比来估计,即

$$\hat{R}(t) = \frac{N_s(t)}{N} \tag{2-3}$$

需要注意的是,若在观测时间内,产品的最后一次无故障工作时间不超过规定的时间 t,则无法确定该产品最后一次无故障工作时间是否大于或等于 t,故此时在计算产品无故障工作总次数时不予记入。

2. 不可靠度

不可靠度也叫累积失效概率,是指产品在规定的条件下和规定的时间内未完成规定功能的概率,一般用符号 $F(t)$ 表示。它的概念与可靠度相反,即产品寿命小于规定时间 t 的概率:

$$F(t) = P(T < t) \tag{2-4}$$

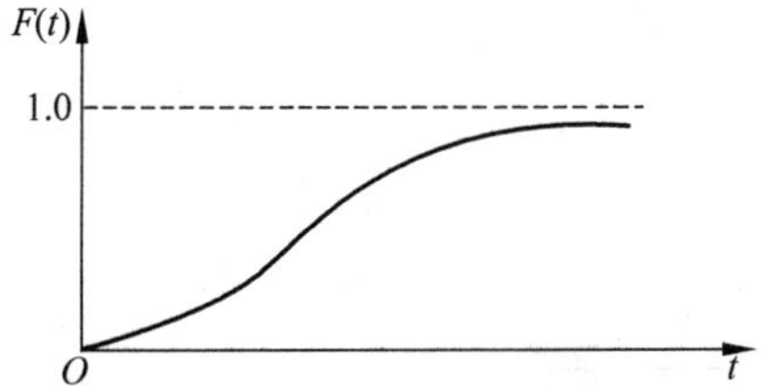

当规定时间 $t=0$ 时,即刚开始时,产品发生失效的概率为 $F(0)=0$;随着工作时间的延长,产品发生失效的概率逐渐增大,当 $t \to \infty$,则所有产品都会失效,产品的不可靠度 $F(\infty)=1$。不可靠度的分布函数如图 2-4 所示。

图 2-4 不可靠度的分布函数

由于完成规定功能与未完成规定功能是对立事件,按概率互补定理,可得

$$F(t) = 1 - R(t) \tag{2-5}$$

与可靠度一样，产品的不可靠度也可通过可靠性试验中获得的有限个观测样本估计得到，其估计公式为

$$\hat{F}(t) = \frac{N_f(t)}{N} = 1 - \hat{R}(t) \tag{2-6}$$

对于不可修复产品，$N_f(t)$ 为 t 时刻已经失效的产品数，N 为观测时间内投入工作或试验的产品数；对于可修复产品，$N_f(t)$ 为产品的无故障工作时间小于规定时间 t 的次数，N 为观测时间内产品无故障工作的总次数。

【例 2-1】 某零件 50 个在恒定载荷下运行，其失效时的运行时间及其各时间段的失效数如表 2-1 所示，求该零件工作到 100h 和 500h 的可靠度与不可靠度。

表 2-1 某零件的失效观测情况

运行时间/h	0～50	50～100	100～200	200～300	300～400	400～500
失效数/个	9	7	8	3	3	0

解：根据表 2-1 的观测数据，可以算出 $t=100\text{h}$ 时可靠度与不可靠度的估计值为

$$\hat{R}(100) = \frac{N_s(100)}{N} = \frac{50-16}{50} \approx 0.68$$

$$\hat{F}(100) = \frac{N_f(100)}{N} = \frac{16}{50} \approx 0.32$$

$t=500\text{h}$ 时可靠度与不可靠度的估计值为

$$\hat{R}(500) = \frac{N_s(500)}{N} = \frac{50-30}{50} \approx 0.4$$

$$\hat{F}(500) = 1 - \hat{R}(500) = 0.6$$

2.2.3 失效概率密度

失效概率密度反映的是不可靠度（即累积失效概率）随时间的变化率，记作 $f(t)$。它表示产品寿命落在 t 时刻附近单位时间内的概率，即产品在单位时间内失效的概率，其表达式为

$$f(t) = \frac{\mathrm{d}F(t)}{\mathrm{d}t} = F'(t) \tag{2-7}$$

失效概率密度和可靠度与不可靠度之间的关系如图 2-5 所示。

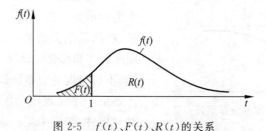

图 2-5 $f(t)$、$F(t)$、$R(t)$ 的关系

即有

$$F(t) = \int_0^t f(t)\mathrm{d}t \tag{2-8}$$

$$R(t) = \int_t^\infty f(t)\mathrm{d}t \tag{2-9}$$

根据失效概率密度的定义,可推导得出失效概率密度的样本估计公式

$$\hat{f}(t) = \frac{F(t+\Delta t) - F(t)}{\Delta t} = \left[\frac{N_f(t+\Delta t)}{N} - \frac{N_f(t)}{N}\right]\Big/\Delta t = \frac{1}{N} \cdot \frac{\Delta N_f(t)}{\Delta t} \tag{2-10}$$

式中,$\Delta N_f(t)$ 为 $(t, t+\Delta t)$ 时间间隔内失效的产品数。

2.2.4 失效率

失效率是指工作到某时刻 t 尚未失效的产品,在 t 时刻后单位时间内发生失效的概率。它也是时间的函数,一般用符号 $f(t)$ 表示,称为失效率函数,有时也称为故障率函数。

按此定义,失效率是指在时刻 t 尚未失效的产品,在 $(t, t+\Delta t)$ 的单位时间内发生失效的条件概率,即

$$\lambda(t) = \lim_{\Delta t \to 0} \frac{1}{\Delta t} P(t < T < t+\Delta t \mid T > t) \tag{2-11}$$

它反映 t 时刻失效的速率,又称为瞬时失效率。

根据条件概率公式可以推导出失效率 $\lambda(t)$ 与可靠度 $R(t)$、不可靠度 $F(t)$ 和失效概率密度 $f(t)$ 之间的关系:

$$\lambda(t) = \frac{f(t)}{R(t)} = \frac{F'(t)}{R(t)} = -\frac{R'(t)}{R(t)} \tag{2-12}$$

失效率也可以由 t 时刻单位时间内产品的失效数与工作到该时刻尚未失效的产品数 $N_s(t)$ 之比估计得到,即

$$\hat{\lambda}(t) = \frac{1}{N_s(t)} \cdot \frac{\Delta N_f(t)}{\Delta t} \tag{2-13}$$

失效率的常用单位有%/h,%/kh,菲特(Fit)等,其中菲特为失效率的基本单位,1Fit= 10^{-9}/h。产品的失效率函数一般有 3 种基本类型,分别为早期失效型、偶然失效型和耗损失效型。它们反映了产品在整个寿命期不同阶段失效率的情况,其典型形态如图 2-6 所示,因其形如"浴盆",故通常被形象地称为"浴盆曲线"。它可分为以下 3 个特征区。

图 2-6 典型失效率曲线

1. 早期失效期

失效率随产品工作时间的延长而递减。产品刚投入使用时,由于设计、制造、储存及运输等过程中形成的缺陷,或因调试、跑合、起动不当等因素,失效率较高。但随着工作时间的延长,这些因素对未失效产品的影响逐渐消失,失效率下降较快,最后趋于稳定。

2. 偶然失效期

失效率低且稳定,近似为常数。这个阶段失效的主要原因有非预期的过载、误操作、意外的天灾以及一些不清楚的偶然因素,故称为偶然失效期。这段时期是产品能正常有效工作的时间,即产品的有效寿命。显然,偶然失效期越长,则产品能正常工作的时间越长。为降低偶然失效期的失效率并延长产品的有效寿命,应注意提高产品的质量,精心使用及维护。

3. 耗损失效期

产品失效率随工作时间延长而递增。随着工作时间的不断延长,产品受到老化、疲劳、磨损、蠕变和腐蚀等耗损因素的影响,失效率显著上升,故称为耗损失效期。针对耗损失效的原因,应加强检查、监控,预测耗损开始的时间,提前维修,以延长有效寿命。但是,若修复费用大而延长寿命不多,则应当报废。

【例 2-2】 有 500 只晶体管,工作到 1 000h 时已失效 50 只,在 1 000~1 500h 时又失效 1 只,求该产品在 1 000h 时的失效概率密度和失效率。

解:依题意,在 $t=1\,000$h 时,

$$N=500, \Delta t=5\text{h}, \Delta N_f(t)=1, N_s(t)=500-50=450$$

则该产品在 1 000h 时的失效概率密度 $f(t)$ 和失效率 $\lambda(t)$ 分别为

$$f(t)=\frac{1}{N} \cdot \frac{\Delta N_f(t)}{\Delta t}=\frac{1}{500} \cdot \frac{1}{5}=0.04\%/\text{h}$$

$$\lambda(t)=\frac{1}{N_s(t)} \cdot \frac{\Delta N_f(t)}{\Delta t}=\frac{1}{450} \cdot \frac{1}{50} \approx 0.044\%/\text{h}$$

由本题可以看出,虽然失效概率密度 $f(t)$ 和失效率 $\lambda(t)$ 反映的都是单位时间内产品的失效速度,但两者所考察的对象不同。失效概率密度 $f(t)$ 考察所有投入运行的产品 N 的失效速度,而失效率 $\lambda(t)$ 则反映在时刻 t 尚未失效的产品 $N_s(t)$ 的失效速度。

2.2.5 产品的寿命指标

在可靠性工程中,还有一系列与产品寿命相关的指标,如平均寿命、可靠寿命、中位寿命、特征寿命以及更换寿命等。

1. 平均寿命

平均寿命即产品寿命的平均值,一般记为 θ。它是产品寿命这个随机变量 T 的数学期望,即

$$\theta = E(T) = \int_0^\infty t f(t) \mathrm{d}t = \int_0^\infty t \mathrm{d}F(t) = -\int_0^\infty t \mathrm{d}R(t)$$
$$= -tR(t)\Big|_0^\infty + \int_0^\infty R(t)\mathrm{d}t \tag{2-14}$$

由于 $\lim\limits_{t\to\infty} tR(t) = 0$，且 $\lim\limits_{t\to 0} tR(t) = 0$，所以有

$$\theta = \int_0^\infty R(t)\mathrm{d}t \tag{2-15}$$

对于不可修复产品(或系统)，θ 指的是产品失效前的平均寿命，即平均失效前时间，记为 MTTF(Mean Time To Failure)。对于可修复产品(或系统)，则 θ 指的是产品平均故障间隔时间，记为 MTBF(Mean Time Between Failures)。

平均寿命的估计值为

$$\theta = \frac{\text{所有产品的总工作时间}}{\text{总失效数}} = \frac{T}{N_f} \tag{2-16}$$

2. 可靠寿命、中位寿命、特征寿命、更换寿命

当可靠度 $R = R_0$ 时，对应的时间 t_0 则为可靠寿命，如图 2-7 所示。一般地，预先给定 $R_0 = 0.99, R_0 = 0.95, R_0 = 0.90$ 等，从而可以确定对应的可靠寿命 $t_{0.99}, t_{0.95}, t_{0.90}$。只要产品的使用时间 t 小于可靠寿命，则该产品的可靠度就不会低于要求的可靠度 R_0。

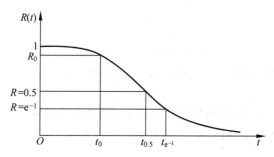

图 2-7 可靠寿命、中位寿命与特征寿命

当 $R = 0.5$ 时的可靠寿命 $t_{0.5}$ 称为产品的中位寿命。当 $R = \mathrm{e}^{-1} = 0.37$ 时的可靠寿命 $t_{\mathrm{e}^{-1}}$ 称为产品的特征寿命。显然，中位寿命、特征寿命都是产品可靠寿命在特定可靠度时的寿命值。

如果事先给定 λ 的值，那么，根据式(2-12)可求出相应时间 t 的值，则称此 t 值为更换寿命，记为 t_λ。更换寿命为更换元器件或零件提供了可靠的依据。当元器件或零件使用到更换寿命 t_λ 时，则应当加以更换。

2.2.6 失效率与可靠度、失效概率密度函数的关系

针对各种可靠性特征量，我们可以用图 2-8 来描述它们之间的关系。

可靠性特征量关系图中，失效率与概率密度函数、可靠度的关系式具体推导过程如下。由于

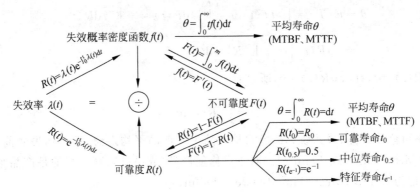

图 2-8 可靠性特征量的关系图

$$\lambda(t)=\frac{f(t)}{R(t)}=-\frac{R'(t)}{R(t)}$$

上式两边在$(0,t)$区间上求积分,则有

$$\int_0^t \lambda(t)\mathrm{d}t=-\int_0^t\frac{1}{R(t)}\mathrm{d}[R(t)]=-\ln[R(t)]$$

所以

$$R(t)=\mathrm{e}^{-\int_0^t \lambda(t)\mathrm{d}t}$$

由此可得

$$f(t)\lambda(t)R(t)=\lambda(t)\mathrm{e}^{-\int_0^t \lambda(t)\mathrm{d}t}$$

以上这些表达式都能从不同的侧面描述产品寿命取值的统计规律。它们既有联系,又有区别。

失效概率$F(t)$与失效率$\lambda(t)$是不同的,$F(t)$是累积失效函数。它表示在时刻t,产品累积故障数占产品总数的比例。而$\lambda(t)$是产品已工作到时刻t的条件下,失效概率的变化率。

失效概率密度函数$f(t)$与失效率$\lambda(t)$也是不同的。$\lambda(t)$表示的是某时刻t以后,单位时间内产品失效数与t时刻残存产品数(仍在工作的产品数)之比,是该时刻后单位时间内产品失效的概率。而$f(t)$表示在时刻t后,单位时间内产品的失效数与总产品数之比。可见,$f(t)$与$\lambda(t)$都能反映产品失效的变化速度,但$f(t)$不够灵敏。

2.3 汽车可靠性工程中的常见分布

产品的可靠性与失效分布类型及分布函数密切相关,本节将主要介绍汽车可靠性工程中常见的连续型和离散型失效概率分布函数。

2.3.1 正态分布

正态分布又称高斯分布,是最常见、应用最广泛的分布函数,很多自然现象都服从或近似服从正态分布。在汽车可靠性工程领域,正态分布主要用来描述汽车零部件及金属材料的应力强度分布、疲劳寿命分布以及因磨损、老化等引起的失效分布。车配电子元器件因耗损或工作时间延长而引起的失效分布,也可认为是正态分布。对于整车系统来讲,如果影响系统某个功能参数的独立因素很多,且不存在哪个因素起决定性作用时,一般也可采用正态分布来描述。

正态分布可表示为 $N(\mu,\sigma)$,它是一种对称分布,如图 2-9 所示。其失效概率密度函数 $f(t)$ 为

$$N(\mu,\sigma)f(t)=\frac{1}{\sigma\sqrt{2\pi}}\exp\left[-\frac{(t-\mu)^2}{2\sigma^2}\right] \quad (-\infty < t < +\infty) \tag{2-17}$$

由图 2-9 可见,正态分布的均值,决定了正态分布曲线的位置,表征随机变量寿命分布的中心位置;σ 为正态分布的标准差,决定了正态分布的形状,表征产品寿命 T 相对于中心趋势分布的离散程度。

根据可靠性各个特征量之间的关系,可得到失效特性满足正态分布的产品的可靠度、不可靠度以及失效率函数:

$$R(t)=\frac{1}{\sigma\sqrt{2\pi}}\int_t^\infty \exp\left[-\frac{(t-\mu)^2}{2\sigma^2}\right]\mathrm{d}t$$

$$F(t)=\frac{1}{\sigma\sqrt{2\pi}}\int_{-\infty}^t \exp\left[-\frac{(t-\mu)^2}{2\sigma^2}\right]\mathrm{d}t$$

$$\lambda(t)=\frac{f(t)}{R(t)}=\exp\left[-\frac{(t-\mu)^2}{2\sigma^2}\right]\Big/\int_t^\infty \exp\left[-\frac{(t-\mu)^2}{2\sigma^2}\right]\mathrm{d}t$$

图 2-10、图 2-11、图 2-12 所示分别为正态分布的可靠度函数、不可靠度函数以及失效率函数。

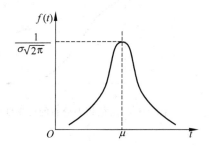

图 2-9 正态分布的失效概率密度函数

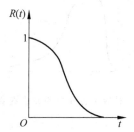

图 2-10 正态分布的可靠度函数

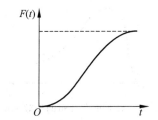

图 2-11 正态分布的不可靠度函数

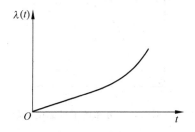

图 2-12 正态分布的失效率函数

2.3.2 对数正态分布

若随机变量 T 的对数 $\ln T$ 服从正态分布,则 T 就服从对数正态分布。对数正态分布很早就用于疲劳试验,至今仍是材料或零部件寿命的一种主要分布模型。它主要用来描述材料或零部件的疲劳寿命、疲劳强度、因裂纹的增长及腐蚀深度的增大等引起的失效分布。它不仅适用于产品的寿命分布,也适用于产品的维修时间分布。

对数正态分布的失效概率密度函数为

$$f(t) = \frac{1}{t\sigma\sqrt{2\pi}} \exp\left[-\frac{(\ln t - \mu)^2}{2\sigma^2}\right] \tag{2-18}$$

式中,μ 为对数正态分布的对数均值;σ 为对数正态分布的对数标准差。其图形如图 2-13 所示,是偏态分布而且是单峰的。

同样,可推导得到对数正态分布的可靠度函数、不可靠度函数和失效率函数,其图形分别如图 2-14、图 2-15、图 2-16 所示。

$$R(t) = \int_t^\infty \frac{1}{t\sigma\sqrt{2\pi}} \exp\left[-\frac{(\ln t - \mu)^2}{2\sigma^2}\right] dt$$

$$F(t) = \int_0^t \frac{1}{t\sigma\sqrt{2\pi}} \exp\left[-\frac{(\ln t - \mu)^2}{2\sigma^2}\right] dt$$

$$\lambda(t) = \frac{f(t)}{R(t)} = \frac{1}{t} \exp\left[-\frac{(\ln t - \mu)^2}{2\sigma^2}\right] \bigg/ \int_t^\infty \frac{1}{t} \exp\left[-\frac{(\ln t - \mu)^2}{2\sigma^2}\right] dt$$

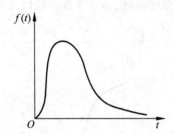

图 2-13 对数正态分布的失效概率密度函数

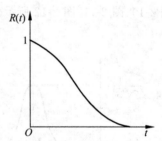

图 2-14 对数正态分布的可靠度函数

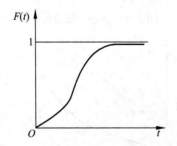

图 2-15 对数正态分布的不可靠度函数

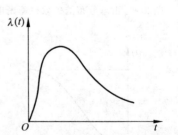

图 2-16 对数正态分布的失效率函数

2.3.3 指数分布

在可靠性理论中,指数分布也是较常见的失效分布类型之一,适合于失效率为常数的情况。它不但在电子元器件的偶然失效期普遍使用,而且也可以近似地作为高可靠性的复杂部件、机器或系统的失效分布模型,尤其在部件或整机可靠性计算中得到了广泛应用。

指数分布的失效概率密度函数、不可靠度函数、可靠度函数以及失效率函数分别为

$$\begin{cases} f(t) = \lambda e^{-\lambda t} \quad (t \geqslant 0) \\ F(t) = \int_0^t \lambda e^{-\lambda t} dt = 1 - e^{-\lambda t} \\ R(t) = 1 - F(t) = e^{-\lambda t} \\ \lambda(t) = \dfrac{f(t)}{F(t)} = \lambda \end{cases} \quad (2\text{-}19)$$

式中,λ 为指数分布的失效率,它是一个常数。各分布函数的图形分别如图 2-17、图 2-18、图 2-19 和图 2-20 所示。

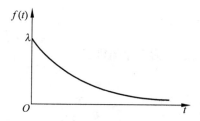

图 2-17 指数分布的失效概率密度函数

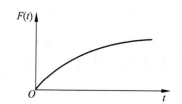

图 2-18 指数分布的不可靠度函数

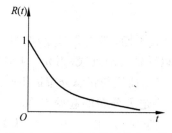

图 2-19 指数分布的可靠度函数

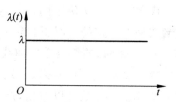

图 2-20 指数分布的失效率函数

根据指数分布的失效分布函数,可以推导服从指数分布产品的平均寿命,得

$$\theta = \int_0^\infty R(t) dt = \dfrac{1}{\lambda}$$

对应可靠度为 R_0 的可靠寿命 t_0:

$$t_0 = -\dfrac{1}{\lambda} \ln R_0$$

指数分布的一个重要特点是可靠度与起始时间无关,这种特性被称为"无记忆性"。即服从指数分布失效的产品,若已正常工作过一段时间 t_0,其可靠度与已工作过的时间 t_0 长

短无关,就好像一个新产品刚开始工作一样。这一点可以由下式证明得到:

$$P(T>t_0+t \mid T>t_0) = \frac{P(T>t_0+t)}{P(T>t_0)} = \frac{e^{-\lambda(t_0+t)}}{e^{-\lambda t_0}} = e^{-\lambda t} = P(T>t)$$

2.3.4 威布尔分布

威布尔分布是一簇分布的类型,它最初用于材料的疲劳试验。当威布尔分布中的参数不同时,它可以变为指数分布、瑞利分布和正态分布,对各种类型试验数据的拟合能力强,可以用来描述汽车零部件的全寿命过程分布,因而在汽车可靠性领域得到了广泛应用。汽车零部件的疲劳强度、疲劳寿命、磨损寿命、腐蚀寿命以及由许多单元组成的系统寿命都服从威布尔分布,特别是因某一局部失效或故障所引起的全局机能停止的元件、设备或系统等的寿命分布。在车辆可靠性研究中,若无法确定产品的失效属于某种分布,通常可以采用威布尔分布来描述。

威布尔分布的失效概率密度函数和不可靠度函数分别为

$$\begin{cases} f(t) = \frac{m}{\eta}\left(\frac{t-\delta}{\eta}\right)^{\beta-1} \exp\left[-\left(\frac{t-\delta}{\eta}\right)^m\right] & (\delta \leqslant t; m, \eta > 0) \\ F(t) = 1 - \exp\left[-\left(\frac{t-\delta}{\eta}\right)^m\right] \end{cases} \quad (2-20)$$

式中,m 为形状参数;η 为尺度参数;δ 为位置参数;t 为寿命随机变量。

其可靠度函数和失效率函数分别为

$$R(t) = \exp\left[-\left(\frac{t-\delta}{\eta}\right)^m\right]$$

$$\lambda(t) = \frac{m}{\eta}\left(\frac{t-\delta}{\eta}\right)^{m-1}$$

下面就威布尔分布的 3 个参数加以说明。

(1) 形状参数 m。m 值不同,$f(t)$ 曲线的基本形状不同,如图 2-21(a)所示。在尺度参数 η 和位置参数 δ 一定的情况下,当 $m<1$ 时,曲线以纵轴为渐近线;当 $m=1$ 时,曲线服从指数分布;当 $m>1$ 时,曲线为单峰曲线;当 $m=3\sim4$ 时,曲线与正态分布很相似。

(2) 位置参数 δ。在其他参数一定的情况下,它决定了分布的起始点,如图 2-21(b)所示。由失效概率密度函数可以看出,产品在时间 δ 之前 100% 正常,不失效,失效是在 δ 之后开始的。当 $\delta>0$ 时,一般认为威布尔分布存在最小安全寿命。

(3) 尺度参数 η。如图 2-21(c)所示,η 值的大小不影响分布的基本形状,但 η 的不同会影响分布曲线的分散性及跨度。

2.3.5 二项分布

在一批产品中,假设次品率为 p,则正品率为 $q=1-p$。从中抽检 n 件,抽得的次品数 X 为随机变量,若 $X=x$ 的概率满足下列公式,则称为 X 服从二项分布,记作 X:$B(n,p)$:

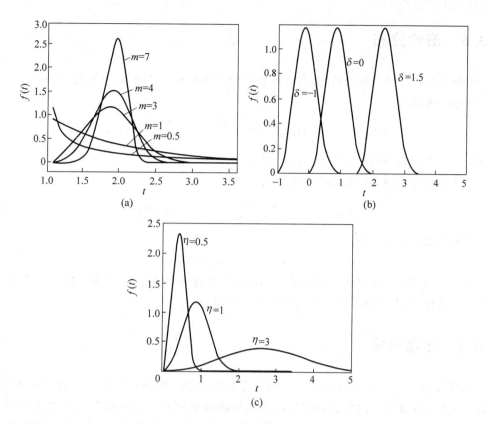

图 2-21 威布尔分布各个参数说明示意图
(a) 不同 m 值的失效概率密度($\eta=1,\delta=1$);
(b) 不同 δ 值的失效概率密度;(c) 不同 η 值的失效概率密度

$$P(X=x)=\mathrm{C}_n^x q^{n-x} p^x = \frac{n!}{x!(n-x)!} q^{n-x} p^x \tag{2-21}$$

式中,x 为抽得的次品数($x=0,1,2,\cdots,n$)。

抽得的次品数不大于 k 次的累积失效概率为

$$P(X\leqslant k)=\sum_{x=0}^{k}\mathrm{C}_n^x q^{n-x} p^x$$

二项分布的数学期望和方差分别是

$$E(x)=np,\ D(x)=np(1-p)$$

二项分布是一种离散型的分布,参数 n、p 是二项分布中两个独立的分布参数。二项分布的使用范围较广,但计算较为烦琐。为了方便使用,一般制有二项分布数表。

在汽车可靠性研究中,可以从广义角度理解二项分布的各个参数。若进行 n 次独立试验,在一次试验中只有两种可能结果,事件发生的概率为 p,不发生的概率为 $q=1-p$,事件发生次数为 x 的概率则服从二项分布。这里所说的发生与不发生可以理解为次品与正品,正常与故障,开与关,是与否,成功与失败,优与劣,修与不修等,只要是互为对立的属性,满足 $p+q=1$,都可使用二项分布来研究、分析问题。

2.3.6 泊松分布

泊松分布是二项分布的特例,若它的数学期望 $np \to \lambda (\lambda > 0, \lambda$ 为常数,$p \to 0, n \to \infty)$,二项分布的极限为

$$P(X=x) = \lim_{n \to \infty} C_n^x q^{n-x} p^x = \frac{\lambda^x e^{-\lambda}}{x!} \quad (x=0,1,2,\cdots) \tag{2-22}$$

这就是以 λ 为参数的泊松分布,记作 $X:P(\lambda)$。

服从泊松分布的累积失效概率函数为

$$P(X \leqslant k) = \sum_{x=0}^{k} \frac{\lambda^x e^{-\lambda}}{x!} \quad (x=0,1,2,\cdots) \tag{2-23}$$

其数学期望和方差分别为

$$E(x) = \lambda, \quad D(x) = \lambda$$

泊松分布通常用来描述大量试验中小概率事件的分布情况,如汽车零件的废品数、电路板上元件故障等,都可认为其服从或近似服从泊松分布。

2.3.7 多项分布

多项分布是二项分布的推广。二项分布对应的是一次随机试验只有两种可能结果的情况,而多项分布对应的是具有多种可能结果的随机试验。设某随机试验有 k 个可能结果,出现的概率分别是 $p_1, p_2, \cdots, p_k$,那么在 n 次随机试验中,各个结果出现的次数 $X_1, X_2, \cdots, X_k$ 都是随机变量,则 $X_1 = n_1$ 次,$X_2 = n_2$ 次,$\cdots$,$X_k = n_k$ 次的概率 P 为

$$P(X_1 = n_1, X_2 = n_2, \cdots, X_k = n_k) = \frac{n!}{n_1! n_2! \cdots n_k!} p_1^{n_1} p_2^{n_2} \cdots p_k^{n_k} \tag{2-24}$$

式中,$\sum_{i=1}^{k} n_i = n$;$0 \leqslant p_i \leqslant 1, \sum_{i=1}^{k} p_i = 1$。称 k 维随机变量 $(X_1, X_2, \cdots, X_k)$ 服从多项分布,一般记为 $M(n, p_1, p_2, \cdots, p_k)$。

设 k 维随机变量 $(X_1, X_2, \cdots, X_k)$ 服从多项分布 $M(n, p_1, p_2, \cdots, p_k)$,则它关于第 i 个分量的边缘分布为

$$P(X_i = n_i) = \frac{n!}{n_i!(n-n_i)!} p_i^{n_i} (1-p_i)^{(n-n_i)} \quad (i=1,2,\cdots,k)$$

由此可见,多项分布的各个分量服从二项分布。

由相关文献可知,服从多项分布 $M(n, p_1, p_2, \cdots, p_k)$ 的 k 维随机变量 $(X_1, X_2, \cdots, X_k)$,其数学期望

$$E(X_1, X_2, \cdots, X_k) = (np_1, np_2, \cdots, np_k)$$

随机变量的协方差阵

$$\boldsymbol{B}_{k \times k} = (b_{ij})$$

式中,$b_{ii} = np_i q_i, q_i = 1 - p_i, b_{ij} = np_i p_j (i \neq j)$。

根据多项分布的定义及特点,在产品可靠性试验或失效分析中,如果可能出现的结果不只两种且相互独立,则可以考虑采用多项分布对其进行研究。

2.3.8 贝塔分布

在复杂系统可靠性综合评估方法研究中,利用贝塔(β)分布来近似区间$(0,1)$上的各种概率分布是一种常用的工程方法。

贝塔分布$\beta(p,q)$的概率密度分布函数是

$$f(x)=\frac{1}{\beta(p,q)}x^{p-1}(1-x)^{q-1} \quad (0<x<1, p>0, q>0) \tag{2-25}$$

这里的变量x仅能出现于$0\sim1$,p,q是两个大于0的参数。$\beta(p,q)$的含义是

$$\beta(p,q)=\int_0^1 x^{p-1}(1-x)^{q-1}\mathrm{d}x \tag{2-26}$$

图 2-22 给出了$p=3,q=6$时的β分布函数的形状。

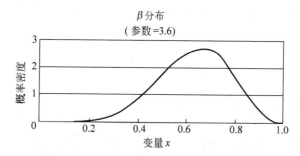

图 2-22 β分布的曲线形状($p=3,q=6$)

设随机变量x服从$\beta(p,q)$,则它的数学期望与方差分别为

$$E(x)=\frac{p}{p+q}$$

$$D(x)=\frac{pq}{(p+q)^2(p+q+1)}$$

2.4 维修性及其主要数量指标

2.4.1 维修思想的演变

由于技术和经济的原因,绝大多数机器设备都要通过维修来维持或提高其可用度和可靠性。随着需求的增长和技术的进步,机器设备复杂化程度和自动化程度的提高,过去近一个世纪以来,维修思想发生了深刻变革。

1. 事后维修

截至 20 世纪 40 年代左右,由于对机器设备的故障规律缺乏认识,加之当时设备机械化程度不高,大部分设备都比较简单且设计余量很大。同时,停机时间无足轻重,大多数管理

人员对预防设备故障并不重视,一般采取"随坏随修"的事后维修思想。这种维修思想的主要特征是随机性过大,维修缺少必要的计划安排。

2. 预防性维修

到了20世纪50年代,人们开展了机械疲劳和磨损机理的研究,对可靠性领域的寿命分布进行了充分研究。这个时期,航空工业开始起步,其对运行期的高可靠性和安全性的要求,促使人们发展了有计划的"以预防为主"的维修思想。这种维修思想是以机械系统的零部件的磨损规律为基础,认为机械系统发生故障主要与机械系统零部件的典型磨损规律曲线有关。因此,直到20世纪60年代,预防性维修思想主要表现为对设备的定期翻修(大修),并普遍认为:不论设备复杂程度如何,都必须定时翻修,翻修间隔期越短、范围与深度越大,就越可靠。但是它很难预防由于随机因素引起的偶发事故,同时也废弃了许多还可继续使用的零部件,而且增加了不必要的拆装次数,造成维修时间和费用的浪费。

3. 生产维修

生产维修是20世纪60—70年代提出的维修思想。这一维修思想突出了维修策略的灵活性,吸收了后勤工程学的内容,注重设备的可靠性设计与维修性设计,提出了维修预防、提高设备可靠性设计水平以及无维修和少维修的设计思想,把设计制造与使用维修连成一体。

4. 视情维修

20世纪70年代以后,设备的自动化、电子化和信息化等技术发展迅速,一方面,设备的种类和复杂性增加,相应地要求维修技术越来越专业和复杂;另一方面,技术进步也提供了新的检测分析手段和设备。因此,人们对维修性理论的研究日益深入,对设备故障规律的认识也越来越深化。人们认识到故障模式不是原来的1种而是6种,系统越复杂,故障模式越接近随机失效占主导的恒定故障率模式。因此,传统的预防性维修有时是不必要的,甚至是有害的,于是提出了按需的"视情维修"方式。视情维修着眼于每台设备的具体技术状况,一反定期维修的思想而采取定期检测,对设备异常运转情况的发展密切追踪监测,仅在必要时才进行修理。以可靠性为中心的维修(RCM)和全员生产维修(TPM)是这一时期发展的两种主要维修分析、优化思想。

5. 绿色维修和再制造工程

20世纪90年代以来,资源环境问题日益引起人们的重视,绿色维修思想就是从这个角度发展起来的。绿色维修是综合环境影响和资源利用效率的现代维修模式。其目标是除了达到、保持和恢复产品规定状态外,还应满足资源和环境保护等可持续发展的要求。绿色维修是可持续发展和清洁生产模式在维修业中的具体体现。

再制造工程的维修是:当一个产品发生故障后,通过合理有效的维修过程,一方面要把产品恢复到正常工作状态;另一方面通过对设备零部件的改造、改装、革新及发明等措施,在实施维修的过程中形成一种"再制造"的效果,获得设备或产品的新性能、新发展。

6. 为了未来投资的维修

1990年10月,在德国召开的欧洲国家维修团体联盟第10次会议的主题"为了未来的投资"反映了人们对维修的新认识。维修从被动的"故障修理",发展为"预防性维修",后来又提高到企业积极主动地对未来发展进行投资的高度,维修是一种投资,是与固定资产投资同样重要的投资。它不仅标志着维修地位和作用的提高,同时对维修管理也提出了更高的要求。

7. 数字化维修

21世纪以来,由于信息技术、管理技术、人工智能技术和智能传感技术进一步发展,特别是网络技术的发展与普及,维修进入了数字化时代。数字化维修是以数字化机械系统为核心,集数据采集、传递、加工,到最终完成虚拟化维修为一体的过程。其关键技术为维修信息和知识的表达,包括智能决策支持系统、机械系统的数字化建模技术、维修工艺自动化生成技术等。实现维修的数字化和网络化可以从全球范围进行资源统筹和战略决策,也为远程故障诊断和维修以及个性化维修提供了便利。

2.4.2　我国的汽车维修制度

现代维修制度就是依据汽车零部件失效规律,找出各零部件需要维护的周期,定期对车辆进行维护和检查,通过基本维护项目保持汽车正常技术状况,通过检查诊断发现故障部位和变坏的性能参数,有针对性地采取修理措施将故障排除。我国实行的是"以预防为主,定期检测、强制维护、视情修理"的汽车维修制度。

1. 定期检测

根据车辆从事运输的性质、使用条件和强度以及汽车技术等级等,通过现代化的技术手段,定期对车辆实施检测作业,正确判断车辆的技术状况,包括车辆技术等级评定检测、污染排放监督检测、车辆二级维护及大修竣工质量检测等。检测的项目主要有发动机综合性能、汽车制动性能、前照灯、车轮定位、排放污染物、噪声、车速表、整车外观和汽车底盘测功等。通过检测,及时发现车辆故障隐患,确定二级维护附加作业项目,对二级维护和大修竣工出厂车辆的质量进行评定。另外,结合定期检测还可以进行车辆技术等级评定。

2. 强制维护

目前,我国对营运车辆实行强制维护制度。车辆运行到规定的行驶里程或间隔时间,必须进行维护作业,包括车辆日常维护、一级维护、二级维护。车辆维护主要对车辆进行清洁、检查、补给、润滑、紧固和调整等作业,除主要总成发生故障外,一般不实施解

3. 视情修理

视情修理是以车辆实际技术状况为基础的修理方式。车辆修理的作业范围和深度必须先通过检测诊断后确定。视情修理体现了技术与经济相结合的原则,既能防止拖延修理造成车况恶化,又能避免提前修理造成浪费。

2.4.3 维修性主要指标

维修的数学理论起始于20世纪30—40年代结构可靠性、疲劳失效和机器维修中替换问题的研究。这一时期发展了维修中的更新和队列理论,特别是威布尔(Weibull)分布的提出及指数分布的使用,奠定了包括维修在内的广义可靠性理论的数学基础。经过第二次世界大战和20世纪50—60年代的大规模实践及理论研究,可靠性和维修性从个别人的零星研究变成受到广泛重视的研究课题,其数学理论也渐趋成熟。20世纪60年代《可靠性的数学理论》(Barlow,Proschan,1965)的出版标志着可靠性作为一门独立学科的诞生。20世纪70年代,由于对核反应堆安全问题的关注,研究的重点主要集中于故障效果及危害性问题。20世纪80年代,产品的市场竞争日益激烈,可靠性和维修性问题重新引起人们的重视,这一时期人们主要关注系统的可用度,发展了网络的可靠性理论,并且重视从产品全寿命费用的角度考虑可靠性和维修性问题。20世纪90年代以来,与企业资源计划和管理相结合的维修决策模型和概念框架设计受到广泛研究,开发了计算机集成维修管理系统和数字化维修系统。

维修的数学方法主要可分为概率方法和统计的方法。

产品的可靠度随时间的增加而减少,故障率则随产品的老化而增加。对可修复的系统或设备可以通过维修来防止老化,降低递增的故障率。因此,对于可修复系统除了可靠性之外,还必须考虑维修性。

维修性是指系统在规定的条件下,规定的时间内,按规定的程序和方法进行维修时,保持或恢复其规定功能的能力。维修性是系统的一种质量特性,是系统设计中赋予的使其维修方便、快捷和经济的固有特性。维修性常从维修时间概率统计的角度来度量,常用的有以下几个参量。

1. 维修度

维修度$M(t)$是表征维修难易程度的概率,是维修时间T_r的分布函数:

$$M(t) = Pr\{T_r \leqslant t\} = \int_0^\infty m(t)\mathrm{d}t \tag{2-27}$$

式中,$m(t)$为维修时间T_r分布的密度函数。

维修度$M(t)$的含义是:在$t=0$时刻处于故障状态的产品,经过在$(0,t)$期间内修理,从t时刻得到修复的概率。

2. 平均维修时间

平均维修时间(MTTR)是指可修产品维修时间的均值,即

$$\mathrm{MTTR} = \int_0^\infty t m(t) \mathrm{d}t \tag{2-28}$$

3. 修复率

$$\begin{aligned}\nu(t) &= \lim_{\Delta t \to 0} \frac{Pr\{t \leqslant T_r \leqslant t + \Delta t \mid T_r > t\}}{\Delta t} \\ &= \lim_{\Delta t \to 0} \frac{M(t + \Delta t) - M(t)}{\Delta t} = \frac{m(t)}{1 - M(t)}\end{aligned} \tag{2-29}$$

修复率含义是:修理时间已经到达某个时刻 t 但尚未修复的产品,在该时刻后的单位时间内完成修复的概率。也可理解为到时刻 t 尚未修复的产品,在该时刻后单位时间内维修概率的变化。在数学上修复率 $\nu(t)$ 与维修度 $M(t)$ 的关系类似于失效率 $\lambda(t)$ 与累积失效概率 $F(t)$ 的关系。

【例 2-3】 某设备具有恒定修复率 10 个/8h,问单个修复超过 1h 的概率是多少?

解: 由题意知,MTTR=0.8h,为此

$$Pr\{T_r > 1\} = 1 - M(1) = \mathrm{e}^{-1/0.8} = \mathrm{e}^{-1.25} = 0.28$$

4. 可用度

可用度是综合可靠度和维修度的广义可靠性指标,其定义是"系统或设备在规定的条件下使用时,在任意时刻正常工作的概率"。常用的有以下几种可用度概念。

(1) 在时刻 t 可用度。即瞬时可用度或点可用度 $A(t)$。

(2) 在时间间隔 $[t_1, t_2]$ 的平均可用度:

$$A_{t_2 - t_1} = \left(\frac{1}{t_2 - t_1}\right) \int_0^{t_2 - t_1} A(t) \mathrm{d}t \tag{2-30}$$

这种平均可用度一般称为区间可用度或任务可用度。

(3) 稳态可用度:

$$A = \lim_{T \to \infty} A(T) \tag{2-31}$$

式中,$A(T)$ 为 $[0, T]$ 区间可用度。

稳态可用度可进一步细分为:

① 固有可用度:

$$A_{\mathrm{inh}} = \lim_{T \to \infty} A(T) = \frac{\mathrm{MTBF}}{\mathrm{MTBF} + \mathrm{MTTR}} \tag{2-32}$$

式中,MTBF 为平均故障间隔时间;MTTR 为平均修复时间。因此,固有可用度只与系统的失效分布和修复时间分布有关。

【例 2-4】 某设备的故障间隔时间分布为形状参数 $s = 0.86$,尺度参数 $t_{\mathrm{med}} = 40$h,修复时间分布为正态分布,正态分布的均值为 3.5h,方差为 1.8h,求固有可用度。

解：由题意知，$MTBF = t_{med}e^{s^2/2} = 40e^{0.7396/2} = 57.9$，$MTTR = 3.5$

$$A_{imh} = \frac{MTBF}{MTBF + MTTR} = \frac{57.9}{57.9 + 3.5} = 0.943$$

② 可达可用度（Achieved availability）：

$$A_a = \frac{MTBM}{MTBF + \overline{M}} \tag{2-33}$$

式中，MTBM 为平均维修间隔时间，即

$$MTBM = \frac{t_d}{A(t_d) + t_d/T_{pm}} \tag{2-34}$$

$\overline{M}$ 为平均维修停时，即

$$\overline{M} = \frac{A(t_d)MTTR + (t_d/T_{pm})MPMT}{A(t_d) + t_d/T_{pm}} \tag{2-35}$$

式中，t_d 为系统统设计寿命；MPMT 为平均预防性维修时间；T_{pm} 为预防性维维修周期；MTTR 为平均修复时间；$A(t_d)$ 为 $(0, t_d]$ 时间内的期望故障数。这里，可以是稳态更新过程或者是小修过程中的平均故障数。

③ 运行可用度（Operation availability）：

$\overline{\overline{M}}$ 是由 $\overline{M}$ 中MTTR替换为MTR算得。MTR 是平均维修时间，也就是包括维修延时在内的平均无计划系统停机时间，即

$$MTR = MTTR + MDT + SDT \tag{2-36}$$

式中，MDT 为平均资源与设备延时；SDT 为平均备件延时。

运行可用度是产品实际运行时真正获得的可用度，在综合考虑维修备件数和维修作业组数时有用。从产品设计的角度更关心是固有可用度或可达可用度。

复习思考题

2-1 试比较下列各对概念有无区别，如有区别，则说明各自的意义。
（1）固有可靠性与使用可靠性；
（2）系统的失效概率密度与系统的失效率；
（3）平均寿命与平均故障间隔。

2-2 对 100 个某种产品进行寿命试验，在 $t = 200h$ 以前没有失效，而在 200～205h 之间有 3 个失效，到 1 000h 前共有 51 个失效，1 000～1 005h 又有 2 个失效，分别求出 $t = 200h$ 和 $t = 1 000h$ 时，产品的失效率和失效概率密度。

2-3 某仪器的寿命服从指数分布，且失效率 $\lambda = 0.01/kh$，求该仪器工作到可靠度为 95% 时的时间。

2-4 取 6 只指示灯泡进行寿命试验，寿命分别为 4 000h、9 000h、11 000h、17 500h、44 000h、53 500h，求 MTTF。若灯泡寿命服从指数分布（即 $\lambda =$ 常数），求 λ、$R(5\,000)$ 及产品的特征寿命。

2-5 将 250 个元件进行加速寿命试验,每 100h 测试一次,直至全部失效为止(其数据见下表)。试问这批产品的寿命是否服从指数分布?

时间区间/h	失效数	时间区间/h	失效数	时间区间/h	失效数	时间区间/h	失效数
0~100	39	301~400	33	601~700	12	901~1 000	2
101~200	58	401~500	25	701~800	6		
201~300	47	501~600	22	801~900	6		

第 3 章

汽车系统可靠性分析

汽车整车是由很多总成、部件、零件等组成。汽车系统的可靠性,不仅取决于组成汽车整车的总成和零部件的可靠性,而且也取决于各组成总成和零部件的相互组合方式。

研究系统可靠性,需建立系统的可靠性模型,即在详细了解汽车及各组成部分情况的基础上,把系统的可靠性特征量表示为单元可靠性特征量的函数,然后由已知的单元的可靠性特征量计算出系统的可靠性特征量。汽车系统可靠性设计的目的,就是要使系统在满足规定可靠性指标、完成预定功能的前提下,使系统的技术性能、重量、成本、时间等各方面取得协调,求得最佳设计;或是在性能、重量、成本、时间和其他要求的约束下,设计能得到实际高可靠性的系统。

3.1 系统可靠性的基本概念

3.1.1 系统与单元

汽车由许多零件、部件及总成组合而成,通过彼此间的联系,来完成汽车特有的功能。由若干个部件(可以是整机、元器件等)相互有机地组合成一个可完成某一功能的综合体,称为系统。组成系统的部件,称为单元。

例如,汽车发动机的润滑系统,是由机油盘、机油泵、滤清器、油道等单元构成的一个系统,功能是保证发动机各相对运动摩擦表面的润滑。

系统和单元是相对的两个概念,视研究对象不同而不同。当研究润滑系统时,其中的油泵、滤清器就是单元。当研究机油泵时,对于齿轮式机油泵则是由齿轮、传动轴、壳体等单元组成的系统。因此,只要在理论上研究一套处理系统和单元之间可靠性关系的方法,就可以普遍地适用于各种大大小小的系统。

3.1.2 可靠性逻辑框图

在分析、研究汽车系统可靠性时,要准确地处理各单元之间、各单元与系统之间的关系,往往要作一些假设,忽略一些次要因素,建立起表示系统中各单元之间关系的示意图。常用的有系统结构图和可靠性逻辑框图。

系统结构图用来表示系统中各单元之间的连接关系或物理关系。可靠性逻辑框图用来表示系统中各单元之间的功能关系。

可靠性逻辑框图又可称为可靠性模型,利用可靠性模型可以定量地计算系统可靠性指标。物理关系和功能关系是两个不同的概念,要注意两者之间的差别。可靠性理论关心的是功能关系,但却是以物理关系作为基础的。

建立可靠性模型的前提条件是明确研究对象,了解产品及其组成:
(1) 了解产品目的、用途和各组成单元在产品中所起的作用、功能;
(2) 明确产品从接收到报废整个使用寿命周期内的所有事件和环境;
(3) 确定产品的结构界限,如最大体积、重量,并明确产品功能接口;
(4) 明确产品以及各组成单元的性能参数和其容许的上下限,并以此为依据,确定产品、单元是否失效;
(5) 确定构成任务失败的所有条件。

在了解产品定义的基础上,可以建立系统的可靠性框图。

简单系统的逻辑框图是串联系统框图和并联系统框图。

一个系统由 n 个单元 A_1、A_2、…、A_n 组成,如每个单元都正常工作时,系统才能正常工作,或者说当其中任何一个单元失效时,系统就失效,称这种系统为串联系统,其逻辑框图如图 3-1 所示。

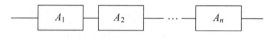

图 3-1　串联系统的逻辑框图

一个系统由 n 个单元 A_1、A_2、…、A_n 组成,如果只要有一个单元工作,系统就能工作,或者说只有当所有单元都失效时,系统才失效,称这种系统为并联系统,其逻辑框图如图 3-2 所示。

举例说明物理关系与功能关系的差别如下。

一个流体系统,是由导管和两个阀门组成的简单系统,如图 3-3 所示。

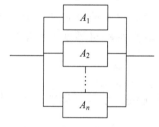

图 3-2　并联系统逻辑框图

从系统结构图来看,这是一个串联系统。那么,可靠性逻辑框图是怎样的呢?这就要弄清系统要实现的功能是什么。

图 3-3　流体系统结构图

如果系统的功能是使液体由左端流入,右端流出,即系统正常工作是保证液体流出。若有一个阀门打不开,则系统失效。所以,可靠性逻辑框图为串联逻辑图,如图 3-4(a)所示。

如果系统的功能是使液体截流,即系统正常工作是不允许液体流过,即只要其中任一阀门关闭,就可使系统正常工作。也就是说,只有当两个阀门都不能关闭时,系统才失效。所以,可靠性逻辑框图为并联逻辑图,如图 3-4(b)所示。

从上例可以看出,系统结构图相同,若功能要求不同,则可靠性逻辑框图完全不同。

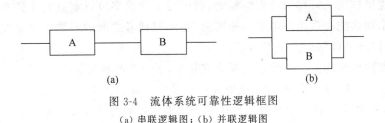

图 3-4 流体系统可靠性逻辑框图
(a)串联逻辑图;(b)并联逻辑图

3.2 简单系统的可靠性分析

3.2.1 串联系统的可靠性分析

串联系统的定义已在前面给出,其实质就是系统中的每个单元都必须正常工作,系统才能正常工作,其可靠性模型如图 3-5 所示。

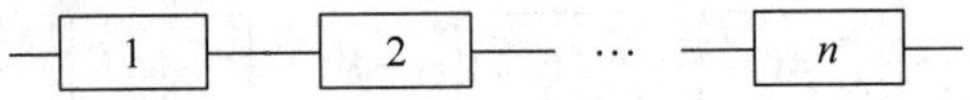

图 3-5 串联系统可靠性模型

汽车及其所组成的总成大多数为串联系统。

设各单元的可靠度分别为 R_1、R_2、R_3、…、R_{n-1}、R_n,且各单元的失效相互独立,则这种串联系统的可靠度可根据概率乘法定理计算,有

$$R_s = R_1 R_2 \cdots R_n = \prod_{i=1}^{n} R_i \tag{3-1}$$

当系统由 n 个等可靠度的单元组成时,则

$$R_s = R^n \tag{3-2}$$

可见,串联系统可靠度取决于两个因素:系统的单元数目和单元可靠度,即系统中单元数目越多,系统可靠度越小。就可靠性而言,应尽量用较少的零件组成串联系统;另一方面,系统的可靠度总是小于任一单元的可靠度。因此,在串联系统中,要找出系统中的"最薄弱环节",设法提高可靠度,这样系统的可靠度便相应提高。从经济方面考虑,由等可靠度单元组成的系统具有较好的效益。

设各单元的寿命分布为指数分布,即失效率 λ 为常数,有

$$R_i(t) = e^{-\lambda_i t} \tag{3-3}$$

则

$$R_i(t) = \prod_{i=1}^{n} e^{-\lambda_i t} = e^{-\sum_{i=1}^{n} \lambda_i t} = e^{-\lambda_s t} \tag{3-4}$$

式中,λ_s 为系统的失效率,$\lambda_s = \sum_{i=1}^{n} \lambda_i$。

可见,串联系统各单元的寿命为指数分布时,系统的寿命也为指数分布。若各单元的失

效率不为常数，设为 $\lambda_1(t)$、$\lambda_2(t)$、$\cdots$、$\lambda_n(t)$，则

$$R_s(t) = e^{-\int_0^t \lambda_s(t)dt} \tag{3-5}$$

式中，$\lambda_s(t)$ 为系统的失效率，$\lambda_s(t) = \lambda_1(t) + \lambda_2(t) + \cdots + \lambda_n(t)$。

串联系统的工作寿命 t_s 总是取系统中寿命最短的一个单元的寿命，即

$$t_s = \min t_i \quad (1 \leqslant i \leqslant n) \tag{3-6}$$

设各单元的失效率为常数，得系统平均寿命

$$E(t_s) = t_m = \int_0^\infty R_s(t)dt = \int_0^\infty e^{-\sum_{i=1}^n \lambda_i t} dt = \frac{1}{\sum_{i=1}^n \lambda_i} = \frac{1}{\lambda_s} \tag{3-7}$$

当 $\lambda_1 = \lambda_2 = \cdots = \lambda_n = \lambda$ 时，有

$$t_m = \frac{1}{n\lambda} \tag{3-8}$$

即等可靠度时，串联系统的平均寿命为其组成单元平均寿命的 $\frac{1}{n}$。

【例 3-1】 由 4 个零件串联组成的系统中，零件的可靠度分别为：$R_1 = 0.9$，$R_2 = 0.8$，$R_3 = 0.7$，$R_4 = 0.6$，求该系统的可靠度 R_s。

解： $R_s = R_1 \cdot R_2 \cdot R_3 \cdot R_4 = 0.9 \times 0.8 \times 0.7 \times 0.6 = 0.302\ 4$

3.2.2 并联系统的可靠性分析

并联系统的特点是所有单元失效时系统才失效，其可靠性模型如图 3-6 所示。

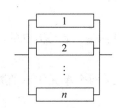

图 3-6 并联系统可靠性模型

设各单元的失效相互独立，各单元的可靠度分别为 R_1、R_2、$\cdots$、R_n，则各单元的失效概率分别为 $(1-R_1)$、$(1-R_2)$、$\cdots$、$(1-R_n)$，系统的失效概率 F_s 可依据概率乘法定理得出：

$$F_s = (1-R_1)(1-R_2)\cdots(1-R_n) = \prod_{i=1}^n (1-R_i) \tag{3-9}$$

故并联系统的可靠度为

$$R_s = 1 - F_s = 1 - \prod_{i=1}^n (1-R_i) \tag{3-10}$$

系统为 n 个等可靠度单元组成时，即 $R_1 = R_2 = \cdots = R_n = R$，则

$$R_s = 1 - (1-R)^n \tag{3-11}$$

可见，并联系统的可靠度仍取决于两个因素：系统的单元数目和单元可靠度，即系统中单元数目越多，系统可靠度越高。这与串联系统恰恰相反。只要并联系统中有一个单元不失效，整个系统仍可以正常工作，这种系统又称为工作冗余系统或有储备系统；另一方面，并联系统的可靠度总是大于任一单元的可靠度。

设各单元的寿命分布为指数分布，即失效率 λ_i 为常数。当 $n=2$ 时，

$$R_s(t) = 1 - [(1-e^{-\lambda_1 t})(1-e^{-\lambda_2 t})] = e^{-\lambda_1 t} + e^{-\lambda_2 t} - e^{-(\lambda_1+\lambda_2)t} \quad (\lambda_1 \neq \lambda_2)$$

或

$$R_s(t) = 2e^{-\lambda t} - e^{-2\lambda t} \quad (\lambda_1 = \lambda_2 = \lambda) \tag{3-12}$$

式(3-12)表明,当单元的寿命分布为指数分布时,并联系统的寿命分布不是指数分布。

当 $n=2$ 时,系统的失效率($\lambda_1 = \lambda_2 = \lambda$)为

$$\lambda_s(t) = -\frac{R'_s(t)}{R_s(t)} = \frac{2\lambda e^{-\lambda t} - 2\lambda e^{-2\lambda t}}{2e^{-\lambda t} - e^{-2\lambda t}} \tag{3-13}$$

可见,失效率是常数时,并联系统的失效率并不是常数,而是时间的函数了。并联系统的工作寿命总是取系统中寿命最长的一个单元的寿命,即

$$t_i = \max t_i \quad (1 \leqslant i \leqslant n) \tag{3-14}$$

取 $n=2$,单元的失效率为 $\lambda_1 = \lambda_2 = \lambda$,求系统的平均寿命:

$$E(t_s) = t_m = \int_0^\infty (2e^{-\lambda t} - e^{-2\lambda t})dt = \frac{3}{2\lambda} = \frac{1}{\sum_{i=1}^n \lambda_i} \tag{3-15}$$

可以推导出,由 n 个单元组成的并联系统的平均寿命为

$$E(t_s) = \frac{1}{\lambda} \cdot \sum_{i=1}^n \frac{1}{i} = \frac{1}{\lambda}\left(1 + \frac{1}{2} + \frac{1}{3} + \cdots + \frac{1}{n}\right) \tag{3-16}$$

【例 3-2】 设每个单元的 $R(t) = e^{-\lambda t}$,且 $\lambda = 0.001/h$,$t = 100h$ 时,求如下情况的系统可靠度:(1)两个单元构成的串联系统;(2)两个单元构成的并联系统。

解:$t = 100h$,$\lambda = 0.001/h$,一个单元的可靠度为

$$R_1 = R(100) = e^{-0.001 \times 100} = e^{-0.1} = 0.905$$

(1) 两个单元构成的串联系统可靠度为

$$R_2 = R_1^2 = e^{-0.2} = 0.819$$

(2) 两个单元构成的并联系统可靠度为

$$R_3 = 1 - (1-R_1)^2 = 1 - (1-e^{-0.1})^2 = 0.991$$

3.2.3 混联系统的可靠性分析

串并联系统称为混联系统或附加单元系统,如图 3-7 所示。对于普通混联系统,可用等效的办法简化分析。

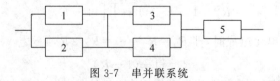

图 3-7 串并联系统

对于串并联系统,可以用等效的办法进行计算,将图 3-7 简化成图 3-8 等效串联系统。

图 3-8 等效图

计算过程如下:
$$\begin{cases} R_6 = 1-(1-R_1)(1-R_2) \\ R_7 = 1-(1-R_3)(1-R_4) \\ R_s = R_5 \cdot R_6 \cdot R_7 \end{cases} \tag{3-17}$$

3.2.4 表决系统的可靠性分析

一个由 n 个元件组成的并联系统,只要其中任意 k 个不失效,则系统就不会失效,这就是 n 中取 k 表决系统,记为 $k/n(G)$ 表决系统,G 表示系统完好。其可靠性框图如图 3-9 所示。

对于 3 中取 2 表决系统,要求失效不多于一个元件,故有 4 种正常工作的工况:没有失效;只有第 1 个元件失效;只有第 2 个元件失效;只有第 3 个元件失效。按概率乘法定理和加法定理,可求得系统的可靠度。当 3 个元件的可靠度分别为 R_1、R_2 和 R_3 时,则

$$R_s = R_1R_2R_3 + (1-R_1)R_2R_3 + R_1(1-R_2)R_3 + R_1R_2(1-R_3) \tag{3-18}$$

当各元件的可靠度相同时,则有

$$R_s = R^3 + 3R^2 - 3R^3 = 3R^2 - 2R^3 \tag{3-19}$$

可以看出表决系统的可靠度不高于并联系统,但不低于串联系统。串联系统是 $n/n(G)$ 表决系统,并联系统是 $1/n(G)$ 表决系统。

3.2.5 储备系统的可靠性分析

储备系统是一种特殊的并联系统,但有的单元并不工作,当某一个工作单元失效后,原来未参与工作的单元开始工作,而将失效单元换下、修理或更换(图 3-10),故又称为后备冗余系统,也称非工作后备系统。直到所有单元工作都失效时,系统才会失效。

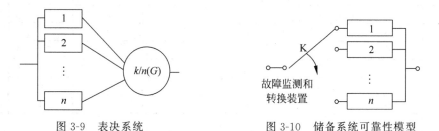

图 3-9 表决系统　　图 3-10 储备系统可靠性模型

上述由 n 个元件构成的储备系统,在给定的时间 t 内只要失效元件数不多于 $n-1$ 个,且处于不工作状态的单元失效率为 0,系统均处于可靠状态。设元件的失效率为 $\lambda_1(t) = \lambda_2(t) = \cdots = \lambda_n(t) = \lambda$,则系统的可靠度按照下列泊松分布部分求和公式来计算:

$$R_s(t) = e^{-\lambda t}\left(1 + \lambda t + \frac{(\lambda t)^2}{2!} + \frac{(\lambda t)^3}{3!} + \cdots + \frac{(\lambda t)^{n-1}}{(n-1)!}\right) \tag{3-20}$$

当转换装置可靠时,相同条件下各简单系统的可靠度大小顺序为

储备系统 > 并联系统 > n 中取 k 表决系统 > 串联系统

3.3 一般网络系统的可靠性分析

网络系统是一种非串联、非并联系统,包括各种电路系统、通信网络系统和计算机系统等,对于网络系统,难以简化为串并联的形式。

3.3.1 真值表法

n 个部件构成的系统具有 2^n 个微观状态,又可归纳为系统正常或失效两个状态,系统正常的概率即为所有正常的微观状态概率之和,因为这些微观状态是互斥的,当 n 较小时此法可用。

【例 3-3】 如图 3-11 所示网络,若已知各单元的可靠度为 $P_A=0.9, P_B=0.7, P_C=0.9, P_D=0.8, P_E=0.8$,求该网络系统的可靠度。

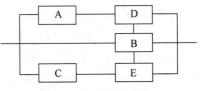

图 3-11 简单网络系统 1

解:系统有 5 个单元,共有 $2^5=32$ 种状态,如表 3-1 所示。

表 3-1 系统及各单元状态取值表

系统状态序号	单元状态取值					系统状态取值	系统状态概率
	A	B	C	D	E		
1	0	0	0	0	0	0	
2	0	0	0	0	1	0	
3	0	0	0	1	1	0	
4	0	0	0	1	0	0	
5	0	0	1	1	0	0	
6	0	0	1	1	1	1	0.017 28
7	0	0	1	0	1	1	0.004 32
8	0	0	1	0	0	0	
9	0	1	1	0	0	0	
10	0	1	1	0	1	1	0.010 08
11	0	1	1	1	1	1	0.040 32
12	0	1	1	1	0	1	0.010 08
13	0	1	0	1	1	1	0.001 12
14	0	1	0	0	1	1	0.000 48
15	0	1	0	1	0	1	0.001 12
16	0	1	0	0	0	0	
17	1	1	0	0	0	0	
18	1	1	0	0	1	1	0.010 08
19	1	1	0	1	1	1	0.040 32

续表

系统状态序号	单元状态取值 A	B	C	D	E	系统状态取值	系统状态概率
20	1	1	0	1	0	1	0.010 08
21	1	1	1	1	0	1	0.090 72
22	1	1	1	1	1	1	0.362 88
23	1	1	1	0	1	1	0.090 72
24	1	1	1	0	0	0	
25	1	0	1	0	0	0	
26	1	0	1	0	1	1	0.038 88
27	1	0	1	1	1	1	0.155 52
28	1	0	1	1	0	1	0.038 88
29	1	0	0	1	0	1	0.004 32
30	1	0	0	1	1	1	0.017 28
31	1	0	0	0	1	0	
32	1	0	0	0	0	0	

序号为 7 的状态能使系统正常工作,该状态出现的概率计算为

$$F_A F_B R_C F_D R_E = (1-R_A)(1-R_B)R_C(1-R_D)R_E = 0.004\ 32$$

系统的可靠度则是表 3-1 中所有使系统正常工作(系统状态为1)的 19 个状态出现的概率之和 $R_s = 0.954\ 56$。

3.3.2 条件概率法

选取系统中某一单元,将其分解为"正常"和"故障"(或失效)两种状态,再用全概率公式计算系统可靠度。用 x 表示该单元正常,$\bar{x}$ 表示该单元故障,由全概率公式得出系统的可靠度为

$$R_s = P(s \mid x)P(x) + P(s \mid \bar{x})P(\bar{x}) \tag{3-21}$$

$P(s \mid x)$ 表示该单元正常条件下,系统正常工作的概率;$P(s \mid \bar{x})$ 表示该单元故障条件下,系统正常工作的概率。

【例 3-4】 如图 3-12 所示网络,若已知各单元的可靠度为 $P_1 = 0.9, P_2 = 0.7, P_3 = 0.9, P_4 = 0.8, P_5 = 0.8$,用条件概率法求该网络系统的可靠度。

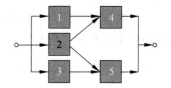

图 3-12 简单网络系统 2

选取第 2 单元进行分解,在第 2 单元正常条件下,系统的框图可简化为图 3-13(a);在第 2 单元失效条件下,系统的框图可简化为图 3-13(b)。则有

$$P(s \mid x_2) = 1 - (1-P_4)(1-P_5) = 0.96$$
$$P(s \mid \bar{x}_2) = 1 - (1-P_1 P_4)(1-P_3 P_5) = 0.921\ 6$$

系统可靠度为

$$R_s = P_2 P(s \mid x_2) + (1-P_2)P(s \mid \bar{x}_2) = 0.7 \times 0.96 + 0.3 \times 0.921\ 6 = 0.948\ 48$$

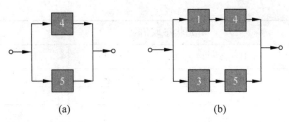

图 3-13　单元 2 正常和失效条件下系统的可靠性框图

(a) 单元 2 正常时；(b) 单元 2 失效时

3.3.3　最小割集法

割集是系统中一些单元的集合,当该集合中的所有单元失效后,会导致系统失效。如果在一个割集内,任意去掉一个单元,它就不再是一个割集,那么该割集就是一个最小割集。即最小割集是割集的最小子集合。根据最小割集中所包含的单元数,分为 1 阶最小割集,2 阶最小割集,……。

割集法原理：找出系统中的每一个最小割集,先将各最小割集中每一个单元并联起来,再将每一个最小割集串联。转化后的新系统与原系统等效,则该新系统的不可靠度即为原系统的不可靠度。

系统最小割集的求取步骤：

(1) 找出所有最小通路(路集)。如果在系统输入和输出之间的某一通路中没有两次或以上经过同一节点,该输入和输出之间的通路就是最小的。

(2) 建立识别每个通路中所有单元的关联矩阵。通路中含有某单元用 1 表示,通路中不含有某单元用 0 表示,将通路编号并以通路编号为行,以有否某单元为列,构成的矩阵就是关联矩阵。

(3) 如果关联矩阵中某一列的所有元素均是非零元素,则与该列对应的单元形成一阶割。

(4) 依次把关联矩阵中的列两两相加,如果相加后列中的元素都是非零元素,则与这些列对应的单元形成二阶割。从中去除那些包含一阶割的割而得到最小二阶割。

(5) 重复步骤(4)进行三列相加,得到三阶割,并从中去除包含一阶割和二阶割的割。

(6) 继续进行更多的列相加直至得到最高阶的割。

得到最小割集后,再进行最小割集的不交化处理和简化处理,最后计算系统不可靠度和可靠度。

【例 3-5】　求图 3-14 所示的网络系统的最小割集。

解：最小通路为 AC、BD、AED、BEC,建立关联矩阵(表 3-2)。

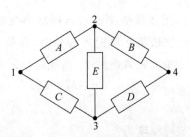

图 3-14　网络系统可靠性框图

表 3-2 关联矩阵表

通路	单 元				
	A	B	C	D	E
1	1	0	1	0	0
2	0	1	0	1	0
3	1	0	0	1	1
4	0	1	1	0	1

由表 3-2 可知没有一阶割。经过列和列两两相加,得到二阶割为 AB、CD,由于不存在一阶割,所以二阶割 AB、CD 就是最小二阶割。三阶割为 ABC、ABD、ABE、ACD、ADE、BCD、BCE、CDE,从中去掉包含二阶割 AB、CD 的三阶割,最后得到最小三阶割 ADE 和 BCE。

最小割集的不交化处理一般采用摩根定理进行运算,不交型布尔代数可运用通常的交换律、结合律、分配律、吸收律、补元律、基元律、等幂律进行简化。摩根定理的不相交型表达式:

$$x'_1 \cdot x'_2 \cdots x'_n = x_1 + x'_1 x_2 + \cdots + \prod_{i=1}^{n-1} x'_i \cdots x_n \tag{3-22}$$

$$(x_1 x_2 \cdots x_n)' = x'_1 + x_1 x'_2 + \cdots + \prod_{i=1}^{n-1} x_i \cdots x'_n \tag{3-23}$$

对于只有两个单元的简单情况,则有

$$(x_1 + x_2)' = x'_1 \cdot x'_2 \tag{3-24}$$

$$(x_1 \cdot x_2)' = x'_1 + x_1 x'_2 \tag{3-25}$$

如例 3-5 中 5 个单元的可靠度均为 0.9 时,最小割集不交化处理为

$$\begin{aligned}
S' &= AB + CD + ADE + BCE \\
&= AB + (AB)'CD + (AB)'(CD)'ADE + (AB)'(CD)'(ADE)'BCE \\
&= AB + (A' + AB')CD + (A' + AB')(C' + CD')ADE + \\
&\quad (A' + AB')(C' + CD')(A' + AD' + ADE')BCE \\
&= AB + A'CD + AB'CD + AB'C'DE + A'BCD'E
\end{aligned}$$

先求取系统不可靠度

$$F_s = 0.1^2 + 0.9 \times 0.1^2 + 0.9 \times 0.1^3 + 2 \times 0.9^2 \times 0.1^3 = 0.021\ 52$$

则系统可靠度为

$$R_s = 1 - F_s = 1 - 0.021\ 52 = 0.978\ 48$$

复习思考题

3-1 设计一个简单系统,画出其系统结构图和可靠性框图。

3-2 已知可靠度相同的三单元并联工作,每个单元的平均寿命为 2 500h,均服从指数分布,确定使系统可靠度达到 0.995 所允许的系统工作时间。

3-3 某 3/5[G]表决系统,各单元寿命均服从指数分布,失效率均为 $\lambda = 40 \times 10^6/h$,若工作时间 $t = 6\ 000kh$,求系统的可靠度及平均寿命。

第 4 章

汽车可靠性设计

可靠性设计是现代工程先进设计方法之一。目前,这一设计方法已在现代机电产品的设计中得到广泛应用,它在提高产品的设计水平和质量,降低产品的成本,保证产品的可靠性、安全性等方面起着极其重要的作用。

汽车产品设计中,要综合满足用户对各种使用性能(动力性、燃油经济性、舒适性及安全性等)的要求;满足国家制定的各项标准、法规(安全、排放、噪声等)的要求;满足用户对可靠性、维修性、耐久性的要求;还要考虑到工艺性、制造成本、投产时间等。设计工作是以上各个方面的综合平衡,哪一方面都不能忽视。

在诸多设计要求中,对产品的声誉与竞争力最有影响,也就是用户对汽车产品最为关切的性能,莫过于可靠性。这一点对于我国汽车工业目前状况来说,更显得突出。

大量试验资料与用户调查资料表明,国产汽车故障的 60% 以上与设计有关。一般来说,制造原因(材料、加工、装配等)产生的可靠性问题表现为局部性的、短期性的,它影响一部分产品或一个时期的产品质量,而设计原因(指产品设计与工艺设计)所造成的产品可靠性问题表现为全局性的、长期性的,它是不可能通过加强生产过程的质量管理来解决的。设计上造成的可靠性问题是"先天性"的毛病,投产后难以治愈。汽车的固有可靠性主要取决于设计。

所以,可靠性工程必须从设计抓起,设计工作是汽车可靠性工程的起点和基础。

4.1 可靠性分配

4.1.1 可靠性分配的意义

所谓可靠性分配,就是为达到系统(整车、整机)的可靠性目标,将系统可靠性指标科学合理地分配到各子系统和零部件的过程。

可靠性分配的逆过程,即根据各子系统的可靠性水平,预测系统可靠性的过程,称为可靠性预测,又称为可靠性评价或可靠性分析。

可靠性分配在国外汽车设计工作中,已经成为确保设计可靠性的一个重要环节与办法,目前在国内各大汽车厂家也获得重视并逐步采用。

可靠性分配的意义在于:

(1) 汽车是一个十分复杂的机械电子产品,系统的可靠性目标的实现,必须依靠所有子系统、零部件的可靠性来保证。没有子系统、零部件的可靠性目标为基础,系统的可靠性目标定得再好,也只是一纸空文,只是总设计师头脑里的良好愿望而已。

(2) 可靠性分配中要把用户最关心的问题放在首位,要认真研究竞争对手的资料,要考虑到同其他性能要求的配合,还要考虑到费用、技术能力、时间等因素。分配的过程是综合这些因素的协调过程。它为实施设计阶段的可靠性管理提供了科学的依据。它使工厂领导做到心中有数,使设计人员明确目标,大家把力量用在刀刃上。

(3) 把可靠性定量指标,如同性能指标、重量指标、成本指标一样,作为设计工作中必须达到的技术要求,在设计评审中要进行审核,要通过子系统、零部件的试验进行验证。这样就迫使设计人员采取各种可靠性设计与分析技术,去实现所分配到的指标值。为了使零部件试验能够正确有效地反映可靠性目标值,迫使试验人员去制定更为科学合理有效的试验规范,开发新的试验技术。这样必将促进整个产品开发工作的技术进步。

可靠性设计是保证产品可靠性的根本,而可靠性分配是可靠性设计的重要前提。可靠性分配将使汽车厂家摆脱"干着看""走着瞧""头痛医头、脚痛医脚""先投产、后攻关"的盲目被动局面。

4.1.2 简单系统可靠性分配

简单系统可靠性分配常使用等分配法,即对各子系统分配以相等的可靠度。这种分配方法比较简单,但不尽合理,在分配过程中没有考虑各子系统的重要性、成本高低、修复的难易程度和现有可靠性水平等。因此等分配法一般用于设计初期,在对各单元可靠性资料掌握很少的情况下,假定各单元条件相同,从而作可靠性的近似分配。

1. 串联系统的可靠度分配

对串联系统的可靠度来说,一般取决于系统中最薄弱的子系统的可靠度。因此,其余分系统的可靠度取值再高也是毫无意义的。基于这种考虑,各子系统应取相同的可靠度进行分配。对于串联系统,为使系统达到规定的可靠度水平 R_s,各子系统也应具有相当的可靠性水平,如图 4-1 所示 n 个单元组成串联系统,按等分配法,即给每个单元分配相同的可靠度,则其关系式为

图 4-1 串联系统可靠度分配

$$\begin{cases} R_s = R_1 R_2 \cdots R_n = \prod_{i=1}^{n} R_i = R^n \\ R = R_s^{1/n} \\ R = R_1 = R_2 = \cdots = R_n \end{cases} \quad (4\text{-}1)$$

式中,R_s 为系统要求的可靠度;R_i 为第 i 个单元的可靠度;n 为串联单元数。

【例 4-1】 一台汽车保修设备,由四部分串联组成,要求总体可靠度达到 $R_s = 0.85$,其中已知某一部分的可靠度为 0.98,按等分配法确定其余三部分的可常度。

解:设已知的可靠度 R_1,其余三部分的可靠度为 R_0,按照串联系统等分配法的计算公式,有

$$R_s = R_1 R_0^3$$

$$R_0 = \sqrt[3]{\frac{R_s}{R_1}} = \sqrt[3]{\frac{0.85}{0.98}} = 0.95$$

通过计算,得到其余三部分的可靠度为 0.95。

2. 并联系统的可靠度分配

如图 4-2 所示并联系统,按等分配法,则

$$F_i = F_s^{1/n} = (1-R_s)^{1/n} \quad (i=1,2,\cdots,n) \tag{4-2}$$

式中,F_s 为系统要求的不可靠度;F_i 为第 i 个单元分配到的不可靠度;R_s 为系统要求的可靠度;n 为并联单元数。

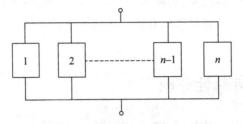

图 4-2 并联系统可靠度分配

【例 4-2】 由 3 个单元组成的并联系统,要求系统可靠度达到 0.98,求每个单元的可靠度。

解:已知 $R_s = 0.98$,设每个单元可靠度为 R_0,则

$$F_i = (1-R_s)^{1/n} = (1-0.98)^{1/3} = 0.271$$

计算可得

$$R_0 = 1 - F_i = 1 - 0.271 = 0.729$$

4.1.3 复杂系统可靠性分配

1. 子系统重要度分配法

对于组成系统的各子系统,在系统中的重要程度不同,则应分配给不同的可靠度。反映其重要程度的指标就是重要度。子系统的重要度就是第 i 个子系统失效引起系统失效的次数与第 i 个子系统失效次数的比值;也就是第 i 个子系统发生失效时,整个系统发生失效的概率。重要度大的子系统就应分配给高可靠度,重要度小的子系统就应分配较低的可靠度。分配给第 i 个子系统的可靠度可由下式计算:

$$R_i(t) = 1 - \{[1-R_s(T)W_i]/E_i\} \tag{4-3}$$

式中,$R_s(T)$ 为系统的可靠度;W_i 为相对失效率,$W_i = \lambda_i/\lambda_s$;$E_i$ 为第 i 个子系统的重要度。

2. 子系统复杂度分配法

子系统的复杂程度,用子系统中的部件数与整个系统部件数的比来表示,称为复杂度:

$$C_i = n_i / N \tag{4-4}$$

式中，n_i 为第 i 个子系统中部件数；N 为整个系统中的部件数，$N = \sum n_i (i=1,2,\cdots,m)$，$m$ 为子系统数目。

如果是串联系统，系统中部件越多越容易失效，所以有如下关系：

$$\lambda_i / \lambda_s = n_i / N \tag{4-5}$$

式中，λ_i, n_i 为第 i 个子系统的失效率和部件数；λ_s, N 为整个系统的失效率和部件数。

若各子系统的可靠度服从指数分布：

$$R_i(t) = e^{-\lambda_i t}$$

$$R_s(t) = e^{-\lambda_s t}$$

由式(4-5)得

$$\lambda_i = \lambda_s n_i / N$$

所以有

$$R_i(t) = e^{-\lambda_s n_i t / N} = [R_s(t)]^{(n_i/N)} \tag{4-6}$$

式中，$R_i(t)$ 为第 i 个子系统考虑复杂度分配的可靠度；$R_s(t)$ 为系统要求的可靠度。

当系统的可靠度已确定时，对于系统的可靠度分配应满足复杂度的要求。复杂度对系统的影响比较稳定，因为构成子系统的部件数 n_i 一旦确定，那么对系统的影响也就确定。

3. 代数分配法

代数分配法又称 AGREE 分配法，是美国电子设备可靠性咨询组(AGREE)在 1957 年 6 月提出的一种分配方法。这种方法既考虑每一个子系统的复杂性，也考虑重要度。

设系统由 n 个子系统串联组成，且各子系统均相互独立，同时均服从指数分布。第 i 个子系统的可靠度为

$$R_i(t_i) = e^{-t_i/\theta_i} \tag{4-7}$$

式中，t_i 为第 i 个子系统的工作时间；θ_i 为第 i 个子系统的平均寿命。

考虑重要度，式(4-7)为

$$R'_i = 1 - \omega_i (1 - e^{-t_i/\theta_i}) \tag{4-8}$$

式中，ω_i 为第 i 个分系统的重要度(权重)。

若同时考虑子系统的复杂度，则有

$$R''_i = R^{(n_i/N)} \tag{4-9}$$

式中，N 为系统组装件总数；n_i 为第 i 个子系统中组装件总数；R_s 为系统在任务时间内的要求可靠度。

因为同时应满足重要度和复杂度的要求，所以有

$$R'_i = R''_i$$

$$1 - \omega_i (1 - e^{-t_i/\theta_i}) = R_s^{(n_i/N)}$$

经计算整理得

$$\theta_i = N \omega_i t_i / [n_i (-\ln R_s)] \tag{4-10}$$

【例 4-3】 某机械电子设备要求任务时间为 12h，可靠度 $R=0.923$，设备各子系统数据

如表 4-1 所示。试进行可靠度分配。

解：

$$\theta_1 = 570 \times 10 \times 12/(102 \times \ln 0.923) = 837 \text{h}$$
$$R_1 = e - 12/827 = 0.985\ 8$$
$$\theta_2 = 570 \times 10 \times 12/(91 \times \ln 0.923) = 938 \text{h}$$
$$R_2 = e - 12/938 = 0.987\ 3$$
$$\theta_3 = 570 \times 0.3 \times 3/(95 \times \ln 0.923) = 67 \text{h}$$
$$R_3 = e - 12/67 = 0.956\ 2$$
$$\theta_4 = 570 \times 10 \times 12/(242 \times \ln 0.923) = 353 \text{h}$$
$$R_4 = e - 12/353 = 0.966\ 6$$
$$\theta_5 = 570 \times 10 \times 12/(40 \times \ln 0.923) = 2\ 134 \text{h}$$
$$R_5 = e - 12/2\ 134 = 0.994\ 4$$

计算结果：

发射机平均寿命 $\theta_1 = 837\text{h}$，可靠度 $R_1 = 0.985\ 8$；
接收机平均寿命 $\theta_2 = 938\text{h}$，可靠度 $R_2 = 0.987\ 3$；
自动装置平均寿命 $\theta_3 = 67\text{h}$，可靠度 $R_3 = 0.956\ 2$；
控制设备平均寿命 $\theta_4 = 353\text{h}$，可靠度 $R_4 = 0.966\ 6$；
能源平均寿命 $\theta_5 = 2134\text{h}$，可靠度 $R_5 = 0.994\ 4$。

将上述平均寿命和可靠度填入表 4-1 中。

表 4-1 设备各子系统数据

子系统	子系统组件数 n_i	重要度因子 ω_i	任务时间/h	平均寿命/h	可靠度 R_i
发射机	102	10	12	837	0.985 8
接收机	91	10	12	938	0.987 3
自动装置	95	0.3	3	67	0.956 2
控制设备	242	10	12	353	0.966 6
能源	40	10	12	2 134	0.994 4
	$\sum n_i = 570$				

4.2 可靠性设计原理

4.2.1 应力-强度干涉理论

实际上，零部件的载荷、几何尺寸、材料性能等都是随机变量，是某种概率分布的统计量，可靠性设计正是考虑设计参数的分散性，在常规设计公式的基础上，引入了可靠度或其他可靠性指标，不单纯用一个安全系数来衡量零件的强度，而是用概率统计的方法来处理各个设计变量,同时对系统失效的可能性进行定量分析和预测。

常规设计方法中,满足设计安全性的判据为零件的强度必须大于工作应力:
$$h \geqslant s \tag{4-11}$$
即
$$n = h/s \geqslant 1 \tag{4-12}$$
式中,h 为零件的强度;s 为零件的应力;n 为安全系数。

这种方法对于静强度设计来说,通常还基本可行。它将作用载荷与零件强度性能方面的离散性,用一个综合的、以过去经验和工程判断为基础的安全系数来解决,而且这个系数一般取值较大(超安全设计),以便使失效的可能性减小到主观上可以接受的限度。但对疲劳设计来说,这个方法就存在不少问题。首先是没有考虑在承受静载荷与动载荷(疲劳)时,材料性能在破坏机理上的差别;其次,疲劳强度的离散性随寿命而变化,不可能给出一个始终如一的安全系数值;此外,对于不同的设计类型,如"安全寿命"(链条型)设计或"损伤容限"(绳索型)设计,这两者对安全系数值的要求不同,并且常常是未知的。因此,零件的疲劳强度是一个概率问题,即应该从零件的失效概率或可靠度这种可靠性设计的观点加以考虑。

可靠性设计的目标是:零件的强度 h 大于工作应力 s 的概率要大于或等于所要求满足的可靠度 R。这里的强度 h,狭义地讲是指零件材料单位面积能承受的最大作用力,广义地讲是指阻止零件(系统)失效的因素,简称强度。这里的工作应力,狭义地讲是指单位面积所受外力的大小,广义地讲是指引起零件(系统)失效的因素,简称应力。这个设计准则的变换,对设计过程本身有着深远的影响。

可靠性设计准则为
$$P\{h > s\} \geqslant R \quad \text{或} \quad P\{h - s > 0\} \geqslant R \tag{4-13}$$

由于零件的强度 h 和工作应力 s 都是随机变量,所以具有一定的概率密度函数 $f_h(h)$ 和 $f_s(s)$。$f_h(h)$ 和 $f_s(s)$ 可能存在的 3 种应力强度分布情形,如图 4-3 所示。

如图 4-3(a)所示,强度的最大值 $h_{\max}$ 小于应力的最小值 $s_{\min}$,从而 $P\{h>s\}=0$,恒小于给定的可靠度值 $R(0<R<1)$,这样零件刚投入使用就会失效,这种情况应避免出现。

如图 4-3(b)所示,应力的最大值 $s_{\max}$ 小于强度的最小值 $h_{\min}$,从而 $P\{h>s\}=1$,恒大于给定的可靠度值 $R(0<R<1)$,这种情况下零部件完全可靠,但设计保守、成本费用高。

如图 4-3(c)所示,$\bar{h}$ 为强度的均值,$\bar{s}$ 为应力的均值,尽管强度的平均值大于应力的平均值,即 $\bar{h}>\bar{s}$,但是这两条概率密度曲线还是有部分重叠的地方,出现 $h \leqslant s$ 的干涉区,这是在实际设计问题中经常遇到的。在实际工程中,产品可靠性设计的思路是通过控制应力-强度干涉的程度来满足一定可靠度的要求。

现将应力-强度干涉区放大,如图 4-4 所示,应力 δ 在某一个区间 $[s_1 - \mathrm{d}s/2, s_1 + \mathrm{d}s/2]$ 内取值,根据概率论,用面积 A_1 表示这一事件发生的概率:
$$P\{s_1 - \mathrm{d}s/2 \leqslant s \leqslant s_1 + \mathrm{d}s/2\} = f_s(s_1)\mathrm{d}s = A_1 \tag{4-14}$$
而强度大于应力这一事件发生的概率,以图 4-4 中的面积 A_2 表示:
$$P\{h > s\} = \int_{s_1}^{\infty} f_h(h)\mathrm{d}h = A_2 \tag{4-15}$$

因应力落在干涉区与强度大于应力为两个独立的事件,若零件不发生破坏,且应力落在干涉区和强度大于应力两事件同时发生。根据概率的乘法定理可知,应力落在 s_1 邻域内的可靠度 $\mathrm{d}R$ 为

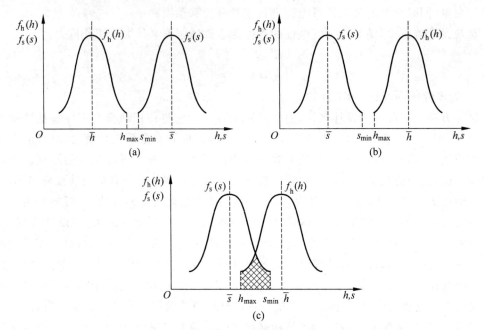

图 4-3 应力强度 3 种分布类型

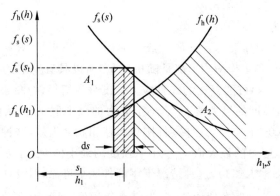

图 4-4 应力-强度干涉区的放大图

$$dR = f_s(s_1)ds \cdot \int_{s_1}^{\infty} f_h(h)dh \qquad (4\text{-}16)$$

对于零件整个应力分布的可靠度 R 为

$$R = \int_{-\infty}^{+\infty} f_s(s) \left[\int_s^{\infty} f_h(h)dh \right] ds \qquad (4\text{-}17)$$

同理,根据积分性质,可以导出 R 的另一表达式:

$$R = \int_{-\infty}^{+\infty} f_h(h) \left[\int_{-\infty}^{h} f_s(s)ds \right] dh \qquad (4\text{-}18)$$

因可靠度与失效概率之和等于 1,可以得出失效概率 P_f,即可靠度的补数:

$$P_f = 1 - R = \int_{-\infty}^{+\infty} f_h(h) \left[\int_h^{\infty} f_s(s)ds \right] dh \qquad (4\text{-}19)$$

这样,根据强度与应力不同分布形式的组合,由上述公式求出其可靠度和失效概率。需要指出的是,任何一种分布与威布尔分布的组合,其失效概率的积分式一般不能直接解出,需采用数值积分方法。

4.2.2 常用分布的可靠度计算

1. 零件的强度和应力均为指数分布时的可靠度

强度 h 为指数分布时的概率密度函数为

$$f_h(h) = \lambda_h e^{-\lambda_h h} \quad (0 \leqslant s \leqslant \infty)$$

应力 s 为指数分布时的概率密度函数为

$$f_s(s) = \lambda_s e^{-\lambda_s s} \quad (0 \leqslant s \leqslant \infty)$$

则

$$R = \int_0^{+\infty} f_s(s) \left[\int_s^{\infty} f_h(h) dh \right] ds = \frac{\lambda_s}{\lambda_s + \lambda_h} \tag{4-20}$$

2. 零件的强度为正态分布、应力为指数分布时的可靠度

$$f_h(h) = \frac{1}{\sigma_h \sqrt{2\pi}} \exp\left[-\frac{1}{2}\left(\frac{h-\mu_h}{\sigma_h}\right)^2\right] \quad (-\infty \leqslant h \leqslant +\infty)$$

$$f_s(s) = \lambda_s e^{-\lambda_s s} \quad (s \geqslant 0)$$

则

$$R = \int_0^{+\infty} f_h(h) \left[\int_0^h f_s(s) ds \right] dh$$

$$= \int_0^{+\infty} \left\{ \frac{1}{\sigma_h \sqrt{2\pi}} \exp\left[-\frac{1}{2}\left(\frac{h-\mu_h}{\sigma_h}\right)^2\right] \int_0^h \lambda_s e^{-\lambda_s s} ds \right\} dh$$

经化简得

$$R = 1 - \Phi\left(-\frac{\mu_h}{\sigma_h}\right) - \frac{1}{\sigma_h \sqrt{2\pi}} \int_0^{+\infty} \exp\left\{-\frac{1}{2\sigma_h^2}\left[(h-\mu_h+\lambda_s\sigma_h^2)^2 + 2\lambda_s\mu_h\sigma_h^2 - \lambda_s^2\sigma_h^4\right]\right\} dh \tag{4-21}$$

令

$$t = \frac{h - \mu_h + \lambda_s \sigma_h^2}{\sigma_h} \quad (\sigma_h dt = dh)$$

则式(4-21)可写成

$$R = 1 - \Phi\left(-\frac{\mu_h}{\sigma_h}\right) - \frac{1}{\sqrt{2\pi}} \int_{-\frac{\mu_h-\lambda_s\sigma_h^2}{\sigma_h}}^{+\infty} e^{-\frac{t^2}{2}} e^{-\frac{1}{2}(2\lambda_s\mu_h - \lambda_s^2\sigma_h^2)} dt$$

$$= 1 - \Phi\left(-\frac{\mu_h}{\sigma_h}\right) - \left[1 - \Phi\left(-\frac{\mu_h - \lambda_s\sigma_h^2}{\sigma_h}\right)\right] e^{-\frac{1}{2}(2\lambda_s\mu_h - \lambda_s^2\sigma_h^2)}$$

通常,$\Phi\left(-\dfrac{\mu_h}{\sigma_h}\right)$ 及 $\Phi\left(-\dfrac{\mu_h - \lambda_s\sigma_h^2}{\sigma_h}\right)$ 均近似为零,故得零件的可靠度为

$$R \approx 1 - e^{-(\lambda_s\mu_h - \frac{1}{2}\lambda_s^2\sigma_h^2)} \tag{4-22}$$

当强度为指数分布、应力为正态分布时,可用下式求得零件的可靠度:

$$R \approx e^{-(\lambda_h \mu_s - \frac{1}{2}\lambda_h^2 \sigma_s^2)}$$

3. 零件的强度和应力均为正态分布时的可靠度

强度为正态分布时的概率密度函数为

$$f_h(h) = \frac{1}{\sigma_h \sqrt{2\pi}} \exp\left[-\frac{1}{2}\left(\frac{h-\mu_h}{\sigma_h}\right)^2\right] \quad (-\infty \leqslant h \leqslant +\infty)$$

应力为正态分布时的概率密度函数为

$$F_s(s) = \frac{1}{\sigma_s \sqrt{2\pi}} \exp\left[-\frac{1}{2}\left(\frac{s-\mu_s}{\sigma_s}\right)^2\right] \quad (-\infty \leqslant s \leqslant +\infty)$$

由正态分布的性质可知，两个相互独立随机变量之差 $y=h-s$ 仍然服从正态分布，其均值 μ_y 和均方差 σ_y 为

$$\mu_y = \mu_h - \mu_s, \quad \sigma_y = \sqrt{\sigma_h^2 + \sigma_s^2}$$

零件的可靠度可表达为

$$R = p\{h \geqslant s\} = p\{h-s \geqslant 0\} = p\{y \geqslant 0\}$$
$$= \int_0^{+\infty} \frac{1}{\sigma_y \sqrt{2\pi}} \exp\left[-\frac{1}{2}\left(\frac{y-\mu_y}{\sigma_y}\right)^2\right] dy \tag{4-23}$$

令 $z = \dfrac{y-\mu_y}{\sigma_y}$，有 $dz = \dfrac{dy}{\sigma_y}$，从而当 $y=0$ 时，z 的下限为

$$z = \frac{0-\mu_y}{\sigma_y} = -\frac{\mu_h - \mu_s}{\sqrt{\sigma_h^2 + \sigma_s^2}}$$

当 $y \to +\infty$ 时，$z \to +\infty$，则可变为

$$R = \frac{1}{\sqrt{2\pi}} \int_{-\frac{\mu_y}{\sigma_y}}^{\infty} e^{-\frac{z^2}{2}} dz = 1 - \Phi(z)$$
$$= 1 - \Phi\left[\left(-\frac{\mu_h - \mu_s}{\sqrt{\sigma_h^2 + \sigma_s^2}}\right)\right] \tag{4-24}$$

4. 零件的强度和应力均为对数正态分布时的可靠度

强度 h 和应力 s 服从对数正态分布，而其对数值即 $\ln h$ 和 $\ln s$ 服从正态分布。强度与应力的对数值之差 $y = \ln h - \ln s$ 亦为服从正态分布的随机变量。从而有

$$R = p\{h \geqslant s\} = p\{\ln h \geqslant \ln s\} = p\{\ln h - \ln s \geqslant 0\} = p\{y \geqslant 0\}$$

由上文关于零件的强度和应力均为正态分布时的可靠度计算内容，可得

$$R = 1 - \Phi\left[\left(-\frac{\mu_{\ln h} - \mu_{\ln s}}{\sqrt{\sigma_{\ln h}^2 + \sigma_{\ln s}^2}}\right)\right] \tag{4-25}$$

强度和应力的均值 μ_h、μ_s 及均方差 σ_h、σ_s 与其自然对数的均值 $\mu_{\ln h}$、$\mu_{\ln s}$ 及均方差 $\sigma_{\ln h}$、$\sigma_{\ln s}$ 的换算关系如下：

$$\mu_{\ln h} = \ln \mu_h - \frac{1}{2}\sigma_{\ln h}^2 \tag{4-26}$$

$$\sigma_{\ln h}^2 = \ln\left[\left(\frac{\sigma_h}{\mu_h}\right)^2 + 1\right] \tag{4-27}$$

$$\mu\ln s = \ln\mu_s - \frac{1}{2}\sigma_{\ln s}^2 \tag{4-28}$$

$$\sigma_{\ln s}^2 = \ln\left[\left(\frac{\sigma_s}{\mu_s}\right)^2 + 1\right] \tag{4-29}$$

【例 4-4】 已知汽车上某一种拉杆的强度和应力均服从对数正态分布,其特征值分别为 $\mu_h = 100\text{MPa}, \sigma_h = 10\text{MPa}, \mu_s = 60\text{MPa}, \sigma_s = 10\text{MPa}$,试求这种拉杆的可靠度。

解:由式(4-26)~式(4-29),得

$$\sigma_{\ln h}^2 = \ln\left[\left(\frac{10}{100}\right)^2 + 1\right] = 0.009\ 95$$

$$\mu\ln h = \ln 100 - \frac{1}{2} \times 0.009\ 95 = 4.600\ 2$$

$$\sigma_{\ln s}^2 = \ln\left[\left(\frac{10}{60}\right)^2 + 1\right] = 0.027\ 40$$

$$\mu\ln s = \ln 60 - \frac{1}{2} \times 0.027\ 40 = 4.080\ 6$$

将以上各值代入式 $R = 1 - \Phi\left[\left(-\dfrac{\mu_{\ln h} - \mu_{\ln s}}{\sqrt{\sigma_{\ln h}^2 + \sigma_{\ln s}^2}}\right)\right]$,得

$$R = 1 - \Phi(-2.689) = 1 - 0.003\ 6 = 0.996\ 4 = 99.64\%$$

4.3 可靠性设计方法

汽车产品的可靠性像汽车其他性能参数一样,是产品的一个特性参数。在产品可靠性设计工作过程中,应该尽早开展可靠性分析工作。利用系统性能指标、原理图、工作流程图、图样等设计文件作为可靠性分析的原始资料,既要注意满足产品性能的要求,又要分析设计中是否存在缺陷,避免投入生产以后更改设计而造成多方面浪费。新产品的研制一般总是要经过若干次更改。但更改的时间越早,浪费越小。投入生产以后更改设计浪费大,投入使用以后再改,浪费更大。设计还在纸面上时,更改最容易,浪费最小。所以从设计初始起就要开始做可靠性分析,这是保障设计可靠性最好、最经济的办法。

4.3.1 可靠性设计基础

可靠性设计又称为概率设计。这种设计方法将各设计参数视为随机变量,即作用于零部件的真实外载荷及零部件的真实承载能力以及零部件的实际尺寸等,都看成是属于某种概率分布的统计量,设计时不可能予以精确确定,它服从一定的分布。以此为出发点,应用概率论与数理统计及力学理论,考虑各种随机因素的影响,推导出在给定设计条件下零部件不产生破坏概率的公式,能够得到与客观实际情况更符合的零部件设计,用可靠度来确保结

构的安全性,把失效的发生控制在可接受的水平。

运用可靠性设计方法,可以充分发挥零部件材料的固有性能,节省材料;可以找出各零部件中的薄弱环节或应力最高的危险点,从而采取相应措施,降低危险点的应力峰值,或采取强化措施使材料的强度提高,达到提高零部件可靠度的目的。可靠性设计可以量化每个零部件是否破坏或产生故障,使设计者和产品的使用者做到心中有数。当然,提高零部件的可靠度,必须综合考虑其经济效果,做到尽量合理。

可靠性设计与常规设计比较主要有下述 2 个特点:

(1) 可靠性设计与常规设计的主要不同点在于对失效可能性的认识和估计上。常规设计是用安全系数来保证结构的安全,而可靠性设计则用可靠度(或其他可靠性指标)来确保结构的安全性。因此,它对失效可能性的认识和估计都比常规设计更合理。

(2) 可靠性设计对安全性的认识进一步深化。可靠性设计除了引入可靠度(或其他可靠性指标)外,还对结构的安全系数做了统计分析,这样得出的安全系数比常规的安全系数更科学,因为它已经是与可靠度相联系的安全系数了。因此,常规设计对结构安全性的评价只有一个指标,即安全系数。而可靠性设计对安全性的评价却有两个指标,即可靠度和在一定可靠度下的安全系数,它是人们认识深化的结果。

4.3.2 可靠性设计的内容

这里所说的可靠性是指广义上的可靠性,即包括可靠性、维修性与耐久性。从广义可靠性含义出发,可靠性设计至少应包括以下内容:

1. 系统可靠性目标的制定

根据市场的预测、竞争的需要、技术上的可行性分析、制造成本高低等因素的研究,提出可靠性目标值,这些目标值主要有如下几方面。

(1) 可靠性指标:MTBF,MTTF,当量故障率。

(2) 维修性指标:MTTR,维修时间率,维修费,有效度。

(3) 耐久性指标:大修里程,报废里程。

2. 可靠性指标的分配与预测

将整车可靠性指标逐级分配下去,明确每个系统、每个总成、每个零件的可靠性要求,根据过去的资料及试验数据结果预测可靠性。

3. 结构可靠性设计与验证

进行每个具体结构的设计,通过试制、试验进行验证是否达到预期目标。没有达到时,进行改进设计或酌情调整目标值。

4. 系统可靠性设计与验证

重点是各结构间的连接、协调、匹配。通过整车的试制、试验来验证。

5. 维修制度的设计与验证

确定采取哪种维修制度,即维修方法、维修点、润滑、检测、监测装置等的设计与试验,使用维修文件、备件图册的编制、维修工具、装备的设计、备件数量的预测等。

6. 耐特殊环境设计

明确汽车可能工作的最恶劣的环境,针对这些环境条件进行必要的可靠性和维修性设计,进行特殊环境试验(包括零部件与整车)。

7. 外购件的选用与可靠性验证

在现代汽车产品生产中,外购件往往占一半以上。因此,要根据整车或系统的可靠性要求,规定外购件的可靠性要求,并通过严格的试验、检验,选择性能与可靠性符合要求的外购件。

8. 工艺可靠性设计

在工艺设计中充分考虑保证可靠性的措施,包括工序能力设计、检测工艺设计、防止误装、误加工的设计与检验等。

9. 运输、储存、包装的可靠性

产品设计与工艺设计中,要考虑运输、储存、包装过程中防止汽车产品损坏、腐蚀等的可靠性。

10. 用户使用中可靠性信息的收集与可靠性改进

根据销售部门反馈的信息,了解产品的可靠性状况与问题,进行失效分析;凡属于设计的问题,应及时加以改进。

4.3.3 可靠性设计原则

总结以往产品设计中成功的经验和失败的教训,提出以下几条可靠性设计原则:

1. 确保可靠性原则

任何设计都必须确保达到预定的可靠性目标。采用任何新的结构、选用新的外购件,都必须以保证可靠性为前提。如果某种新结构虽然会带来性能上的好处,但同时也会带来可靠性下降的坏处,原则上这种新结构不能采用。也就是说,当性能改善(不包括标准、法规内容)与可靠性冲突时,首先要保证可靠性。

2. 一切通过试验原则

任何新结构的采用或老结构的改进,都必须通过严格的试验。这些试验必须有足够的有效性,即试验的标准合理,试验的方法正确,确保产品投放市场后的可靠性要求。绝不允许未经试验通过就投入生产。外购件要进行严格的选型、可靠性试验与入厂检验。

3. 简单化、标准化、通用化原则

在性能满足要求的情况下,尽量采用简单的结构,不要盲目追求局部的新颖与复杂。元件数量少,结构简单,工艺简单,使用简单,维修简单,这样可靠性就高。最大限度地采用标准化的零件、组件,采用市场上通用、可互换并经使用证明可靠的零部件。

4. 技术上成熟、可靠性增长原则

尽可能采用成熟的、具有良好可靠性的结构,使新的设计保持原有结构的可靠性优势,消除老结构不可靠的部分,使新结构的可靠性较老结构有所增长,而不是下降。在新产品研制过程与工艺设计过程中,采取边设计、边试验、边改进的"滚动"办法,不断消除可靠性方面存在的问题,使系统的可靠性不断增长。避免在改进过程中轻易推翻设计方案,使可靠性从"零"开始的现象发生。

5. 充分考虑维修性原则

在设计中要把维修性作为重要因素,必须满足基本维修性。

4.3.4 汽车可靠性设计的基本要求

实施汽车可靠性设计必须全面考虑包括从研究、制作,到使用、维修的整个产品周期内的各个方面的问题,其基本要求如下:

(1) 凡是事前已考虑到的缺陷,从设计一开始,就应该设法予以消除。即使发生了故障,也应容易诊断和修理。这些是根本的可靠性和维修性。

(2) 设计应包括汽车系统设计、可靠性分配、详细设计以及与其相应的预测、分析、试验和设计审查等。

(3) 设计要在过去的技术储备的基础上,提高效率。为了做好设计工作,要有计划、有组织地积累必要的数据资料(建立数据库)。

(4) 可靠性和维修性设计,不能只限于如何提高可靠性与维修性,还要和设计对象的系统、产品质量要求、成本费用等要素结合起来综合平衡进行设计。

总之,汽车可靠性设计应围绕影响汽车可靠性质量的因素全面考虑,这些因素概括起来有如下几方面:

(1) 时限性,包括系统有效性、可维修性。

(2) 功能性,包括使用方便、功能指标等。

(3) 商业性,包括经济性、时尚性等。

(4) 生产性,包括易制造性、管理措施等。

(5) 物理性,包括外观造型、尺寸、材质等。

4.4 维修性分配

维修性是系统的重要特性,在设计阶段维修性的实现将直接影响到系统在工作过程维修活动所需维修技术人员的维修水平、维修工具、维修难易程度及维修费用的高低等。因此,在设计阶段合理地确定系统各组成部分的维修性定量指标就显得至关重要。维修性分配就是将系统的维修性总的定量要求,按特定的分配原则分配给系统各组成部分而进行的设计、分析工作。维修性分配是系统设计、研制过程中的主要维修性活动之一。

4.4.1 维修性分配的目的和意义

维修性定量指标分配的目的:①明确系统各组成部分的维修性定量要求,并作为系统设计依据,通过设计来实现;②对于制造和供货商来说,是进行可靠性管理和验收的量化依据。一般来说,维修性的分配是在系统设计和研制的早期阶段进行,工作内容主要是从总体方案上进行系统的维修性设计与论证工作,所需的费用不多,但决定了系统在进行维修上所需花费的大小。合理的系统维修性分配方案,可以使所设计的系统既经济又达到规定的可靠性、可用度和维修性目标要求。反之,在系统设计中不进行维修性定量指标分配,就会使所设计的系统维修性得不到保证,从而可能造成重大的维修费用损失。

4.4.2 维修性指标的确定

维修性指标的确定需要综合考虑可靠性、可用度和维修性,一般有两种确定方法:①将用户提出的系统维修性指标要求作为系统维修性的定量指标要求,此时,必须论证所给的系统维修性定量指标的合理性;②根据给定系统固有可用度或可靠度指标确定系统的维修性定量指标要求,并论证维修性指标的合理性。

若给定系统的固有可用度 A_{inh} 要求,则系统的维修性要求可和系统的可靠性折中确定,即

$$\mathrm{MTTR} = \frac{1-A_{inh}}{A_{inh}} \mathrm{MTBF} \tag{4-30}$$

式中,MTBF 为系统的平均故障间隔时间;MTTR 为平均维修时间。

当系统的寿命服从指数分布 $F(t)=1-\mathrm{e}^{-\lambda t}$ 时,有 $\mathrm{MTBF}=1/\lambda$,此时,系统的平均维修时间为

$$\mathrm{MTTR} = \frac{1-A_{inh}}{\lambda A_{inh}} \tag{4-31}$$

若给定了系统的可靠度指标要求,则要根据给定的可靠度要求,通过维修性和可用度的平衡来确定系统的维修性定量指标。

4.4.3 维修性分配方法

设系统平均维修时间为 MTTR,系统固有可用度为 A_{inh},系统平均修复率为 μ,系统平均故障率为 λ,各部件的平均修复率、平均故障率和平均维修时间为 μ_i、λ_i 和 $MTTR_i$。

1. 平均分配法

将系统的维修性指标均等地分配给组成系统的各个部分。对于由 k 个零部件组成的系统,有

$$MTTR_i = \frac{MTTR}{k} \tag{4-32}$$

该方法适用于系统各组成部分在复杂程度、故障率及维修难易程度均相差不大的情况或缺乏系统可靠性和维修性信息时,作初步系统维修性分配情况。

2. 按系统组成的复杂度分配法

分配原则是将平均维修时间 MTTR 作为维修性分配指标时,分配给各分系统的平均维修时间 $MTTR_i$ 应与其故障率 λ 成反比。即故障率高的分系统分配的 $MTTR_i$ 值应少一些;故障率低的分系统可适当多分配些,以保证整个系统的可用度达到所要求的水平。

当把系统的维修性要求目标分配到系统各功能层次时,可能有下列 3 种情况:

(1) 系统是新设计的,无可借鉴的经验资料。若系统由 k 种分系统组成,系统已完成可靠性分配,则各个分系统的维修性指标按下式分配:

$$MTTR_i = \frac{MTTR \sum_{i=1}^{k} n_i \lambda_i}{k n_i \lambda_i} \tag{4-33}$$

式中,n_i 为第 i 个分系统的数量;k 为分系统的种类数。

(2) 系统是改进型设计,一部分是新设计的产品,一部分是老产品或借鉴同类产品的资料。若系统由 k 种分系统组成,其中 l 种分系统可借鉴同类产品的资料,$(k-l)$ 种分系统为新设计的系统,则新设计的分系统维修性指标按下式分配:

$$MTTR_j = \frac{MTTR \sum_{i=1}^{k} n_i \lambda_i - \sum_{i=1}^{l} n_i \lambda_i MTTR_{0,i}}{(k-l) n_i \lambda_i} \tag{4-34}$$

式中,$MTTR_j$ 为新设计的分系统的平均维修时间;$MTTR_{0,i}$ 为同类产品分系统的平均维修时间。

(3) 系统的各分系统全部利用经验资料,则各个分系统的维修性指标按式(4-35)分配:

$$MTTR_i = \frac{\sum_{i=1}^{k} MTTR_{0,i} n_i \lambda_i}{\sum_{i=1}^{k} n_i \lambda_i} \tag{4-35}$$

若 $MTTR_i$ 小于给定的分系统维修时间,表明系统符合给定的维修性要求;大于给定

的分系统维修性要求,则不符合要求,需要重新设计。

【例 4-5】 某系统由 A、B、C 3 个分系统组成,其功能层次如图 4-5 所示,要求系统的平均维修时间 MTTR 为 0.5h,各分系统的故障率如表 4-2 所示。按以下 3 种情况进行平均维修时间分配:

① 所有分系统为新设计;

② 分系统 B、C 有可借鉴的资料,分系统 A 为新设计;

③ 各分系统均有可借鉴资料。

图 4-5 系统功能层次示意图

表 4-2 分配表

分系统类型	数量 n	故障率 λ	累计故障率 $n\lambda$	MTTR 情况①	MTTR 情况②	MTTR 情况③
A	1	1.71	1.71	0.27	0.48	0.4
B	2	0.48	0.96	0.47	0.5	0.5
C	1	0.06	0.06	7.6	1.0	1.0
$\sum$			2.73			

解: ① 由公式 $\mathrm{MTTR}_i = \dfrac{\mathrm{MTTR} \sum_{i=1}^{k} n_i \lambda_i}{k n_i \lambda_i}$,有

$$\mathrm{MTTR}_A = \frac{0.5 \times 2.73}{3 \times 1.71} = 0.27 \mathrm{h}$$

$$\mathrm{MTTR}_B = \frac{0.5 \times 2.73}{2.88} = 0.47 \mathrm{h}$$

$$\mathrm{MTTR}_C = \frac{0.5 \times 2.73}{0.18} = 7.6 \mathrm{h}$$

② 给定 $\mathrm{MTTR}_{0,B} = 0.5\mathrm{h}, \mathrm{MTTR}_{0,C} = 1\mathrm{h}$

由 $\mathrm{MTTR}_j = \dfrac{\mathrm{MTTR} \sum_{i=1}^{k} n_i \lambda_i - \sum_{i=1}^{l} n_i \lambda_i \mathrm{MTTR}_{0,i}}{(k-l) n_i \lambda_i}$,有

$$\mathrm{MTTR}_A = \frac{0.5 \times 2.73 - (0.5 \times 0.96 + 1.0 \times 0.06)}{1.71} = 0.48 \mathrm{h}$$

③ $\mathrm{MTTR}_{0,A} = 0.4\mathrm{h}, \mathrm{MTTR}_{0,B} = 0.5\mathrm{h}, \mathrm{MTTR}_{0,C} = 1.0\mathrm{h}$

$$\mathrm{MTTR}_A = \frac{0.4 \times 1.71 + 0.5 \times 0.96 + 1.0 \times 0.06}{2.73} = 0.45 \mathrm{h} < 0.5 \mathrm{h}$$

所以分配满足要求。

3. 加权分配法

此法除了考虑分系统的复杂度以外,还要考虑各分系统可能采用的故障检测、故障隔离和故障修复方法等不同情况来分配指标。如对故障自动检测、自动隔离与人工查找故障的两个分系统,前者可分配较小的 MTTR,后者则应分配较大的 MTTR。这些因素用各分系统的维修性加权因子 k_i 来表示,k_i 又可细分为若干个具体因子 k_{ij},令

$$k_i = \sum k_{ij} \tag{4-36}$$

k_{ij} 一般具有 4 种因子,即故障检测与故障隔离、可达性、可更换性以及调整因子。表 4-3 列出了其参考值。必须指出,只有不断积累各种设备的有关数据,才能得到更符合实际情况的维修性因子及其加权因子。

对于串联系统,有

$$\mathrm{MTTR}_i = \frac{k_i \mathrm{MTTR} \sum \lambda_i}{\lambda_i \sum k_i} \tag{4-37}$$

表 4-3 4 种维修性因子参考值

维修性因子	项目	加权因子 k_{ij}	说明
故障检测与隔离因子	自动	1	全部采用机内自检测设备检测和隔离故障
	半自动	3	人工控制机内检测电路进行故障检测和隔离
	人工检测	5	用机外轻便仪表通过机内设定的检测口进行检测
	人工	10	机内无设定的测口,须人工逐点寻迹检查故障
可达性因子	直接	1	更换故障单元时无须拆除遮盖物
	简单	2	能快速拆除遮盖物
	困难	4	拆除阻挡物和遮盖物须拆装螺钉、螺母等零件
	十分困难	8	除拆装螺钉外,须两人以上搬动遮盖物
可更换因子	插拔	1	更换单元为插拔件
	卡扣	2	更换单元为模块,更换时要拆卸卡扣
	螺钉	4	更换单元要拆装螺钉
	焊接	6	更换单元时要进行焊接操作
调整因子	不调	1	更换单元时无须调整
	微调	3	利用设备内调整元件进行调整
	联调	5	须与其他电路一起调整

4. 基于固有可用度的维修性分配法

假定系统固有可用度 A_{inh} 已知,系统零部件的工作寿命和维修时间均呈指数分布。

1) 同型部件的串联系统

当系统是由 n 个相同部件的串联组成时,其固有可用度为

$$A_{\mathrm{inh}} = \left(1 + \frac{n\lambda}{\mu}\right)^{-1} \tag{4-38}$$

从而,部件的修复率和平均维修时间为

$$\mu = \frac{n\lambda A_{\text{inh}}}{1 - A_{\text{inh}}} \tag{4-39}$$

2) 不同故障率的串联系统

当串联各部件故障率不相同时,令

$$\xi_i = \frac{\lambda_i}{\mu_i} \tag{4-40}$$

系统固有可用度为

$$A_{\text{inh}} = \left(1 + \sum_{i=1}^{n} \xi_i\right)^{-1} \tag{4-41}$$

以串联系统中第一个部件的系数为基准,其他部件的系数与基准的比值为

$$k_i = \frac{\xi_i}{\xi_1} \quad (i = 1, 2, 3, \cdots, n) \tag{4-42}$$

代入固有可用度公式,解得

$$\xi_1 = \frac{1 - A_{\text{inh}}}{A_{\text{inh}}} \times \frac{1}{\sum_{1}^{n} k_i} \tag{4-43}$$

从而,部件 i 的修复率和平均维修时间为

$$\mu_i = \frac{A_{\text{inh}}}{1 - A_{\text{inh}}} \times \frac{\lambda_i \sum_{1}^{n} k_i}{k_i} \tag{4-44}$$

$$\text{MTTR}_i = \frac{1}{\mu_i} \tag{4-45}$$

对于并联和表决系统可类似讨论。应根据系统不同的研制阶段和掌握的系统维修性数据情况,来选用上述各种维修性分配方法。

4.5 电子产品可靠性设计

随着对安全性、舒适性、环保性等性能越来越高的要求,汽车上电子/电气系统的应用越来越多,例如汽车电动车窗、电动阻力转向系统、防抱死制动系统、安全气囊等。这些系统如果发生故障,往往会造成比较高的经济损失和基本功能的丧失,甚至引起安全性事故,这使得这些系统的可靠性保证成为汽车可靠性工程需要研究的重要内容。可靠性工程和管理主要也是在应对电子设备的可靠性问题中成长起来的。

4.5.1 电路容差分析

电路容差分析的目的是分析电路的组成部分在规定的使用温度范围内,其参数偏差和寄生参数对电路性能容差的影响,并根据分析结果提出相应的改进措施。电路容差分析主要适用于系统内的关键电路。电路性能参数发生变化的主要表现有性能不稳定、参数发生

漂移、退化等,造成这种现象的原因有组成电路的元器件参数存在着公差、环境条件的变化产生参数漂移和退化效应。电路容差分析应依据 GJB 450A—2004《装备可靠性工作通用要求》、GJB/Z 89—97《电路容差分析指南》等标准进行,通常其工作应在产品详细设计阶段已经具备了电路的详细设计资料后完成。

电路容差分析的主要步骤如图 4-6 所示。

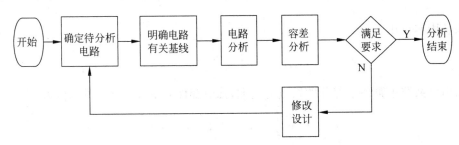

图 4-6 电路容差分析流程

(1) 确定待分析电路,通常包括以下电路:严重影响产品安全的电路;严重影响任务完成的电路;价格昂贵的电路;采购或制作困难的电路;需要特殊保护的电路。

(2) 明确电路设计的有关基线:被分析电路的功能和使用寿命;电路性能参数及偏差要求;电路使用的环境应力条件(或环境剖面);元器件参数的标称值、偏差值和分布;电源和信号源的额定值和偏差值;电路接口参数。

(3) 电路分析:对电路进行分析,得出在各种工作条件及工作方式下电路的性能参数、输入量和元器件参数之间的关系。

(4) 容差分析:适当选择一种具体分析方法;求出电路输出性能参数的偏差范围,找出对电路性能影响敏感度较大的参数并进行控制,使电路满足要求。

(5) 分析结果判别,将偏差范围与电路性能指标要求相比较,比较结果分两种情况:①符合要求,则分析结束;②若不符合要求,则需要修改设计,直到所求得的电路性能参数的偏差范围完全满足电路性能指标要求为止。

4.5.2 元器件降额设计

元器件降额设计目的是通过设计有意识地降低元器件工作时实际承受的应力,以降低元器件的失效率,提高产品可靠性。元器件降额设计一般依据 GJB/Z 35—93《元器件降额准则》等标准进行。

元器件降额设计一般要求有:

(1) 确定产品用的元器件应采用的降额等级、降额参数和降额因子(系数),降额量值允许做适量调整,但对关键元器件应保证规定的降额量值。

(2) 降额有一定的限度,通常标准给出的降额范围是最佳的,过度的降额会使效益下降,产品的重量、体积和成本增加,有时还会使某些元器件工作不正常。不应采用过度的降额来弥补选用低于要求质量等级的元器件;同样,也不能由于采用了高质量等级的元器件,而不进行降额设计。

(3) 国产元器件降额设计可按国产元器件降额要求(GJB/Z 35—93)进行,国外(美国)元器件降额设计可按国外(美国)元器件降额要求进行。

降额等级表示产品中元器件降额的程度,最佳降额范围内划分了3个降额等级,具体划分情况见表4-4。对于车辆系统,GJB/Z 35—93推荐最低采用Ⅲ级的降额等级,最高采用Ⅰ级的降额等级。

表4-4 降额等级划分表

降额等级情况	Ⅰ级	Ⅱ级	Ⅲ级
降额程度	最大	中等	最小
元器件使用可靠性改善	最大	适中	较小
适用情况	1. 设备故障导致人员伤亡或产品与保障设备的严重破坏 2. 对设备有高可靠性要求 3. 采用新技术、新工艺设计 4. 故障设备无法或不宜维修 5. 设备内部的结构紧凑,散热条件差	1. 设备故障引起产品与保障设备损坏 2. 对设备有较高可靠性要求 3. 采用某些专门设计 4. 故障设备的维修费用较高	1. 设备故障不会造成人员和设备的伤亡和破坏 2. 采用成熟的标准设计 3. 故障设备可迅速、经济地加以修复 — —
降额设计的实现	较难	一般	容易
降额增加费用	略高	中等	较低

4.5.3 电子产品的热设计

电子产品热设计的目的是控制电子产品内部所有电子元器件的温度,使其在产品所处的工作环境条件下不超过规定的最高允许温度,从而保证电子产品正常、可靠的工作。热设计相关标准包括GJB 450A—2004《装备可靠性工作通用要求》、GJB/Z 27—1992《电子设备可靠性热设计手册》、GB/T 15428—1995《电子设备用冷板设计导则》、GB/T 7423.2—1987《半导体器件散热器 型材散热器》等。

1. 基本概念

电子产品通常所处的热环境包括产品或元器件周围流体的种类、温度、压力及速度,表面温度、外形,每个元器件周围的传热通路等。最基本的几个概念包括:

热流密度——单位面积的热流量;
体积功率密度——单位体积的热流量;
热阻——热量在热流路径上遇到的阻力;
热阻网络——热阻的串联、并联或混联形成的热流路径图;
冷板——利用单相流体强迫流动带走热量的一种换热器。

2. 电子产品热设计基本原则

（1）应通过控制散热量的大小来控制温升。

（2）选择合理的热传递方式（传导、对流、辐射）；传导冷却可以解决许多热设计问题，对于中等发热的产品，采用对流冷却往往合适，辐射传热是空间电子设备的主要传热方式。

（3）尽量减小各种热阻，控制元器件的温度；电子产品热设计中可能遇到 3 种热阻：内热阻、外热阻和系统热阻。

（4）采用的冷却系统应该简单经济，并适用于电子产品所在的环境条件的要求。

（5）应考虑尺寸和重量、耗热量、经济性、与失效率对应的元器件最高允许温度、电路布局、产品的复杂程度等因素。

（6）应与电气及机械设计同时进行，且不得有损于产品的电性能。

（7）最佳热设计与最佳电路设计有矛盾时，应采用折中的解决方法。

（8）应尽量减小热设计中的误差。

3. 电子产品热设计的方法

电子产品热设计主要包括冷却方法的选择、元器件的安装与布局、印制电路板的散热设计、机箱的结构散热设计和热分析。电子产品热设计常见的流程见图 4-7。

1）常用的冷却方法

电子产品的冷却方法包括自然冷却、强迫空气冷却、强迫液体冷却、蒸发冷却、热电致冷（半导体致冷）、热管传热和其他冷却方法（如导热模块-TCM 技术、冷板技术、静电致冷等）。其中，自然冷却、强迫空气冷却、强迫液体冷却和蒸发冷却是常用的冷却方法。在所有的冷却方法中应优先考虑自然冷却，因为这种冷却无须外加动力源，故其可靠性在所有冷却方法中最佳，且成本低。

2）元器件的安装与布局

元器件的安装与布局的原则包括：元器件的安装位置应保证元器件工作在允许的工作温度范围内；元器件的安装位置应得到最佳的自然对流；元器件应牢靠地安装在底座、底板上，以保证得到最佳的传导散热；热源应接近机架安装，与机架有良好的热传导；元器件、部件的引线腿的横截面应大，长度应短；温度敏感元件应放置在低温处；若邻近有发热量大的元件，则需对温度敏感元件进行热防护，可在发热元件与温度敏感元件之间放置较为光泽的金属片来实现；元器件的安装板应垂直放置，利于散热。

表 4-5 常用元器件的安装方法

元器件种类	安 装 方 法
电阻器	不仅要注意自身的冷却，还应考虑减少对附近元器件的热辐射。如果元器件与电阻器之间的距离小于 50mm，则需要在电阻器与热敏元件之间加热屏蔽板
半导体器件	小功率晶体管、二极管及集成电路的安装位置应尽量减少从大热源及金属导热通路的发热部分吸收热量，可以采用隔热屏蔽板。对功率等于或大于 1W，且带有扩展对流表面散热器的元器件，应采用自然对流冷却效果最佳的安装方法与取向

续表

元器件种类	安装方法
变压器和电感器	电源变压器是重要的热源,当铁芯器件的温度比较高时,应特别注意其热安装,应使其安装位置最大限度地减小与其他元器件间的相互作用,最好将它安装在外壳的单独一角或安装在一个单独的外壳中
传导冷却的元器件	最好将元器件分别装在独立的导热构件上,如果将其装在一个共同的散热金属导体上,可能会出现明显的热的相互作用
不发热元器件	置于温度最低的区域,一般是靠近与散热器之间热阻最低的部分
温度敏感元器件	与发热元器件间采用热屏蔽和热隔离措施。具体有:①尽可能将热通路直接连接至热沉;②加热屏蔽板形成热区和冷区

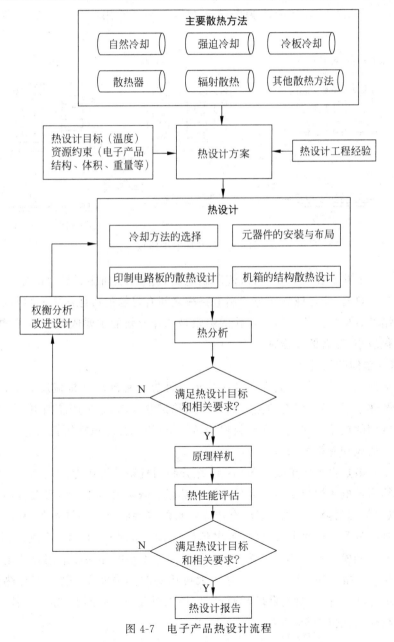

图 4-7 电子产品热设计流程

3) 印制电路板的散热设计

印制电路板的散热设计的目的是实现印制电路板良好的散热,以保证印制电路板上元器件和功能电路正常工作,从而保证系统的可靠性。

安装在印制电路板上元器件的冷却,主要依靠导热提供一条从元器件到印制电路板及机箱侧壁的低热阻路径。为降低从元器件壳体至印制电路板的热阻,可用导热绝缘胶直接将元器件粘到印制电路板或导热条(板)上,若不用粘接时,应尽量减小元器件与印制电路板或导热条(板)间的间隙。因电子设备工作范围较宽,元器件引线和印制电路板热膨胀系数不一致,在温度循环变化及高温条件下,应注意采取减小热应变的一些结构措施。目前采用的环氧玻璃电路板,其导热性能差,为了提高其导热能力,通常在其上敷设导热系数大的金属(铜、铝)条或(铜、铝)板,从而成为散热印制电路板。常用的散热印制电路板如图 4-8 所示。

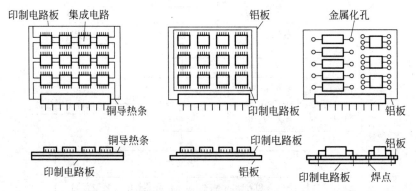

图 4-8 散热印制电路板

插入式印制电路板往往需要导轨,使印制电路板能对准插座。导轨的主要作用是导向和导热。作为导热时,应保证导轨与印制电路板之间有足够的接触压力和接触面积,并应保证导轨与机箱壁有良好的热接触。导轨的热阻是选择导轨的主要依据,导轨的热阻越小,且随高度的变化越小,导轨的性能越好。

4) 机箱的结构散热设计

机箱结构散热设计的任务是在保证产品承受外界各种环境和机械应力的前提下,采用各种必要的散热手段,最大限度地把产品产生的热量散发出,满足产品内电子元器件规定的温度要求。常用的机箱形式主要有密封机箱、通风机箱和强迫风冷机箱,强迫风冷机箱又可分为箱内强迫通风和冷板式强迫风冷两种。

机箱的结构散热设计实施要点包括:①充分利用机箱结构作为散热体,通过传导、对流和辐射把机箱内部电子模块及电子元件产生的热量有效散发出去;②增大自然对流机箱表面的黑度,以增强辐射换热能力;③所有传导热量的接触面要求平整光滑,有较高的表面光洁度;④采用导热系数高的金属材料,考虑到材料的比重因素,推荐首先选用铝合金;⑤增加需要散热元件和模块的导热接触面面积;⑥对高低不平的导热面采用导热绝缘海绵橡胶板作为传热层;⑦缩短热传导的距离;⑧增大机箱的散热表面积;⑨增加导热接触面的压力;⑩非密封型机箱,在机箱上合理开通风口,加强对流、换热作用;⑪功耗较大时,考虑采用强迫风冷机箱或液体冷却机箱等。

5) 热分析

热分析又称热模拟,是利用数学手段,在电子产品的设计阶段获得温度分布的方法,它可以使电子产品设计人员和可靠性设计人员在设计初期就能发现产品的热缺陷,从而改进其设计,为提高产品设计的合理性及可靠性提供有力保障。

热分析需建立电子产品温度场和流场的数学模型,并对其求解。由于求解的复杂性,热分析大都采用软件来完成。国外有很多公司已经开发了电子产品热分析软件,并且大多数已经商品化。应用软件进行热分析的基本步骤为:

(1) 根据设计要求建立热分析模型,确定边界条件;
(2) 划分网格,迭代计算直到收敛为止;
(3) 后处理,以报表、图形或动画的形式观察温度场。

热分析软件虽能较准确地获得温度场的分布,但在应用过程中可能存在建模不合理、输入参数的不准确等原因而导致热分析误差较大。

复习思考题

4-1 由 14 个子系统组成的串联系统,要求系统的可靠度达到 0.95,用等分配法确定各子系统的可靠度。

4-2 一台汽车保修设备由三部分组成,要求总体可靠度达到 $R_s=0.75$,其中已知某部分的可靠度为 0.98,按等分配法确定其余两部分的可靠度。

4-3 由 4 个单元组成的并联系统,要求系统可靠度达到 0.99,求每个单元的可靠度至少达到多少?

4-4 某压力机用拉紧螺栓连接,螺栓所受的应力 s 和强度 h 服从对数正态分布,应力的均值和均方差为 $(\bar{s},\sigma_s)=(16.1,1.6)\mathrm{N/mm}^2$,强度的均值和均方差为 $(\bar{h},\sigma_h)=(19.5,1.5)\mathrm{N/mm}^2$,试计算螺栓的可靠度。

4-5 在使用维修中,观察到某车用设备的故障修复时间和修复频次如下表所示:①试绘制概率密度曲线,根据曲线的形状判断其可能属于何种分布类型,并写出维修密度函数;②求设备的平均修复时间、中位修复时间和维修度达到 90% 的最大修复时间。

修复时间/min	0	2	4	6	8	0	2	4	8	6	4	2	0	8	6
修复次数						0	2	3						0	2

第 5 章

汽车可靠性试验

5.1 可靠性试验概述

5.1.1 可靠性试验的含义

为了分析、评价、验证和提高产品的可靠性而进行的有关系统、零部件的失效及其效应的试验,统称为可靠性试验。即对受试的零部件、总成和整车在规定的条件下施加一定方式和水平的载荷,使之产生一定程度的变形、疲劳和磨损等,通过对试验数据进行处理分析,得出产品的各项可靠性指标。

广义来说,任何与产品失效效应有关的试验,都可认为是可靠性试验;狭义的可靠性试验,往往是指寿命试验。

汽车可靠性是汽车最重要的性能之一,它与设计技术、全面质量管理、原材料和协作件质量的控制等密切相关。汽车的可靠性提高了,就意味着汽车整体的技术水平提高了,因此汽车可靠性试验是一项必不可少的重要试验。

5.1.2 可靠性试验的目的

可靠性试验一般是在产品的研究开发阶段和大规模生产阶段进行的。在研究开发阶段,可靠性试验主要用于评价设计质量、材料和工艺质量。在大规模生产阶段,可靠性试验的目的则是质量保证或定期考核管理。由于阶段不同,其目的和内容也不完全相同。表 5-1 列出了根据不同阶段所开展的可靠性试验的目的和内容。

表 5-1 不同阶段可靠性试验的目的和内容

阶 段	目 的	内 容
研究开发	掌握可靠性水平的试验	标准试验、加速试验、极限试验、实用试验
	标准化探讨用的试验	模拟试验、极限试验
大量生产	可靠性保证试验	形式试验、认定试验、批量保证试验
	筛选试验	加速试验

可靠性试验除了获取评价汽车零件、总成和整车系统的可靠性指标外,还通过可靠性试验来暴露出零部件、总成及系统的薄弱环节,分析薄弱环节在设计、制造、工艺等方面的影响

因素和统计规律,采取相应的技术措施,达到提高可靠性的目的。因此,可靠性试验是产品可靠性评价的一个重要手段,也是研究产品可靠性的基本环节之一。

5.1.3 可靠性试验的分类

可靠性试验分类的方法很多,可按试验对象、试验目的、试验场所和试验方法等进行分类。

1. 按照试验对象分类

(1) 整车可靠性试验：指为分析、评价、验证和提高整车可靠性而进行的试验。

(2) 总成可靠性试验：指为分析、评价、验证和提高汽车总成可靠性而进行的试验。

(3) 零部件可靠性试验：指为分析、评价、验证和提高汽车零部件可靠性而进行的试验。

2. 按试验目的分类

(1) 寿命试验：指为分析、评价产品的寿命特征量而进行的试验。

(2) 耐久性试验：指为考察产品性能与所加应力条件的影响关系而在一定时间内所进行的试验。

(3) 可靠性验证试验：指为确定产品的可靠性特征量是否达到所要求的水平而进行的试验。

(4) 可靠性测定试验：指为确定产品的可靠性特征量的数值而进行的试验。

3. 按照试验场所分类

(1) 现场试验：指按照实际工作条件进行的可靠性试验。这种试验能客观地评价产品在实际使用中的可靠性,试验数据和结论真实可靠;但费用消耗大,投入的人力较多,试验周期长,适用于整车和重要总成的可靠性试验。

(2) 试验场试验：指在试验场模拟实际工作条件进行的试验,适用于整车和重要总成的可靠性试验。

(3) 实验室试验：指在实验室模拟实际工作条件进行的试验,适用于总成和零部件的可靠性试验。

4. 按照试验方法分类

(1) 常规可靠性试验：指在公路或一般道路上,使汽车以类似或接近于实际使用条件下进行的试验。该试验是最基本的可靠性试验,试验周期较长,但试验结果最接近实际的状况。

(2) 快速可靠性试验：指对汽车寿命产生影响的主要条件集中实施(所谓的"载荷浓缩"),使其在尽可能短的时间内获得相当于常规试验在长时期内得到的试验结果,即在专门的汽车强化试验道路上进行的具有一定快速系数的可靠性试验。这类试验通常在试验场进行。

(3) 特殊环境可靠性试验：指汽车在严寒、高温、高湿、低气压、盐雾、雨水等特殊条件下进行的可靠性试验。

(4) 极限条件可靠性试验：指汽车在实际使用条件下施加可能遇到的少量极限载荷时所进行的试验。

另外，可靠性试验按照产品的破坏性质可分为可破坏性试验和非破坏性试验，按照载荷加载方式还可分为恒定应力试验、步进应力试验和序进应力试验，按照抽样方式分为抽样试验和全数试验等。

由上可知，可靠性试验的方法多种多样，总体分类情况汇总见图5-1。

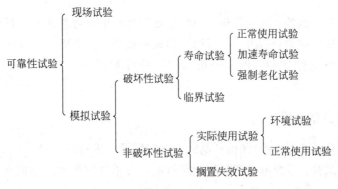

图 5-1　可靠性试验总体分类汇总

5.1.4　可靠性试验的发展历程

在1920年以前，汽车的可靠性试验都是在公共道路上进行的。各个汽车制造厂家选择的试验路线包括城市道路和乡村道路，选择这些试验道路的原则是使试验车辆可以经受到在实际使用中所碰到的各种载荷和应力的作用。而且采用的是加速试验的方法，大大缩短了试验行驶里程和时间。但是，公共道路的路况变化比较大，试验条件难以控制，使得试验结果重复性和可比性较差，试验周期比较长。

进入20世纪20年代后，各汽车制造厂家已经认识到对可靠性试验进行仔细控制的价值，而这样的试验需要在实验室内或在专门修建的试验场上进行。于是，在20世纪20—30年代修建了一批汽车试验场。在美国，最早专门修建的车辆试验场之一是美国陆军的Aberdeen试验场，这个试验场在20世纪20年代以前已经修建好；1924年，通用汽车公司在密歇根州Milford修建了试验场；1926年，Packard汽车公司在密歇根州的Utica修建了试验场；1933年，福特汽车公司在密歇根州的Dearborn试验场开始启用。这个时期修建的试验场主要用于轿车的可靠性试验，一直到20世纪40年代末期都是如此。

到了20世纪50年代后，经过仔细设计的在汽车试验场上进行的可靠性试验开始得到应用，对可靠性试验的行驶规范、试验方法、试验数据处理等都进行了规定。此时，重型载货汽车的开发也开始应用可靠性试验技术。为缩短可靠性试验周期，试验场上的试验条件越来越苛刻，有时甚至不合理，使得在试验中会出现一些在实际使用中不会出现的失效模式。

20世纪60年代，两大技术的重大发展大大促进了可靠性试验技术的发展。第一项技术是把各种累积疲劳损伤理论应用于汽车零部件的开发中,进行随机疲劳寿命预测。这使得可靠性技术有了坚实的理论基础。第二项技术是把伺服液压作动器引入到汽车实验室中。这使得在实验室中能比较准确地重现汽车在道路上所受到的载荷,试验重复性得到很大改善。从此,伺服液压系统越来越多地应用在可靠性试验领域。

5.2　汽车可靠性试验理论基础

5.2.1　可靠性试验抽样

汽车产品是大批量生产的,在进行可靠性试验时,一般是不可能进行全数抽样的。因为可靠性试验具有破坏性,而且试验费用较高、试验周期较长,因而只能采取少量抽样的方式进行试验,然后对总体进行评估。在制定抽样方法时,必须综合考虑时间、成本等多方面的因素。从提高评价的准确度考虑,希望抽样的数目越多越好;从节省费用和时间来考虑,希望抽样的数目越少越好。因此,在进行可靠性试验时,必须确定一个合适的抽样方法。

可靠性抽样试验适用于产品的生产鉴定、协作产品验收和质量检查。

可靠性抽样方法同质量检查的抽样方法在原理上基本相同,但存在一定的差异,主要体现如下:

(1) 质量检查主要使用合格率或不合格率来进行评价;而可靠性试验除采用合格率外,还采用故障率或平均故障间隔时间等作为评价指标。

(2) 质量检查一般可获得每个样品的检查结果;而可靠性试验有时为节省时间,不会试验到所有样品都失效为止,即采用所谓的截尾试验方法。截尾试验方法是一种只要求进行到样品中部分失效就停止的试验方法。

(3) 质量检查中主要采用正态分布;而在可靠性试验中主要采用指数分布或威布尔分布。

1. 抽样试验的一般原理

设一批产品的总数为 N,不合格率为 p,现在抽取 n 个样品进行试验,不合格数为 r_i 个的概率 $P(r_i)$ 服从超几何分布,为

$$P(r_i) = C_{Np}^{r_i} C_{N-Np}^{n-r_i} / C_N^n \tag{5-1}$$

式中,$C_{Np}^{r_i}$ 为从 Np 个样品中取 r_i 个的组合数;$C_{N-Np}^{n-r_i}$ 为从 $N-Np$ 中取 $n-r_i$ 个样品的组合数;C_N^n 为从 N 个样品中取 n 个的组合数。

若事先规定一个不合格品的界限数为 c(称为批产品合格判定数),只要不合格数不超过 c,就判定这批产品为合格产品。根据式(5-1),这批产品被判定为合格的概率如下:

$$L(p) = \sum_{r_i=1}^{c} P(r_i) = \sum_{r_i=1}^{c} \left(\frac{C_{Np}^{r_i} C_{N-Np}^{n-r_i}}{C_N^n} \right) \tag{5-2}$$

$L(p)$ 称为批合格率,当 c 确定时,$L(p)$ 是不合格率 p 的函数,称为抽样特性曲线,或称作特性曲线(OC 曲线),如图 5-2 所示。

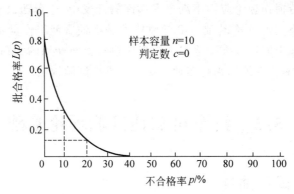

图 5-2 抽样特性曲线(OC 曲线)

由图 5-2 可知,抽样试验特性曲线与不合格率有关,当不合格率变化时,批合格率随之变化,关系如下:

(1) 当 $p=0$,$L(p)=1$ 时,产品肯定被接收;
(2) 当 $0<p<1$,$0<L(p)<1$ 时,产品可能被接收,也可能被拒收;
(3) 当 $p=1$,$L(p)=0$ 时,产品肯定被拒收。

2. 汽车可靠性试验抽样

从 20 世纪 50 年代开始,人们逐步掌握了可靠性试验的规律,并出现了一些专门的试验抽样方案,到 60 年代就已经形成了一些试验标准。由于这些抽样方案的计算比较复杂,通常都是设计一些常用的试验方案并制成表供使用时查阅,而不必用理论公式进行计算,因此只要掌握了试验方法并学会查表就可以确定抽样方案了。

汽车系统的故障间隔时间一般服从指数分布,因此,在可靠性试验抽样中可以采用 MTBF 代替不合格率来制作 OC 曲线,如图 5-3 所示。当产品达到某一可接受的平均故障间隔时间 $MTBF_0$ 时,存在有 α 的概率(厂方风险);当产品达到某一不可接受的不合格的平均故障间隔时间 $MTBF_1$ 时,存在有 β 的概率(用户风险)。称 $d=MTBF_0/MTBF_1$ 为判别比,判别比越接近于 1,判别误差就越小。

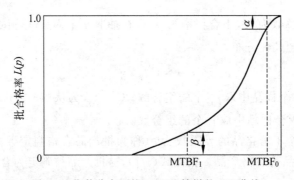

图 5-3 指数分布下按 MTBF 抽样的 OC 曲线

根据寿命试验类型的不同,汽车可靠性试验抽样方案有定数截尾试验和定时截尾试验两种。

(1) 定数截尾试验。这种抽样方案与抽样量无关,因而有选择的余地,抽取样品多而且也可能试验时间短。该抽样方案的关键是确定抽样数 n、截尾失效个数 r 及合格判定值 c,这些值可根据 α、β、$MTBF_0$、$MTBF_1$ 查定数截尾抽样表求得,如表5-2所示。

表 5-2 定数截尾试验指数分布抽样表

$d = MTBF_0/MTBF_1$	α	β	α	β	α	β	α	β
	0.05	0.05	0.05	0.10	0.10	0.05	0.10	0.10
	r_i	$c/MTBF_1$	r_i	$c/MTBF_1$	r_i	$c/MTBF_1$	r_i	$c/MTBF_1$
1.5	67	1.212	55	1.184	52	1.241	41	1.209
2	23	1.366	19	1.310	18	1.424	15	1.374
3	10	1.629	8	1.494	8	1.746	9	1.575
5	5	1.970	4	1.710	4	2.180	3	1.835
10	3	2.720	3	2.720	2	2.660	2	2.660

【例 5-1】 对一批汽车产品进行可靠性抽样试验,给定 $\alpha=0.05$,$\beta=0.10$,$MTBF_1=2\,000km$,$MTBF_0=10\,000km$,试制定试验方案。

解:计算判别比 $d=MTBF_0/MTBF_1=10\,000/2\,000=5$

根据已知数据,查表5-2得到 $r=4$,$c/MTBF_1=1.710$

则:$c=1.710\times2\,000=3\,420(km)$

这就是说:任意取 n 辆汽车($n>4$)进行定数截尾寿命试验,一直到有 4 辆汽车失效时停止试验;如果 $MTBF\geqslant3\,420km$,则认为试验合格;否则,试验批不合格。

(2) 定时截尾试验。该抽样方案的基本思路是:从一批产品中任意取 n 个样品,事先规定一个截尾时间 t 进行寿命试验,到截止时间 t 时,已有 r_i 个失效。

该抽样方案的关键是确定样品抽取数目 n、截止时间 t 及合格判定值 c,这些值可根据 α、β、d 查定时截尾抽样表求得,如表5-3所示。

表 5-3 定时截尾试验指数分布抽样表

$d = MTBF_0/MTBF_1$	α	β	α	β	α	β	α	β
	0.10	0.10	0.10	0.20	0.20	0.20	0.30	0.30
	c	$t/MTBF_0$	c	$t/MTBF_0$	c	$t/MTBF_0$	c	$t/MTBF_0$
1.25	111	100	82	72	49	44	16	14.9
1.5	36	30	25	19.9	17	14.1	6	5.3
2.0	13	9.4	9	6.2	5	3.9	2	1.84
3.0	5	3.1	3	1.8	2	1.46	0	0.37

【例 5-2】 对一批车用发动机产品进行可靠性抽样试验,给定 $\alpha=0.10$,$\beta=0.10$,$MTBF_1=500h$,$d=3$,试制定试验方案。

解:根据已知数据,查表5-3得到 $c=5$,$t/MTBF_0=3.1$

则:$t=3.1\times3\times500=4\,650h$

如果选用 20 台发动机可替换进行试验,那么试验时间 $t=4\,650/20=232.5h$,在此试验期间内如果失效发动机台数达到 5,则认为试验合格;否则,试验批不合格。

由此可见,定时截尾试验可供选择的试验方案很多,随样品抽样数目不同,截尾里程也有所不同,具体试验时可根据费用、时间等因素选择试验方案。

5.2.2 快速可靠性试验

由于汽车及其零部件的使用寿命很长,用常规的试验条件进行可靠性试验要耗费大量的资金和时间,给新产品的开发、产品改进与产品质量检查都带来很大的问题。因此,为缩短可靠性试验周期,节省时间和费用,在可靠性试验中大量采用快速试验方法。

1. 快速可靠性试验的方法

从原理上来说,快速可靠性试验主要分为以下几种。

(1) 增大应力法。这里的应力为泛指,包括应力、温度、湿度、压力、振动加速度等。如在老化装置上,提高平均温度、湿度以及增强日光照射等,以加速材料或零件的老化。在疲劳试验台上,对整车或零部件施加大于实际使用的载荷进行试验。

(2) 浓缩应力法。这种方法不增大整车或零部件的载荷,而应尽可能采用实际使用中的载荷,对寿命影响小或无影响的实际载荷应删除。该方法容易保持故障模式的一致性,因此被广泛采用,如在试验场中的可靠性试验。

(3) 增加试样数目或分组最小值法。在保证相同的置信度情况下,采用增加试样数目或分组最小值的方法,可以有效地缩短试验时间。

(4) 贝叶斯法。利用试验数据,以减少试验的数量和时间。

2. 快速可靠性试验的基本原理

无论采用以上哪种试验规范,都应该遵循以下基本原理:

(1) 故障模式与实际使用情况一致。故障模式一致,而且故障发生的部位也应该相同。例如,实际使用中某车型钢板弹簧第一片在吊耳处疲劳折断,而快速试验却在中心螺栓孔处折断,则说明快速试验的规范是不正确的。

(2) 故障数据的分布规律要相近。同一种零部件在快速试验时的失效数据分布规律要与使用中的失效分布规律相近。整车或整机在快速试验条件下各子系统故障率的分布与实际使用情况相近。

(3) 要有一定的快速系数。快速系数是指在实际使用中的平均寿命与快速试验中的平均寿命之比。快速试验自然必须要具备一定的快速系数。快速系数应通过实际试验来确定。

为满足上述要求,必须选择合理的载荷模拟方式。常见的载荷模拟方式可以分为两类。

① 输入模拟方法。这种方法是模拟对汽车可靠性有影响的环境条件,如道路不平度、道路的坡度、气温、湿度、光照等。可以在试验场内设置一组不平道路、各种坡道、涉水池、沙地等,进行汽车的可靠性行驶试验;可以在道路模拟机上以有效路形控制台面的运动,以实现室内汽车承载系统的快速可靠性模拟试验;可以在底盘测功机上设置汽车行驶阻力(包括爬坡阻力、空气阻力等),以实现汽车动力传动系统的模拟试验;还可以在模拟不同气候的环境舱内进行高温、高湿、强日照等条件的加速老化试验。输入模拟的方法能满足不同结构汽车产品的要求。

② 输出模拟方法。这种模拟方法是直接模拟汽车零部件在给定试验环境下的应力、加速度等值。在道路模拟机上控制汽车车轮轴头的振动加速度的时间历程、在零部件试验台架上用实际采集的载荷经过编辑后进行控制等方法都属于这一类型。输出模拟的控制精度较高,但由于系统的输出同其结构参数有关,在同样的输入条件下,由于结构参数不同,输出也将不同,因此很难用同一种载荷规范对不同的结构参数产品进行可靠性试验。

3. 快速系数的估算方法

由于汽车实际使用条件的复杂性和多样性,几乎不可能求得准确的快速系数。因此,在实际工作中,只是设法给出一个比较粗糙的估计值,而且这种估计值要随公路条件等因素而变化。

几种常用的估计快速系数的方法如下。

(1) 利用威布尔分布:

$$K_\omega = \frac{使用条件下 B_{10} 寿命}{加速试验 B_{10} 寿命} \tag{5-3}$$

式中,B_{10} 寿命表示的是在威布尔分布中累积失效概率为 10% 的寿命。

对于整车系统,不同零部件的快速系数不大可能是一样的,各个典型零件的快速系数构成系统快速系数的范围,也可以根据快速系数间的差别对可靠性试验规范进行适当的修改。

(2) 利用平均故障间隔时间(或里程):

$$K_m = \frac{实际使用中 MTBF}{快速试验中 BTBF} \tag{5-4}$$

这种方法比较简单实用,具有一定的综合性,但估计结果比较粗糙。

(3) 利用累积损伤度。根据某一零件的 S-N 曲线及一定工作周期内所统计的应力频度图,由式(5-5)可计算经过该工作周期之后材料的累积损伤度。

$$D = \sum \frac{n_i}{N_i} \tag{5-5}$$

式中,n_i 为给定周期内某一应力水平 σ_i 出现的频次;N_i 为 S-N 曲线上 σ_i 所对应的疲劳寿命循环次数。

则快速系数可按式(5-6)求得:

$$K_q = \frac{D_{快速试验}}{D_{使用环境}} \tag{5-6}$$

前两种估算方法都必须在进行过一定数量的试验和对实际使用损坏作了相当数量的统计之后才能求得,而第三种方法则可能通过应力测量统计方法进行快速系数的估算。

5.3 特殊条件下的汽车可靠性试验

5.3.1 特殊环境下的可靠性试验

这里所讲的特殊环境主要是指特殊的气候环境。汽车是一个使用环境极其广泛的商品,不同国家、不同地区的气候环境可能不尽相同。

特殊的气候对汽车的使用性能及可靠性都有一定的影响。

(1) 盐害。例如加拿大、北欧等地区,在冬季为防止路面冻结而撒布岩盐,对车身密封结构部分、地板、行驶部分零部件、电器等都有明显的腐蚀性。

(2) 耐温。汽车的使用环境温度,即使保守的考虑也在-30~+40℃。随汽车性能和使用地区的不同,还应考虑超过此范围的温度。在这样的高温或低温状态下,各部分功能的正常发挥对汽车的使用至关重要。

(3) 其他环境。尘埃、泥沙等的侵入也成为轴承部分及液压构件等发生故障的原因。由于降雨、降雪等对高分子材料的影响形成光老化、臭氧老化致使其性能下降。此外,由于低气压使发动机性能降低,还有特殊气体介质腐蚀金属部件等。

由此可见,在一般环境下性能可靠的汽车产品,在特殊气候下不一定可靠,因此要对汽车进行特殊环境下的可靠性试验。特殊环境试验一般在实际环境下进行(如暴晒场,图 5-4 所示为海南汽车试验场的暴晒场,面积达 45 000m²,可以满足各种自然老化试验),也可以在气候实验室进行(如环境实验室,如图 5-5 所示,让整车承受极寒极热的冰火考验)。

图 5-4　暴晒场　　　　　　　图 5-5　环境实验室

在我国,特殊的气候条件主要有严寒地区、高原地区和湿热地区,表 5-4 列出了这些地区的主要环境因素以及相应的主要可靠性问题。整车在研究开发阶段一般要进行"三高"(高温、高寒、高原)试验。"三高"试验的目的是在室内转鼓试验台、排放试验台、发动机试验台等在不同转速、不同负荷、不同温度、不同道路条件下对发动机管理系统按不同工况进行标定的基础上,验证台架标定值是否合适。如德尔福(中国)自 1999 年起就联合许多整车厂在国内的独特气候条件下开展"三高"试验,其试验地点分别为:海南岛、新疆吐鲁番及重庆(夏季高温试验);黑龙江黑河及内蒙古加格达奇市(冬季高寒试验);青海昆仑山口、云南中甸、西藏及四川川西(高原试验)。

表 5-4　特殊气候地区的主要环境因素与可靠性问题

特殊气候地区	主要环境因素	主要可靠性问题
严寒地区	低温 冰雪	冷起动性、制动性 冷却液、润滑油、燃油的冻结 非金属零件的硬化失效、采暖除霜装置的性能、特殊维修性问题
高原地区	低气压 低温 长坡	冷却液沸腾、供油系发生气阻 动力性下降 起动性恶化
湿热地区	高温 高湿度 阳光高辐射 雨水	冷却液沸腾 供油系发生气阻 金属零件的腐蚀 非金属零件的老化、变质、发霉

5.3.2 极限条件下的可靠性试验

极限条件下的可靠性试验不是考核产品与时间因素有关的可靠性指标,而是要在较短的时间内考察汽车承受极限应力的能力,以保证用户在常年使用过程中极少遇到的大应力情况下也是安全的。

对于承受重负荷的主要安全部件,为找出其弱点,应施加对其形成破坏的应力,同时为检验其强度是否能充分承受在实际使用中发生的最大应力,可进行强制破坏试验,表 5-5 列出了一些极限试验的例子。

表 5-5　极限条件下的可靠性试验举例

试 验 项 目	试 验 目 的	试 验 方 法 说 明
沙地脱出试验	判断传动系统的强度	后轮置于沙槽,前进、后退使汽车冲出
泥泞路试验	判断驾驶室、车架的锈蚀及橡胶件的损坏	泥水深 300mm,长 50m,在泥水槽中行驶
急起步试验	判断传动系及悬架、车架的强度	在平路及坡路上,拖带挂车,在发动机最大转矩转速下急起步,反复操作
急制动试验	判断制动桥、前轴、转向系的强度	在路面摩擦系数高的混凝土路面上直行及转弯时,以最大强度急制动
垂直冲击试验	判断悬架、车身的强度	汽车以较高速度驶过单个长坡或连续长坡
急转向试验	判断转向机构的强度	以可能的速度、最大的转向角进行前进、倒退,反复行驶操作
空转试验	判断传动系的振动负荷	原地将驱动桥支起,以额定转速的 110%～115% 连续运转,传动轴有一定的不平衡量

除以上这些强度试验外,还有如在高速下使用制动若干次后,验证其规定制动力的耐衰退试验以及最高速行驶试验等极限试验。

5.4　汽车可靠性行驶试验

5.4.1　试验条件

1. 装载质量

(1) 试验汽车装载质量应按照设计任务书的规定施加,无特殊规定时,装载质量均为厂定最大装载质量或使试验车处于厂定最大总质量状态。汽车拖带挂车时,也应按照设计任务书的规定装载,不得随意改变。

(2) 装载质量应均匀分布、固定牢靠,试验过程中不得晃动和颠簸;不应因潮湿、散失等条件变化而改变其质量,以保证装载质量的大小、分布不变。

(3) 乘员和行李的平均质量按表 5-6 的数据计算,可用相同的重物代替;采用重物替代时,要保证地板上、座垫上、拉手上以及行李舱(架)上的代替重物固定牢靠,试验中不得移动到其他位置。

表 5-6 乘员质量(kg)

车型			每人平均质量	行李质量	代替重物分布			
					座椅上	座椅前的地板上	吊在车顶的拉手上	行李舱(架)
载货汽车、越野汽车、专用汽车、自卸汽车、牵引汽车			65	—	55	10	—	—
客车	长途		60	13	50	10	—	13
	公共	坐客	60	—	50	10	—	—
		站客	60	—	—	50(地板上)	5	—
	旅游		60	22	50	10	—	22
轿车			60	5	50	10	—	5

2. 燃料、润滑油(脂)和制动液

试验汽车使用的燃料、润滑油(脂)以及制动液的牌号和规格,应符合该车技术条件或现行国家标准的规定。除可靠性行驶、耐久性道路试验及使用试验外,可靠性行驶试验中整车基本性能的初试和复试必须使用同一批燃料、润滑油(脂)和制动液,同时还要测定燃料的密度,以便于将受燃料密度影响的试验数据校正到标准状态下的数据。绝对不允许使用不符合技术条件规定尤其是低于该规定的燃油及润滑油,以免发生零部件的异常损伤。

3. 轮胎气压

可靠性试验过程中,轮胎冷态充气压力应符合该车技术条件的规定,尤其是可靠性基本性能试验,要求轮胎气压误差不得超过±10kPa。在试验过程中还应经常检查气压,以确保轮胎具有正常磨损及良好的安全性能,并且按技术条件规定,按时调换轮胎的位置,或按最短行驶里程 6 000km 调换一次轮胎的位置。

4. 气候条件

可靠性行驶试验的气候条件是全天候的,选择也是多种多样的,而可靠性试验中的性能试验,其气候条件要求很严格,具体要求如下:

(1) 无雾、无雨;
(2) 相对湿度小于 95%;
(3) 气温为 0~40℃;
(4) 风速不大于 3m/s。

对气象有特殊要求的试验项目,有相应的试验方法规定。对于在特殊地区(如严寒、高原、湿热等)使用的汽车或特殊用途的汽车,应在相应的特殊气候条件下进行相关试验。

5. 试验道路

(1) 常规可靠性试验道路。常规可靠性试验道路应按照 GB/T 12678—90 选定,具体要求如下。

① 平原公路。路面平整度为 C 级或 C 级以上,宽度应符合国家一级、二级公路标准中的平原微丘公路的要求,最大纵向坡度小于 5%,一般情况下应小于 3%;路面应宽阔平直,视野良好,汽车能持续以较高车速行驶;道路长度不得短于 50km。

② 坏路。路基坚实,路面凸凹不平的道路。一般是指路面覆盖层损坏或年久失修的水泥路面、沥青路面,以及碎石路、土石路、砂石路面,而最理想的坏路面是有明显的搓板波、分布均匀的鱼鳞坑等。但应注意,上述坏路面如有石块裸露,大多数石块应无尖角,以免划伤轮胎。路面不平度为 E 级或 E 级以下,试验车在这种路面上行驶时,应受到较强的振动和扭曲负荷,但不应有太大的冲击。

③ 山区公路。路面平整度及宽度应达到 C 级公路以上的标准;平均纵向坡度应大于 4%,最大为 15%,坡度的连续长度应大于 3km。汽车在这种山区公路行驶时,其发动机、传动系统及制动系统应受到较大的负荷。

④ 城市道路。路面平整度应达到 C 级公路以上的标准,主要是指大、中城市的交通干线街道。对于客车试验,应优先选择城市客车行驶路线的道路。

⑤ 无路地段。无路地段是指很少有车辆行驶的荒野地区,如沙地、草地、泥泞地、灌木丛、冰雪地区及水滩等,主要用于越野汽车及其他特种车辆的可靠性试验。在选择无路地段时,应考虑到汽车能有一定的行驶速度,晴天和雨天皆能通过,并能保证安全试验。

典型的无路地段有如下几种。

起伏多尘路:主要是指在平原或丘陵地区,由于行人行走、畜力车及机动车等行驶而形成的土路。其特点是:无人为覆盖层、地面干燥,积有很多浮土,30% 的路段有明显凹坑,坑深为 200~400mm,另外还可能具有弯曲路段以及一定的纵向坡度和横向坡度。

卵石河滩路:主要是指江河故道或干涸的河床,由于畜力车或行人通过而自然形成的或者由人工稍加修理的无路基的便道。其特点是:路面由砂土形成,其间镶嵌有大小不等的不规则鹅卵石,鹅卵石最大直径不大于 300mm,鹅卵石覆盖面积应占整个路面的 1/4~3/4,路面凸起高度不高于 100mm,允许路面上挺有荆棘杂草。

耕作地:主要是指停止耕作的土地或收割完毕的耕地,允许其上有莳茬。

沙地:主要是指沙漠、沙滩、沙丘地,以及以沙为主的干涸河道。其特点是:砂石深度应在 300mm 以上,干沙层深度不小于 150mm,应能保证车辆正常行驶,允许其上有草木植被,但覆盖率不得超过 10%。

(2) 快速可靠性试验道路。快速可靠性试验道路也称为强化试验道路,主要是指在汽车试验场设有的固定路形的特殊可靠性试验道路,包括石块路(比利时路)、卵石路、鱼鳞坑路、搓板路、扭曲路、凸块路、沙槽、水池、盐水池等,以及高速环形跑道、砂土路及坡道等。

典型的试验场强化试验道路如下。

① 石块路(比利时路),如图 5-6 所示。石块路是一种普遍采用的汽车可靠性行驶试验路面,长从几百米到几千米,宽 3.5~4.0m,几乎每个试验场都有。因为这种路来源于比利时境内某些失修的石块路,所以又称比利时路。作为典型坏路的代表,主要考核汽车轮胎、

悬架系统、车身、车架以及结构部件的强度、振动和可靠性。

② 鹅卵石路,如图5-7所示。鹅卵石路是将直径为310～180mm的鹅卵石稀疏地、不规则地埋入混凝土路槽中。鹅卵石高出地表部分的高度为40～120mm,铺砌成几百米长的鹅卵石路。汽车在鹅卵石路上行驶时,除了引起垂直跳动外,不规则分布的卵石还对车轮、转向系统和悬架系统造成较大的纵向和横向冲击。鹅卵石路是大中型载货汽车、自卸车等的可靠性试验路面之一。

图5-6　比利时路　　　　　　　　　图5-7　鹅卵石路

③ 扭曲路,如图5-8所示。扭曲路由左右两排互相交错分布的凸块组成,凸块形状以梯形最简单,也有正弦波或环锥形的,其左右都是一致的,就是使汽车产生强烈的扭曲,以检验车辆的车架、车身结构强度和各系统的连接强度、干涉等。凸块高度一般在80～200mm,分别修筑成甲种、乙种、丙种等扭曲路。如海南试车场规定大中型载货汽车要通过200mm的甲种扭曲路,微型车只需通过80mm的丙种扭曲路。

④ 搓板路,如图5-9所示。搓板路的每个凸起近似于正弦波,是砂石路上常见的路况。波距为500～900mm,行驶车速很高的波距可达到1 100mm。汽车以较高车速在搓板路上行驶时,簧上质量呈高频振动,簧下质量比较平稳。试车场用混凝土修筑的搓板路大多采用的波高为25mm,波距为600～800mm。为造成左右车轮的相位差,常将左右两侧的搓板错位布置或斜置某一角度。搓板路用于汽车的振动特性、平顺性以及可靠性试验。

图5-8　扭曲路　　　　　　　　　图5-9　搓板路

⑤ 涉水池,如图5-10所示。涉水池一般是并联在石块路上,水深0.15m左右,可以调节,用来检查水对制动器效率的影响、车身的防水性、汽车总成和发动机进排气系统的工作状况,以及非浮动车辆的漂浮特性等。

⑥ 盐水池。这种水池是一种放有食盐和氯化钙溶液的小型水池,用来进行汽车零部件快速腐蚀试验。在汽车可靠性和耐久性综合试验跑道上,往往设有这种小型的带有盐溶液的水池或路段,如图5-11所示。

图 5-10 涉水池

图 5-11 盐水搓板路

⑦ 高速环形跑道,如图 5-12 所示。高速环形跑道是为汽车在高速情况下持续行驶使用的,以考核整车的高速行驶性能和发动机、传动系统、悬架轮胎的润滑发热情况,以及零部件的可靠性和耐久性。高速环形跑道一般都建成椭圆形或正圆形。除正圆形外,一般高速环形跑道由直线段、圆曲线段以及缓和曲线段 3 部分组成。周长通常为 4~8km,长达 14km 的也有,宽度一般为 12~

图 5-12 高速环形跑道

18m(3~5 个车道)。其允许行车速度为汽车能达到的最高车速,试验时最高车速一般为 220~240km/h,有的可达 290km/h。路面多采用混凝土路面,有的也采用沥青混凝土路面,但弯道部分仍采用混凝土路面。

国内的定远汽车试验场、襄阳汽车试验场、海南汽车试验场的可靠性试验道路基本情况分别如表 5-7~表 5-9 所示。

表 5-7 定远汽车试验场可靠性试验道路基本情况

试验道路名称	道路特征说明
公路强化特征模拟路	长 1 450m,宽 7m(包括坡道、横向径向搓板、修补块、水泥沥青连接接口、阴井凹凸块、铁道口、减速坎等路段)
鱼鳞坑路	长 50m,宽 7m
不整齐石块路	长 1 654m,宽 7m
半整齐石块路	长 464m,宽 7m
砂石路	长 1 394m,宽 7m
卵石路	长 300m,宽 3.5m
沥青路	长 260m,宽 7m
扭曲路	长 44m,宽 3.6m
搓板路	长 252m,宽 3.5m
坡道	长 530m,宽 7m
高速环形跑道	长 4km

表 5-8 襄阳汽车试验场可靠性试验道路基本情况

试验道路名称	道路特征说明
石块路	长 1 345m
长坡路	长 400m
扭曲路	长 60m
搓板路	长 400m
连接路	长 3 375m
高速环形跑道	长 5.3km

表 5-9　海南汽车试验场可靠性试验道路基本情况

试验道路名称	道路特征说明
搓板路	2种,合计长503m
石块路	3种,合计长813m
卵石路	3种,合计长92m
扭曲路	3种,合计长150m
鱼鳞坑路	1种,长310m
石板路	1种,长704m
条石路	1种,长417m
砂石路	1种,长1 670m
沙坑路	2种,合计长100m
涉水路	1种,长50m
盐水路	1种,长30m
高速环形跑道	长6km

按照各种汽车的可靠性行驶试验规范,汽车试验场的可靠性试验道路可分为不同的车道。如海南汽车试验场的可靠性试验道路分为4个车道,分别适用于重、中、轻、微4种汽车的可靠性试验,每个车道的道路种类、总长及行驶顺序各不相同,如表5-10所示。海南汽车试验场示意图如图5-13所示。

表 5-10　海南汽车试验场可靠性试验道路车道分类

车道名称	适用车型	长度/m			道路组成及行驶顺序
		典型路面	连接路	总长	
第一号车道(重型车道)	重型货车、超重型越野汽车、重型越野汽车、重型自卸汽车、重型牵引汽车	4 815	2 175	6 990	起点→搓板路(甲)→卵石路(甲),石块路(甲)→石块路(丙)→鱼鳞坑路→卵石路(丙)→石块路(乙)→沙坑路(甲),条石路→石板路→扭曲路(甲)→沥青路→终点
第二号车道(中型车道)	中型货车、中型越野汽车、中型自卸汽车、中型牵引汽车	4 815	2 175	6 990	起点→搓板路(甲)→卵石路(乙)→石块路(甲)→石块路(丙)→鱼鳞坑路→卵石(丙)→石块路(乙)→沙坑路(甲)→条石路→石板路→扭曲路(甲)→沥青路→终点
第三号车道(轻型车道)	轻型货车、轻型越野汽车、轻型自卸汽车、大型客车、中型客车	3 601	1 528	5 132	起点→搓板路(乙)→石块路(丙)→鱼鳞坑路→卵石路(丙)→石块路(乙)→沙坑路(乙)→条石路→石板路→扭曲路(乙)→沥青路→终点
第四号车道(微型车道)	微型货车、轻型客车、微型客车、铰接客车、各型轿车	3 189	1 209	4 398	起点→搓板路(乙)→石块路(丙)→鱼鳞坑路→卵石路(丙)→条石路→石板路→扭曲路(丙)→沥青路→终点

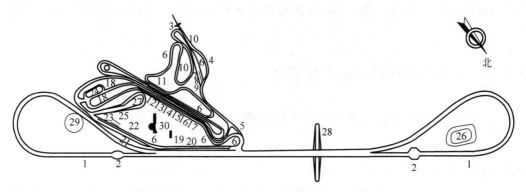

图 5-13 海南汽车试验场示意图

1—高速环道；2—小巡车场；3—门楼；4—沥青路；5—条石路；6—水泥路；7—甲种扭曲路；
8—乙种扭曲路；9—丙种扭曲路；10—石块路；11—沙坑路；12—乙种石块路；13—丙种石块路；
14—鱼鳞坑路；15—甲种搓板路；16—甲种卵石路；17—乙种卵石路；18—C 级土路；19—甲种石块路；
20—乙种搓板路；21—丙种石块路；22—涉水路；23—盐水路；24—灰尘路；25—供水池；26—标准坡道；
27—长坡路；28—立交桥；29—操稳广场；30—指挥中心

5.4.2 试验车辆准备

汽车可靠性试验一般都在性能试验之后进行，而试验汽车的技术状况及装配、调整检查等都在性能试验之前。因此，刚进行完基本性能试验的汽车，可无须进行任何检查而直接进行可靠性试验。

对于仅进行可靠性行驶试验的汽车，应对其进行如下项目内容的准备：

(1) 接到试验样车后，记录试验样车的制造厂名称、牌号、VIN 码、发动机型号、底盘型号、各主要总成型号及出厂日期，并为试验车编排试验序号。

(2) 检查试验样车各总成、零部件、附件、附属装置及随车工具的装备完整性，以及外部紧固件的紧固程度、各总成润滑油(脂)及各润滑部位的润滑状况及密封状况，并使其符合该车技术条件及 GB 7258 的有关规定。

(3) 检查蓄电池电压、点火提前角、风扇皮带张力、发动机汽缸压力、节气门的开启、喷油泵齿条最大行程、发动机怠速转速、制动踏板与离合器踏板的自由行程、转向盘自由转角、轮毂轴承松紧程度、转向轮最大转角、轮胎气压以及制动鼓(盘)与摩擦衬片(块)的间隙等装配、调整情况，使其符合该车技术条件及 GB 7258 的有关规定。

5.4.3 试验仪器准备

在汽车可靠性试验中，除了进行基本性能试验所需仪器外，还需要行驶工况记录仪、排挡分析仪、燃油流量计、半导体温度计、发动机转速仪、坡度计、路面计、气象仪、秒表、精密测量量具、照相机等，以及特殊试验要求所选定的专用仪器及设备。

试验仪器、设备必须经计量检定，在其有效期内使用，并在使用前进行调整，确保功能正常，符合精度要求。

当使用车上安装的速度表、里程表测定车速和里程时，试验前必须对其进行误差校正。

5.4.4 汽车可靠性行驶试验规范

1. 试验汽车的驾驶与维护（预防性维修）

试验汽车的驾驶与技术维护应按该车使用说明书的规定进行。对于新型汽车，可以参照国内同类汽车的维修技术规范，或按照国外同类汽车维护技术条件对其进行维护。

在可靠性行驶试验过程中，应考察和记载维修的接近性和方便性，以及由于设计或制造等原因造成的不能进行的维护和修理项目。

2. 磨合行驶

汽车的磨合行驶是在汽车性能试验之前或可靠性行驶试验之前进行的。除另有规定外，磨合行驶按 GB/T 12534 的有关规定进行。

磨合行驶应在坡度较小的平坦的沥青或水泥铺装道路上进行，其试验载荷、行驶里程、试验车速及更换润滑油周期应按试验汽车使用说明书中的规定进行。

磨合行驶中应认真驾驶，不得使用过大的负荷和过大的发动机转速运行；随时注意观察试验汽车有无异常，经常检查汽车各零部件的紧固程度和工作状况；如果发现故障，应及时处理，并调整或更换零件，对磨合行驶作详细检查和记录。

3. 各类汽车的可靠性行驶试验规范

各类汽车的可靠性试验道路，应尽可能按相应试验规范中规定的各种道路的比例，构成一定里程的试验循环。如果不能构成循环行驶，也可按照山区公路、平原公路（包括城市公路）及凹凸不平坏路的顺序行驶。

（1）载货汽车。这里的载货汽车是指最大总质量大于 1 800kg、小于或等于 6 000kg 的轻型载货汽车，最大总质量大于 6 000kg、小于或等于 14 000kg 的中型载货汽车以及最大总质量大于 14 000kg、小于 32 000kg 的重型载货汽车。

① 快速可靠性行驶试验。快速可靠性行驶试验通常在汽车试验场进行，各汽车试验场的可靠性试验规范中，对行驶总里程、各类道路构成比例都有各自的具体规定。

我国海南汽车试验场规定的各类汽车的快速可靠性行驶试验规范如表 5-11 所示。该试验规范规定：铰接式客车试验道路中的试验山路并入碎石、沥青、水泥公路的里程中；微型货车和微型客车的各种道路里程分配按轿车的试验规范执行；对专门设计的专用汽车，可以根据其使用条件按表 5-11 中相应种类汽车的试验规范执行。

另外，该试验规范中还对变型车的快速可靠性行驶试验作了较详细的规定，如表 5-12 所示。如果变型汽车同时符合表 5-12 中一个以上的变型汽车类型时，则该变型汽车的 3 种道路里程应取各相应类别变型汽车最长的试验行驶里程，并将选取的道路里程进行组合。

表 5-11　海南汽车试验场各类汽车快速可靠性行驶试验规范

序号	试验道路	行驶里程分配（不包括磨合行驶里程）/km				
		货车、自卸汽车、牵引汽车	牵车	客车		轿车
				A*	B*	
1	试验山路	8 000	8 000	5 000	2 000	3 000
2	可靠性试验道路	7 000	9 000	5 000	5 000	5 000
3	高速环形跑道	10 000	7 000	15 000	5 000	17 000
4	碎石、沥青、水泥公路	5 000	3 000	5 000	3 000	5 000
5	泥泞、沙地等越野路面	—	3 000	—	—	—
	总计	30 000	30 000	30 000	15 000	30 000

注：A 类客车是指主要总成为专门设计或选用定型总成而设计的客车以及未定型的客车底盘；B 类客车是指采用已定型的客车底盘或货车底盘而设计的客车。

表 5-12　海南汽车试验场变型汽车快速可靠性行驶试验规范

变型汽车类型	行驶里程分配（不包括磨合行驶里程）/km			
	试验山路	可靠性试验跑道	高速环形跑道	总计
换装已定型的发动机	2 500	2 000	2 500	7 000
较基本型车功率或转矩增大 10%	5 000	—	2 000	7 000
长轴距（较基本型车增大 5%）	—	5 000	2 000	7 000
半挂牵引车	—	5 000	2 000	7 000
改换驾驶室（不包括局部改进）	—	7 000	3 000	10 000

② 常规可靠性行驶试验。载货汽车常规可靠性行驶试验的总行驶里程为 50 000km，其中各类道路行驶里程比例为：凹凸不平坏路占 30%，并且在一半的里程中应拖带装载规定质量的挂车；平原公路占 40%，并且在 1/4 的行驶里程中应进行高速行驶试验，高速行驶试验的平均车速不得低于该车最高车速的 70%，持续时间不得短于 1h。

(2) 微型货车。这里的微型货车是指最大总质量不大于 1 800kg 的货车。

① 快速可靠性行驶试验。微型货车快速可靠性行驶试验在汽车试验场进行，其总里程及各种道路的行驶里程分配等均按照所在汽车试验场的试验规范执行，如表 5-11 所示。

② 常规可靠性行驶试验。微型货车的常规可靠性行驶试验规范如表 5-13 所示。

表 5-13　微型货车常规可靠性行驶试验规范表

序号	试验道路类别	行驶里程/km	占有比例/%	要求
1	高速公路	11 000	50	应以高于 85% 最高车速行驶，转绕时间不小于 1h
2	山区道路	6 600	30	装用 4 挡变速器时，应以 2 挡行驶 660km
3	平原公路	4 400	20	平均速度 60km/h 以上
	总计	22 000	100	—

(3) 客车。这里的客车是指全长不小于 7m 的客车。

① 快速可靠性行驶试验。客车快速可靠性行驶试验在汽车试验场进行，其总里程及各种道路的行驶里程分配等均按照所在汽车试验场的试验规范执行，如表 5-11 所示。

② 常规可靠性行驶试验。客车的常规可靠性行驶试验规范如表5-14所示。

表5-14 客车常规可靠性行驶试验规范表

底盘类型	客车种类	总行驶里程/km	各种道路行驶里程/km/占有比例/%			
			A级路面(试验场人工强化路或路谱(相近的路面))	B级路面(山区重三级道路)	C级路面(平原微三级公路)	D级路面(二级公路)
未经鉴定的底盘	旅游客车	30 000	5 000/16.66	8 000/33.33	15 000/50	2 000/6.66
	长途客车	30 000	5 000/16.66	8 000/33.33	15 000/50	2 000/6.66
	城市客车	30 000	5 000/16.66	5 000/16.66	15 000/50	5 000/16.66
	铰接式客车	30 000	—	2 000/6.66	15 000/50	4 000/43.33
经鉴定的底盘	旅游客车	15 000	5 000/33.33	4 000/26.66	3 000/20	3 000/20
	长途客车	15 000	5 000/33.33	4 000/26.66	3 000/20	3 000/20
	城市客车	15 000	5 000/33.33	2 000/13.33	4 000/26.66	4 000/26.66
	铰接式客车	15 000	—	1 500/10	7 500/50	6 000/40

(4) 轻型客车。这里的轻型客车是指全长大于或等于3.5m、小于7m的客车。

① 快速可靠性行驶试验。轻型客车快速可靠性行驶试验在汽车试验场进行,其总里程及各种道路的行驶里程分配等均按照所在汽车试验场的试验规范执行,如表5-11所示。

② 常规可靠性行驶试验。各类轻型客车的常规可靠性行驶试验规范如表5-15所示。

表5-15 轻型客车常规可靠性行驶试验规范表

类型	试验车类型	总行驶里程/km	各种道路行驶里程/km/占有比例/%				
			凹凸不平道路	山区公路	高速公路	平原公路	城市道路
A	新型车	30 000	6 000/20	9 000/30	6 000/20	7 500/25	1 500/5
B	由已定型三类底盘改装	15 000	6 000/40	3 000/20	3 000/20	1 500/10	1 500/10

(5) 轿车。

① 快速可靠性行驶试验。轿车快速可靠性行驶试验在汽车试验场进行,其总里程及各种道路的行驶里程分配等均按照所在汽车试验场的试验规范执行,如表5-11所示。

② 常规可靠性行驶试验。轿车的常规可靠性行驶试验规范如表5-16所示。

表5-16 轿车常规可靠性行驶试验规范

序号	试验道路类别	行驶里程/km	占有比例/%
1	高速公路	30 000	37.5
2	强化坏路	15 000	18.75
3	一般公路	20 000	25
4	山区道路	5 000	6.25
5	城市道路	10 000	12.5
	总计	80 000	100

4. 可靠性试验中的驾驶操作

(1) 发动机。在可靠性行驶试验中,应当正确使用和维护发动机。例如,冷车起动后,应急速或低速运转发动机予以预热,而不允许低温下强行起动后猛踩加速踏板,更不允许无载荷情况下原地空转。

(2) 变速器。在可靠性行驶试验中,应当正确选择变速器挡位,防止变速器挂低挡、发动机高速运转行驶,或者变速器挂高挡、汽车低速运行而使发动机在非正常转矩区域运转;也不允许变速器挂空挡滑行;在 100km 的行驶里程中,汽车至少有两次原地起步并连续换挡加速行驶以及一次变速器挂倒挡行车 200m。

(3) 车速。在全部可靠性行驶试验中,应当在确保安全的前提下,尽可能高速行驶,同时应避开不符合路面规定条件的异常路况,以免试验车辆受到非正常冲击、挤压而造成零部件非正常损坏。

(4) 制动器。在全部可靠性行驶试验中,每行驶 100km 至少使汽车制动两次,其中一次点制动;下坡行驶时,应同时采用脚制动和发动机排气制动,以及缓速制动器(装有缓速制动器的车辆),但不允许发动机熄火、变速器挂空挡;在城市道路行驶时,平均每 1km 制动一次。

(5) 山区道路行驶。在山区道路行驶时,每行驶 100km,至少进行一次上坡停车和起步。

(6) 夜间行驶。在道路条件中明确规定,进行夜间行驶的试验汽车,其夜间行驶里程不得小于该可靠性试验道路行驶里程的 10%。

5. 试验中的故障判断与处理

在可靠性试验中,汽车出现故障时一般是凭感官判断,对于不能凭感官判断的故障需借助仪器进行测试来判断。

(1) 故障判断。故障判断通常通过接车检查、停车检查、行驶中检查(随时检查)、每天收车后检查、定期维护检查、性能测试、汽车拆检等方法发现车辆故障。

接车检查:接车检查时发现的故障,大多是装配、调整方面的质量问题及材料内部缺陷,个别的也可能是设计上的问题。

停车检查:在可靠性行驶试验中,试验汽车每行驶 100km 停车检查一次,主要检查各部位有无松脱、渗漏以及损坏等。

随时检查:在可靠性行驶试验中,试验员和驾驶员要随时注意试验汽车的工作状况,以便及时发现故障。

收车后检查:每班试验结束后,将汽车停驻,使发动机怠速运转,检查汽车工作状况,并注意检查刮水器、外部照明装置及制动器的工作性能,还要检查各部位螺栓的紧固情况。每班接车时,应检查冷却水和发动机润滑油是否充足。

定期维护检查:在汽车可靠性行驶试验中,应按该试验汽车的技术条件或汽车维护规范的规定进行汽车定期维护。在定期维护中,应注意检查各零部件有无异常现象,例如零部件磨损、产生裂纹、发生变形,以及装配不当等缺陷。

性能测试:除特殊要求外,在汽车可靠性行驶试验初期和结束后各进行一次发动机外特性测试及汽车性能测试,以确定试验汽车经过规定里程的可靠性行驶试验后,性能指标是否达到设计的要求或国家规定的限值,以及其性能的稳定程度。

检测内容通常包括以下几项:动力性(最高车速、最低稳定车速及加速性能)、燃油经济性(等速行驶燃油消耗量、多工况燃油消耗量及限定行驶条件下的燃油消耗量)、制动性(制动距离、制动减速度及驻车制动性能)、NVH(噪声、振动、舒适性)、排放、操纵稳定性、车身密封性等。试验汽车的检测项目,应根据试验类别和试验规范中的规定来确定,并非所有的车型都要检测以上项目。上述性能的测试方法按照相应的国家及专业标准执行,按照性能试验前规定的调整项目执行性能试验规范的规定,不得进行其他项目的维修和调整。

汽车拆检:试验汽车的解体是在汽车可靠性试验项目全部结束之后进行的,目的是检查零部件是否有磨损、烧蚀、龟裂、松动、变质、剥蚀、压痕、变形及失效等故障,并对其进行精密测量,然后根据测量结果判断出过量磨损、划痕、失圆、锥度以及接触区异常等故障。

拆解试验汽车时,应按照预定的计划有步骤地进行,要边拆检边记录(或照相、摄影),同时应按照相应试验规范的规定对主要总成(发动机、离合器、变速器、转向器、制动器、驱动桥等)进行部分或全部拆解。对拆检中发现的问题,应及时分析、判断原因,并记录拆检的详细情况。

(2)故障处理。当发现试验汽车出现故障时,应立即停车检查,查清原因并及时排除故障;如果发生的故障不影响行驶安全及基本性能,且不会诱发故障,可以继续行驶继续进行试验,但应注意观察车辆的工作状况,认为需要修理时应立即停车修理。此时的故障级别与里程按最严重时计。

6. 试验过程中的记录

在汽车可靠性行驶试验中,必须严格、认真地进行记录。

(1)接车记录。试验员在接到试验汽车后,应对所接试验车辆的相关信息进行详细记录,包括制造厂名称、牌号、VIN码、发动机型号、底盘型号、各主要总成型号及出厂日期、行驶里程、装备情况等。特别说明的是,如果试验车在接车时就有某些缺陷,一定要详细记录缺陷的相关信息以及处理结果。

(2)行车记录。从开动试验汽车开始,试验员就应填写试验汽车的行车记录,包括行车日期、路面状况、装载情况、气象情况、里程表读数、燃油添加量、机油添加量、实际行驶里程、平均燃油消耗量、平均技术速度、行驶时间、停车时间、停车原因及其他需说明的情况等信息。

(3)故障维修记录。在汽车试验过程中,只要发生故障,就必须填写故障、维修记录卡,其内容包括故障停车时间、发生故障的零件名称、总成名称(发生故障的零部件所属的上一级总成)、详细的故障描述、故障原因分析、故障后果、处理措施、处理结果、故障的照片或示意图以及相应维修费用等信息。

5.4.5 试验数据处理

1. 行驶工况统计

在可靠性行驶试验中,应每日每班填写行车记录卡,试验员依据试验驾驶员填写的行车记录卡(严格来说,试验员每天都要检查行车记录卡,确认当日发生故障的确实记录),定期统计有关试验参数:实际行驶里程、平均技术车速、变速器各排挡使用次数及行驶里程或使用时间的占有比例、制动次数和时间等。以上项目可根据试验要求做相应增减。

2. 故障统计

在可靠性行驶试验中,当日当班的故障应详细地填写在行车记录卡上,故障描述要真实详尽,并记录发生故障时间、里程、故障发生的现象、故障判别及故障排除措施等,以备试验员能够将故障清楚真实地反映在试验报告上。

试验过程中,试验员定期将行车记录卡上填写的故障按单车发现故障的里程顺序统计于故障统计表中。故障统计中,只考虑"本质故障","误用故障"不计入故障数。

"本质故障"为试验汽车正常试验状态下产生的,是试验车辆本身潜在的、非人为的、非责任的故障;"误用故障"为试验汽车在可靠性试验中,使用、维护、修理等未按规定执行而出现的故障,属于责任的、人为的故障。

在统计故障时,还要注意以下原则:同一里程不同零件发生故障时应分别统计,分别记入故障频次;同一零件同一里程出现不同模式故障时也应分别统计,分别记入故障频次;如果同一零件发生几处模式相同的故障,则只统计一次,故障类别按最严重的统计。

3. 可靠性数据统计

根据评价指标计算需要,按单车分别统计各类故障频次(故障发生的次数)、首次故障里程、试验截止里程等。我国某中型客车根据相应试验规范进行可靠性行驶试验,试验后行驶工况、故障、可靠性数据的统计分别如表 5-17～表 5-19 所示。

表 5-17 国产某中型客车可靠性行驶工况统计

序号	试验道路类型	统计项目	统计结果
1	平原公路	行驶里程/km	3 021
		行驶时间/h	54.0
		平均速度/km/h	55.9
		平均油耗/(L/100km)	18.8
2	山区公路	行驶里程/km	1 946
		行驶时间/h	43.67
		平均速度/(km/h)	44.6
		平均油耗/(L/100km)	17.2
3	高速公路	行驶里程/km	5 113
		行驶时间/h	61.76
		平均速度/km/h	82.8
		平均油耗/(L/100km)	21.4
	合计	总行驶里程/km	15 000
		总行驶时间/h	287.84

表 5-18 国产某中型客车可靠性行驶故障统计

序号	零部件名称(故障部位)	故障出现里程/km	故障类型	故障模式	故障情况说明	排除措施
1	遮阳板支架	2 203	4	松动	紧固螺栓松动	紧固
2	燃油箱盖	3 368	4	渗油	密封圈变形引起渗油	更换
3	前照灯灯泡	5 459	3	烧坏	前照灯灯泡烧坏	更换
4	制动灯灯泡	8 086	3	烧坏	制动灯灯泡烧坏	更换
5	顶盖内护板	8 438	4	松动	紧固螺栓松动	紧固
6	空气压缩机	8 549	4	渗油	空压机座接合面处渗油	紧固
7	散热器进水管	9 091	3	漏水	散热器进水软管开裂	更换
8	发动机保护杠	9 709	3	开裂	发动机保护杠左端开裂	焊接
9	变速箱悬置	10 697	3	损坏	变速器左侧悬置损坏	更换
10	前减振器	12 842	3	失败	右前减振器失效	更换

表 5-19 国产某中型客车可靠性行驶数据统计

统计项目			统计结果
故障类型	轻微故障	次数/次	4
		首次故障里程/km	2 203
	一般故障	次数/次	6
		首次故障里程/km	5 459
	严重故障	次数/次	0
		首次故障里程/km	—
	致命故障	次数/次	0
		首次故障里程/km	—
试验截止里程/实际试验里程/km			15 000
平均首次故障里程/km			5 459
平均故障间隔里程/km			2 500

5.4.6 汽车可靠性评价指标及其计算方法

汽车可靠性的评价指标主要有平均首次故障时间、平均故障间隔时间和可靠性综合评定分值等。

1. 平均首次故障里程 MDTFF(Mean Distance To First Failure)

(1) 当试验车辆数小于 5 时,按下式计算:

$$\text{MDTFF} = \frac{S'}{n'} \tag{5-7}$$

式中,MDTFF 为平均首次故障里程估计值,km；n' 为发生首次故障车辆数；S' 为无故障行驶里程,km。

$$S' = \sum_{j=1}^{n'} S'_j + (n-n')S_e \tag{5-8}$$

式中,S_j' 为第 j 辆车首次故障里程(只计 1,2,3 类故障),km;n 为试验车辆数;S_e 为定时截尾里程数,km。

(2) 当试验车辆大于或等于 5 辆时,用威布尔分布求可靠度为 50% 的估计值。

2. 平均故障间隔里程 MDBF(Mean Distance Between Failures)

(1) 按指数分布进行计算,其点估计值为

$$\mathrm{MDBF} = \frac{S}{\gamma_a} \tag{5-9}$$

式中,γ_a 为 S 里程内发生的 1、2、3 类故障总数;S 为总试验里程,km。

$$S = \sum_{j=1}^{d} S_j + (n-k) S_e \tag{5-10}$$

式中,k 为中止试验车辆数;S_j 为第 j 辆车中止试验里程,km。

(2) 单侧区间估计下限值按下式计算:

$$(\mathrm{MDBF})_L = \frac{2S}{\chi^2[2(\gamma+1), a]} \tag{5-11}$$

式中,$(\mathrm{MDBF})_L$ 为平均故障间隔里程置信下限值,km;$\chi^2[2(\gamma+1), a]$ 为自由度为 $2(\gamma+1)$,置信水平为 α 自 χ^2 分布值,建议取 0.1 或 0.3。也可以按表 5-20 查出系数 k_L,则

$$(\mathrm{MDBF})_L = k_L \cdot \mathrm{MDBF}$$

表 5-20 定时截尾求置信下限时 MDBF 应乘的系数 k_L

故障数 r	置信度(单侧)				故障数 r	置信度(单侧)				故障数 r	置信度(单侧)			
	70	80	90	95		70	80	90	95		70	80	90	95
1	0.410	0.333	0.258	0.211	13	0.823	0.761	0.688	0.627	25	0.880	0.829	0.766	0.717
2	0.542	0.466	0.377	0.317	14	0.835	0.771	0.697	0.639	30	0.891	0.843	0.783	0.737
3	0.630	0.543	0.449	0.387	15	0.841	0.780	0.704	0.649	40	0.907	0.870	0.808	0.769
4	0.679	0.597	0.500	0.437	16	0.846	0.788	0.711	0.659	50	0.917	0.876	0.832	0.792
5	0.714	0.622	0.521	0.455	17	0.852	0.795	0.718	0.668	60	0.925	0.887	0.841	0.803
6	0.740	0.659	0.571	0.507	18	0.856	0.800	0.724	0.676	70	0.931	0.897	0.851	0.822
7	0.760	0.84	0.595	0.534	19	0.860	0.805	0.731	0.683	80	0.936	0.906	0.860	0.831
8	0.777	0.705	0.617	0.556	20	0.864	0.810	0.737	0.689	90	0.940	0.908	0.868	0.839
9	0.790	0.720	0.634	0.573	21	0.868	0.814	0.743	0.693	100	0.943	0.917	0.877	0.847
10	0.802	0.733	0.649	0.590	22	0.871	0.819	0.750	0.700	200	0.960	0.939	0.913	0.889
11	0.812	0.745	0.664	0.602	23	0.874	0.823	0.756	0.706	300	0.976	0.960	0.942	0.933
12	0.820	0.757	0.674	0.615	24	0.877	0.828	0.762	0.711					

3. 当量故障数

当量故障数是各级故障按其危害性以一定系数折算成一般故障的数目,其大小按下式计算:

$$\gamma_D = \sum_{i=1}^{4} \varepsilon_i \gamma_i \tag{5-12}$$

式中,γ_D 为当量故障数;ε_i 为第 i 类故障系数,其值分别为 $\varepsilon_1=100$,$\varepsilon_2=10$,$\varepsilon_3=1$,$\varepsilon_4=0.2$;γ_i 为第 i 类故障数。

4. 当量故障率

$$\lambda_D = 1\,000 \times \frac{\sum_{j=1}^{n} \gamma_{Dj}}{S} \tag{5-13}$$

式中,λ_D 为当量故障率,次$/1\,000$km;γ_{Dj} 为第 j 辆车当量故障数。

5. 千公里维修时间

$$MT = 1\,000 \times \frac{TR + TP}{S} \tag{5-14}$$

式中,MT 为千公里维修时间,h$/1\,000$km;TR 为 S 里程内故障后维修时间总和,h;TP 为 S 里程内预防维修时间总和,h。

6. 千公里维修费用

$$MC = 1\,000 \times \frac{C}{S} \tag{5-15}$$

式中,MC 为千公里维修费,元$/1\,000$km;C 为 S 里程内维修费,包括材料、设备及工时费,元。

7. 有效度

$$A = \frac{S}{S + S_D}$$

$$S_D = \frac{1}{1\,000} \times V_a \times MT \times S$$

式中,A 为有效度;S_D 为维修停驶里程,km;V_a 为平均技术车速,km/h;其他含义同上。

快速可靠性试验,必要时对上述评价指标计算方法进行修正。

8. 可靠性综合评定分值

(1) 载货汽车可靠性综合评定分值计算:

$$Q = 0.005(\text{MDTFF} + \text{MDBF}) + 80 e^{-0.174 \lambda_D}$$

式中,Q 为可靠性综合评定分值;MDTFF 为平均首次故障里程,km,当 MDTFF$>1\,500$km 时,令 MDTFF$=1\,500$km;MDBF 为平均故障间隔里程,km,当 MDBF$>2\,500$km 时,令 MDBF$=2\,500$km;λ_D 为当量故障率,次$/1\,000$km。

(2) 客车、轿车可靠性综合评定分值计算:

$$Q = \frac{100A}{1 + \frac{1}{n}\sum_{j=1}^{n}\sum_{j=1}^{4} \gamma_{ji}\varepsilon_i \sqrt{\frac{1}{S_e + S'_{ji}}}}$$

式中，Q 为可靠性综合评定分值；A 为有效度；n 为试验车辆数；γ_{ji} 为第 j 台第 i 类故障累计数；S'_{ji} 为第 j 台车第 i 类故障首次故障里程，km；S_e 为定时截尾里程数，km；ε_i 为第 i 类故障系数。

对于客车和轿车的故障系数，其值可按下面选取：

Ⅰ类故障 $\varepsilon_1 = 100$；

Ⅱ类故障 $\varepsilon_2 = 50$；

Ⅲ类故障 $\varepsilon_3 = 5$；

Ⅳ类故障 $\varepsilon_4 = 2$。

5.4.7 试验报告的编写

试验报告应包括文字、图表、照片等简明内容。如果用规范化的定型试验报告格式编写试验报告，应依照规范化的格式将试验的内容及结果填写在上面。一般来说，应该按照以下顺序和内容填写：

(1) 试验依据。

(2) 试验目的。

(3) 试验对象。写明抽样方法、地点及抽样基数；列表说明试验车 VIN 码、生产单位、出厂日期、初始里程、合格证号及试验编号等，并附有试验样车照片。

(4) 试验条件。包括车辆载荷、道路（典型道路图片）、气象条件及所用燃料、油料、里程分配等。

(5) 试验仪器及设备。

(6) 试验依据标准及规范。

(7) 试验日期及程序。

(8) 试验结果。试验结果中主要包括试验汽车可靠性全部试验项目结果，其中包括技术状况检查、发动机台架试验、汽车主要技术参数和技术特性参数测定、检查行驶及速度表校正、滑行试验、动力性能试验、燃油经济性试验、制动性能试验、噪声振动试验、排放试验、操纵稳定性试验等。上述试验项目可根据具体车型试验规范的要求进行取舍。

对于每一项试验的试验结果，应包括行驶工况统计、故障及维修统计、可靠性数据统计、可靠性评价指标计算、拆检情况等。

(9) 可靠性试验结果分析。根据试验目的、要求，进行有关项目的可靠性分析：各系统故障频度或故障率分布直方图、累计故障数随总试验时间的变化图、故障危害度分析、故障重要程度排序、重要故障（危害度大、频度高的故障）的专项分析并提出失效分析报告，以及维修性评价分析等。

(10) 结论及建议。

(11) 试验组织。包括试验人员姓名、职称、单位及试验中的分工等。

(12) 附录。主要包括技术状况检查缺陷汇总表、发动机性能曲线、整车加速性能曲线、等速燃油消耗量曲线、故障维修统计、拆检记录以及零部件典型损害照片等。

5.5 汽车可靠性室内试验

5.5.1 可靠性室内试验概述

汽车可靠性行驶试验持续的时间比较长,需要对一些损坏的零件记录其损坏的时间,分析损坏的情况。这不仅要花费大量的人力、物力和大量的时间,而且结果十分分散,同时还受到天气的限制。且这种方法对构件的疲劳寿命作出正确的评价是困难的。而可靠性室内试验,也就是室内台架模拟试验,避免了以上一些缺点,是研究构件疲劳寿命的一种行之有效的方法。

在产品开发阶段,最耗时间和经费的是可靠性评价试验。而可靠性试验按试验场所划分,分为室外行驶现场寿命试验和室内台架模拟寿命试验。

现场寿命试验,就是产品在实际使用中的应力条件下,得到实际的寿命数据。其特点是对产品所施加的应力类型和大小,都处于实际使用状态下。即相同的产品,在实际使用中,所遇到的应力类型及水平,由于受客观实际的支配而各有不同。

模拟寿命试验,通常在实验室中进行,是模拟实际工况所进行的试验。所谓模拟,就是使实际工作状态在实验室再现的一种方法。其特点是,对产品所施加的应力类型和水平的大小是一致的,并受到人工控制;可排除因驾驶员的疲劳等因素对试验结果的影响,没有人为造成的偏差,在统一的条件下进行试验;可在取得与道路行驶试验同样效果的情况下,缩短试验时间,节省试验费用。

这两种类型的寿命试验,以现场寿命试验为最基本的寿命试验。现场试验最能说明产品可靠性的特征,最能刻画产品可靠性能力的大小,是最终的客观标准。在可靠性研究中,有很大一部分工作是收集现场中寿命试验的资料,进行失效物理分析和数学方法分析。但现场寿命试验的范围太广,收集有关资料时,将会遇到各种困难,是一种非常繁重的工作,花费的时间也较长。尤其是同规格的产品,由于承受的应力类型和大小不同,其可靠性水平的差别也很大。在这种情况下,欲想探索产品内在的失效物理规律,不仅是困难的,而且在数学方法的分析上也会造成许多不确定性。

因此,模拟寿命试验弥补了现场寿命试验的不足,将现场的重要应力条件搬到实验室内,使得在实验室参加试验的产品都在同样类型应力条件下,受到同样的应力水平。模拟寿命试验具备的优点:用加速或强制老化性试验能很快作出评价;在条件稳定的情况下获得数据,寿命数据比较明确;比现场寿命试验经济;条件相同情况下,可对同类产品进行比较。

在室内台架模拟试验中,有总成试验和零部件试验。

总成试验包括对发动机、变速器、离合器、后桥等的试验,进行试验时,环境条件可同时加上。

零件试验大都是单一条件的试验,也可在试制阶段进行。对批量生产间的外购件是否满足可靠性要求的检验工作,多采用模拟台架试验。

5.5.2 可靠性室内试验的一般步骤

一般来说,可靠性室内试验的步骤如下:

(1) 获取准确的、能够反映车辆实际使用工况的载荷数据(载荷谱)。这些载荷数据一般是在车辆上感兴趣部位测量得到的力、应力、应变或加速度信号,可以在公共道路上测取,也可以在试验场可靠性试验道路上测取,目前多在试验场上测取。

(2) 对获取的载荷数据进行分析处理,形成在室内台架模拟试验中要用到的程序载荷谱,为进行加速试验作准备。

(3) 在室内台架上对试验对象施加程序载荷谱,进行可靠性试验。

(4) 对试验结果进行分析。

可靠性室内试验方法的合理性需要得到验证。在正式进行可靠性试验以前,一般需要先对一个现有的产品进行试验,把试验结果和实际使用中发生的情况进行对比分析,即观察失效所发生的位置、失效形式、失效发生的顺序和当量行驶里程等是否一致。如果二者的结果都相符,则表明该试验方法有高度的可信性;如果存在比较严重的不相符,则应该进行仔细的分析,对试验方法作出必要的改进。

5.5.3 载荷谱的编制

由于汽车实际行驶的工况和载荷变化十分复杂,具有一定的随机性。从理论上来讲,通过道路试验测定的载荷,能真实地反映随机载荷,数据准确可靠。但是,这种方法试验周期长,数据处理工作量大,费用耗资较多,一般不采用。通常的做法是在典型的路面上进行短距离实测,然后利用数理统计原理对数据进行整理和推断,最后编制成载荷谱,依照载荷谱对样件进行快速疲劳试验。

载荷谱是指表示随机载荷统计特性的图形、表格、数字和矩阵等信息。载荷谱常见的形式有 3 种:

(1) 表明各种不同大小载荷出现次数的载荷频次或累积频次图,如图 5-14 所示。

(2) 表示不同频率下载荷能量分布的功率谱图,如图 5-15 所示。

(3) 表示各级载荷相对频次(某一级载荷出现次数与总次数之比)的直方图,如图 5-16 所示。

对实测的载荷数据进行统计、分析和处理是由专门的数据处理装置进行的,如电子计算机、幅值统计分析仪等。数据处理的方法有两种:功率谱法和计数法。

① 功率谱法。功率谱法给出载荷幅值的均方值随频率的分布,它保留了载荷的全部信息,是一种比较精确、严密的载荷统计方法。

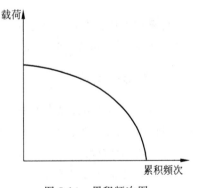

图 5-14 累积频次图

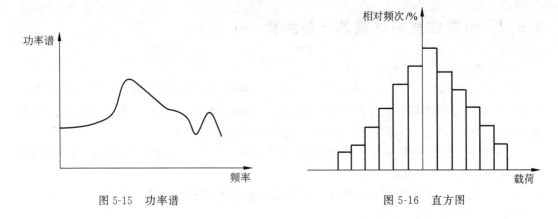

图 5-15　功率谱　　　　　　　图 5-16　直方图

② 计数法。计数法运用概率统计原理,把载荷变化过程中出现的极值大小及其频次,或幅值大小及其频次,或穿过某载荷量级的频次进行统计,得到表明载荷量值及其出现频次关系的载荷频次图。这种统计方法简单易行,数据处理工作量小,所用数据分析仪器简单,便于实时分析;但不够严密、精确,丢失了载荷随频率变化以及各量级载荷发生次序的信息。

选用何种方法来统计分析载荷数据,应从试验的实际应用出发。如果采用随机过程疲劳试验,则以功率谱法处理数据;如果采用程序疲劳试验,则以计数法处理数据为宜。

无论采用何种方法统计载荷谱,首先需获取典型条件下载荷的时间历程,通常选在试验场的可靠性试验路段上进行。试验时,行驶速度对载荷大小有较大影响。如果在综合路面上进行,应按实际使用时的正常速度行驶,尽量减少驾驶员人为的速度控制;如果在单一路面上试验,试验速度可以根据这种路面上实际平均速度选定,并尽量保持稳定。为提高统计精度,在同一条件下最好重复测量 3～5 次,并注意测量精度。

5.5.4　可靠性室内试验方法

可靠性室内试验的方法主要有两种:等幅试验法(Constant Amplitude Test)和程序疲劳试验法(Programmed Fatigue Test)。

1. 等幅试验法

如果在实测的道路载荷数据中找出最大值和最小值,据此产生等幅正弦载荷,如图 5-17 所示,对试验对象施加该载荷,就是所谓的等幅疲劳试验法。等幅试验法是历史最悠久的疲劳试验方法,它对试验设备的要求最低,试验成本最低,而且需要的试验时间也最短,因此在承受载荷条件比较简单的零部件可靠性试验中得到了广泛应用。

2. 程序疲劳试验法

在程序疲劳试验中,由多种具有不同幅值和时间长度的载荷按照一定的顺序组成程序载荷,如图 5-18 所示。这种程序载荷是通过对实测道路载荷数据进行分级计数得到的。程序疲劳试验法能够较快速、较准确地评价产品的疲劳寿命,试验结果分散性比较小、可信性比较高,在汽车室内可靠性试验中应用较广。

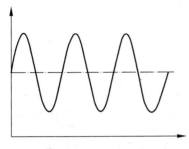

图 5-17　等幅载荷图

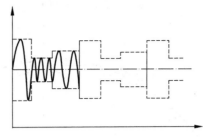

图 5-18　程序载荷

(1) 载荷级数的确定。累积频次图的室内模拟加载目前还无法实现用累积频次图上的曲线连续加载。因此把连续曲线改造成阶梯形，便于程序控制的实现。对于扩展的载荷幅值累积频次曲线要进行分级以得出试验用的程序载荷谱。

对于概括同一累积频次曲线分成不同的加载级数进行程序疲劳试验所得到的疲劳寿命并不是完全一致的，这说明载荷级数对疲劳寿命是有影响的。对于同一载荷累积频次曲线，一般可以编成 4～16 级载荷谱。一般情况下 4 级载荷谱的试验寿命要比 8 级的试验寿命大，而超过 8 级的载荷谱则和 8 级的极为接近。因此，一般把载荷级数确定为 8 级。如果载荷的波动不大，载荷幅值较小，也可以采用低于 8 级的程序载荷频谱。

(2) 试验周期的确定。试验周期是零部件在使用寿命期间内载荷程序的重复次数。若取 $N=9\times10^7$ 为一个试验周期的循环数。设实际 1h 的累积循环为 3.28×10^4，这相当于车辆一个周期工作约为 $9\times10^7/3.28\times10^4=3\,000h$。车辆一个周期约为 15 万 km。

对于程序疲劳试验来说，其加载次序对于寿命试验结果是有影响的，为了减少这种影响，就需要对编制的载荷程序多次重复。有关重复次数的选择，一般采 $\mu_p=10\sim20$ 个。也就是说，一般要求在发生失效以前至少应该经受 10 次重复的载荷程序。若设每个程序块的循环数 $n_p=5\times10^6$，则一个试验周期的重复次数为

$$\mu_p = N/n_p = 9\times10^7/5\times10^6 = 18$$

将表 5-21 中各级的循环次数乘以 5 便得每循环某级的循环次数。

在累积频次图中，最大幅值在 10^6 个极大值中出现一次。设某车辆载荷最大幅值为 3 600N·m。

按 8 级分，各级幅值 M_{Ai} 与最大幅值 $M_{A\max}$ 的比值取，即 $M_{Ai}/M_{A\max}=$ 1、0.95、0.85、0.725、0.575、0.425、0.275、0.125，各级的幅值如表 5-21 所示，阶梯程序图形如图 5-19 所示。

表 5-21　累积频次图中各载荷级幅值表

载荷级	幅值比 $M_{Ai}/M_{A\max}$	载荷幅值 M_{Ai}	每级循环次数	累积循环次数	每循环块每级循环次数	每循环块累积循环次数
1	1	3 600	1	1	5	5
2	0.95	3 420	14	15	70	75
3	0.85	3 060	120	135	600	675
4	0.725	2 610	1.68×10^3	1.82×10^3	8.425×10^3	9.1×10^3
5	0.575	2 070	1.398×10^4	1.58×10^4	6.99×10^4	7.9×10^4
6	0.425	1 530	7.02×10^4	8.6×10^4	3.51×10^5	4.3×10^5
7	0.275	990	2.541×10^5	3.4×10^5	1.27×10^6	1.7×10^6
8	0.125	450	6.6×10^5	1×10^6	3.3×10^6	5.0×10^6

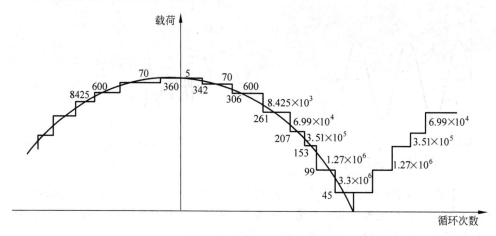

图 5-19 8 级累积频次图

在幅值为 3 600N·m 上,施加等幅值交变载荷,循环 5 次后,把幅值变成 3 420N·m,循环 70 次后,依次下去,直到幅值变化到最小一级,并循环 3.3×10^6 为止,就完成了一个子样程序试验。重复进行下去,直到试样破坏为止。如果重复 18 次仍未破坏,表示使用寿命在 3 000h 以上。若重复试验到第 11 次某级时破坏了,则其寿命应该是每个程序块上的循环数($n_p=5\times10^6$)乘以前 10 个程序块个数,加上第 11 次的某级循环数:

$$N = 10 \times 5 \times 10^6 + 第 11 次某级循环数$$

(3) 加载次序的确定。将合成的累积频次曲线分成 8 个阶梯形的载荷级以后,就可以充分地重复疲劳效果,这样就绘出了一个适合于实验室试验的程序。这种加载次序是由高到低,当然也可以排成幅值由低到高、低-高-低或高-低-高。实践表明,不同的加载次序对试验结果影响很大。高-低次序的试验疲劳寿命最低,低-高次序的寿命最高,而低-高-低和高-低-高次序的寿命介于前面两个寿命之间,且比较接近于随机加载的情况,所以实际常选用低-高-低的加载次序。

"低-高-低"的加载次序一般是这样进行的:首先施加第 4 级载荷,然后依次施加具有更高水平的载荷级,再按照载荷水平递减的次序施加各个载荷级,直到最低水平载荷级,然后再按照载荷水平递增的次序施加各个载荷级;就这样进行重复加载。一个递增加载过程和一个递减加载过程共同组成一个程序加载周期。

最终得到的程序载荷加载次序如图 5-20 所示。

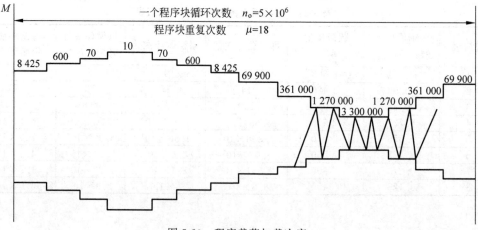

图 5-20 程序载荷加载次序

5.6 汽车可靠性试验注意事项

1. 制定科学完善的可靠性试验规范

可靠性试验规范包括基础标准、零部件规范和整车规范。可靠性试验的依据就是试验规范。因此,可靠性结果的准确与否在很大程度上取决于可靠性试验规范是否合理。我国汽车行业从国情出发,已制定了一部分整车、总成和零部件的可靠性试验规范,但这些行业标准考虑照顾各方面的水平和要求,偏于保守。因此,从可靠性工程需要考虑,我国的汽车企业应结合自身情况编制自己的可靠性试验规范。

2. 重视零部件可靠性试验

零部件可靠性试验是汽车可靠性试验的基础,汽车的可靠性是由零部件的可靠性来保证的。零部件可靠性试验比整车可靠性试验时间短、费用少,试验条件容易控制,样本容量也大些,因此,零部件可靠性试验被汽车企业广泛采用。只有将经过台架可靠性试验验证过的零部件一起装到样车上进行整车可靠性试验,试验结果才能准确地反映整车可靠性的水平;如果将未经过台架可靠性试验验证过的零部件一起装到样车上进行整车可靠性试验,试图通过整车可靠性试验结果来验证零部件可靠性是否符合要求,这是不合理的。

3. 正确选择试验载荷

可靠性试验方法与指标限值制定得是否科学,取决于是否采用合理的检验标准。按试验得出的试验结论是否符合用户的反映,是否满足对整车可靠性的设计要求。为了达到这些目的,选择正确的试验载荷(包括加载大小、方向、性质、方式、循环次数等)是最为重要的。载荷定义得过低,可靠性试验虽然通过了,但整车使用却表现出很低的可靠性,用户反映会很差,这样的试验规范不但起不到好的作用,反而会成为制造厂保持低标准的依据,妨碍技术进步。当然,载荷也确定目标市场不能定得过高,过高会使设计过于保守,增加费用,而且难以达到标准所规定的技术要求。

试验载荷要通过实际测定来确定,还要通过可靠性试验结果来验证。一般来说,试验场模拟用户条件,台架试验模拟试验场。在确定试验载荷时,要注意零部件的受力状况和环境条件,不能轻易在台架试验中进行简化。

4. 试验样品的质量检查

在开发阶段,可靠性试验的样品必须符合质量要求。如果样品未经逐道工序仔细地进行质量检查就投入试验,等到试验中发现了故障,查出来是因为零部件没有按图纸进行加工,则开发时间和费用都已浪费。不符合图纸要求的样品,原则上是不应该送去做试验的。

5. 试验数据的完整与准确

可靠性试验往往需要花费很长的时间,试验人员进行的是繁重而枯燥的工作。因此,要特别实行严格、仔细的试验情况监测办法,使可靠性试验数据和失效现象能够准确地记录下来。不正确的数据将会得出不正确的结论,数据的遗漏将会造成评价的错误。在台架上试验时,要应用现代检测技术发现失效现象并及时停机;在试验场试验时,试验驾驶员要自觉严格按照试验规范驾驶汽车并运用自己的经验及时判断故障。

6. 试验结果失效与可靠性分析

对可靠性试验过程中发现的故障,要按照正确的方法进行失效分析和可靠性分析。整车在可靠性试验之后,至少要进行下列统计分析:

(1) 可靠性、维修性评价。
(2) 故障数分析,以子系统的各类故障分布排列图显示。
(3) 累积故障数分析,以故障数随时间变化的曲线图表示。
(4) 故障的危害度分析,按危害度进行故障排序。

7. 确保试验安全

汽车可靠性试验首先以保证安全为前提,既包括人身安全,也包括财产安全。汽车整车、发动机及零部件可靠性试验都具有一定的危险性。为保证试验中人和机件的安全,必须制定严格的安全制度并严格实施。例如,试验场可靠性试验道路上要制定专门的交通规则,驾驶员必须经过专门训练取得合格证后才能进场试验;另外还要设置保证安全、防止事故发生及事故后及时处理的保护措施,以及通信、报警、防火、灭火、急救等措施。

复习思考题

5-1 汽车可靠性试验的作用有哪些?
5-2 汽车可靠性试验如何分类?
5-3 汽车可靠性试验抽样的方案有几种?试说出每种抽样方案的基本思路。
5-4 在可靠性行驶试验中,如何发现汽车出现故障?
5-5 在汽车可靠性试验中,一般要记录哪些试验数据?
5-6 汽车可靠性的评价指标主要有哪些?
5-7 汽车可靠性试验要注意哪些事项?

第 6 章

汽车失效工程分析

为了避免或尽可能减少发生失效的情况,工程中已经提出和应用了一些设计分析方法,以帮助找到关键点,引导资源投入关键问题的预防与解决。如果能够在产品开发早期阶段就发现设计缺陷,进行设计改进所需要花费的成本都相对比较低。而进行晚期更改或者带着问题进行生产会造成大得多的损失。因此,适当进行的设计分析具有很好的效益,良好的计划与准备可以明显缩短设计分析所需的时间并降低成本。

6.1 失效分析

6.1.1 汽车失效分析概述

1. 失效的含义

失效既可以指系统(如机械系统或电气系统)的失效,也可以指系统某一个部件(如齿轮或开关)的失效。在工程领域方面,英国标准(BS4778)对"失效"下的定义是:失去完成某项工作的能力。我国定义的"失效"是指产品在规定的条件下和规定的时间内,丧失其规定功能的事件。失效有时也称为故障。在一定意义上说,失效与故障具有同等概念,因此两者常常混用,但"失效"更多地用于不可修复产品(即丧失规定功能,等待报废),而"故障"则用于可修复产品(即丧失规定功能,等待修复)。对于已经发生但尚未被发现的,或者是维修、拆检中发现的故障称为潜在故障。

在中华人民共和国汽车行业标准 QC/T 34—92 中,汽车故障的定义为"汽车整车、总成及其零部件在规定的条件下和规定的时间内,丧失规定功能的事件"。汽车故障有本质故障和误用故障之分。本质故障是指"汽车在规定的条件下使用,由于汽车自身固有的弱点而引起的故障";误用故障是指"汽车不按规定条件使用而引起的故障"。汽车的本质故障用于可靠性统计,汽车的误用故障不用于可靠性统计。

一般来说,发生下列情况之一时,可以将产品描述为失效:

(1) 完全丧失其规定的功能。

(2) 仍然可以使用,但是不能良好地执行其规定的功能。

(3) 严重受损,使其在继续使用过程中失去可靠性和安全性,需要立即对其进行修理或更换。

在定义失效时,需要考虑判断失效的临界点。例如,考虑液压制动管路的失效,泄漏多少制动液后制动系统不能工作,这是很明显的。其他类似失效(如部件断裂)也是很好判断的。但很多情况下失效的临界点不好判断。如汽车轮胎,由于磨损或开裂,性能逐渐恶化,因此定义它的失效就需要定义一个关键点,性能恶化到该点时就说明轮胎失效。

失效点的定义要考虑很多因素,要考虑到产品的主要功能、性能特征和耐久性目标,这些都必须在产品技术描述中有清楚定义。产品技术描述是评价产品测试程序的关键文件。需要注意的是,产品的实际失效点以及产品是否达到设计所期望的寿命并不是制造商唯一考虑的内容,还必须考虑失效过程对产品"价值"和"美观"等特性的影响。用户主观评价的不满意,都可看成是产品的失效。

2. 失效的分类

失效有多种多样的分类方法,为便于研究问题,常将失效分类如下。

(1) 总的来说,机械部件的失效可分为变形失效、断裂失效和表面损伤失效 3 大类,具体分类形式见表 6-1。

表 6-1 机械部件失效形式的分类

失效类型	具体失效形式	
变形失效	过量弹性变形	
	过量塑性变形	
断裂失效	脆性断裂	
	塑性断裂	
	蠕变持久断裂	
	环境介质引起的断裂	应力腐蚀、氢脆断裂、金属催化、辐照脆化
	疲劳断裂	高应变低周疲劳、低应变高周疲劳、腐蚀疲劳、热疲劳
表面损伤失效	磨损失效	氧化磨损、黏着磨损、腐蚀磨损、磨粒磨损、接触磨损、微动磨损
	腐蚀失效	均匀腐蚀、局部腐蚀、电化腐蚀、空气腐蚀

(2) 按失效的性质分为突然失效和渐变失效。

突然失效:描述产品的一个或几个功能参数发生突然变化的失效。这是一种通过事先的测试和监控不能预测的失效。

渐变失效:由于产品的一个或几个功能参数逐渐发生变化而引起的失效。这是一种因功能逐渐衰退引起的失效,一旦产生很难修复。对任何产品而言渐变失效是不可避免的,这是有规律的损耗和老化的结果,可通过事前的测试和监控进行预测。

(3) 按失效的发生时间分为早期失效、偶然失效和耗损失效。

一般来说,产品在装配时,不可避免地会有某些有隐蔽缺陷的零部件被装入系统中,从而会引起产品的早期失效。另外,产品装配和安装时的人为失误,也会引起早期失效。随着有缺陷零部件的排除和更换,产品可靠性得到提高,进入正常工作期。在这一期间,零部件可能偶然受到不允许的集中载荷,或零部件本身某些功能参数的偶然变化等,都会引起产品的偶然失效。随着时间的推移,产品受到损耗和老化,逐渐引起耗损失效。

(4) 按失效的严重程度分为关键失效、主要失效和次要失效。

关键失效是指将危及人员生命或导致重大财产损失的失效;主要失效是指导致产品完成规定功能能力降低的零部件的失效;次要失效是指产品的某些功能参数超出规定所许可

的范围,不需要立即解决的失效。这些分类可以帮助确定汽车的关键部件、主要部件和次要部件,以便合理配备资源,以开发测试程序和检查项目。

(5) 按失效的完备性分为系统失效、完全失效和部分失效。

系统失效是一种多次重复的失效;完全失效是指产品功能超过某种确定界限,以致完全丧失所规定功能的失效;部分失效是指产品功能虽然超过了某种确定界限,但没有完全丧失规定功能的失效。发生部分失效时,产品依然可以使用,但效率会下降。因此,在研究失效时,应区分是零部件部分失效,还是产品完全失效。有时零部件部分失效意味着产品完全失效,有时零部件部分失效并不引起产品完全失效。

3. 失效的危害性

产品失效会造成多方面的经济损失,汽车的故障会给用户、社会以及汽车制造企业三方带来损失。失效导致的财产损失一般比实际的失效部件的成本大得多。例如,在20世纪70年代晚期和80年代中期,全球发生过很多载货汽车轮胎螺栓失效的情况,结果导致车轮与整车分离,进而车辆失控,造成车毁人亡的悲剧。因此,产品工程师的责任就是要确保其设计的产品不会发生灾难性的失效。

对企业来说,产品在保修期内的失效给企业造成的损失是巨大的。差的产品不仅给企业带来经济上的损失,也带来声誉上的损失。潜在的产品缺陷也可能使失效产生更加严重的后果,如现行的汽车召回制度要求汽车制造商对缺陷产品造成的损害承担责任。

汽车作为一个复杂的系统,出现的故障模式会多种多样,而各种故障对汽车的危害程度又有很大差别,因而对汽车故障进行定量评价时,应首先进行故障危害度分析,并按其对整车的危害程度进行分类。故障的危害程度主要从其对人身安全的危害、对完成功能的影响及造成的经济损失等方面进行衡量。

我国《汽车产品质量检验评定办法》中,对故障的分类是按其造成整车致命损伤(人身重大伤亡及汽车严重损坏)的可能性(概率)进行简单分类的。规定致命损伤概率接近1的称为致命故障;概率接近0.5的称为严重故障;概率接近0.1的称为一般故障;概率接近0的称为轻微故障或安全故障。故障危害度及其分类原则见表6-2。

表 6-2 故障危害度及其分类原则

故障类别		分 类 原 则
1	致命故障	危及行驶安全,可能导致车毁、人身伤亡或引起重要总成报废,造成重大经济损失或对周围环境造成重大危害
2	严重故障	影响行驶安全,可能导致重要总成、零部件损坏或性能显著下降,且不能用随车工具或易损备件在短时间(约30min)内修复
3	一般故障	不影响行驶安全,可造成停驶或性能下降,但一般不会导致重要总成、零部件损坏,并可用随车工具或易损备件在短时间(约30min)内修复
4	轻微故障	一般不会导致停驶或性能下降,不需要更换零件,用随车工具在5min内能轻易排除

故障是产品的"疾病",必须予以防治。从汽车可靠性工程的角度来看,首要的目标是杜绝或有效地减少危害性大的故障,其次是大力降低故障发生的可能性。

6.1.2 汽车的失效模式

1. 失效的起因

引起产品失效的原因有很多,一般来说主要有以下几个方面:设计错误、材料选择错误、材料缺陷、装配/制造缺陷、使用性能恶化、使用人员错误/误用等。

(1) 设计错误。产品的设计要考虑成本,而成本对设计的影响是多方面的。成本不仅控制着原材料和制造方法,还规定和限制了设计阶段可以利用的各种资源。非常有限的产品开发预算,经常导致设计仅仅只是依靠过去实践的推断以及实际使用经验,这样在设计阶段资源的缺乏有时会导致设计的错误。在很多情况下,失效是设计错误引起的结果。

(2) 材料选择错误。材料的选择一般容易被忽视,或留给设计过程中下一阶段来完成,有时也有成本控制的问题。在很多工程师看来,材料也许有太多选择,虽然材料的合理化能节省成本,但对一些关键部件或部位,如果性能参数提高幅度较小,材料的选择在经济性上取得的优势并不明显。有些特殊的零部件或结构,必须使用特殊的材料,例如发动机内部的活塞、活塞环、汽缸套等部件要能抗磨损,汽车车身结构要耐腐蚀、强度高、关键点焊接质量较高等。另外,材料的选择和加工方法也有密切关系。因此,材料的选择一定要慎重考虑。

(3) 材料缺陷。工程材料被加工成产品,产品销售要获取利润。在竞争激烈的价格战中,材料的价格多多少少会影响到利润。因此,很多选用的材料不是优等的或不是"纯的",经常含有很多杂质或夹杂物,而这些杂质或夹杂物对材料的性能有很大影响。因此,人们开发了一些新工艺,来控制杂质或夹杂物的数量、尺寸和形状,弱化其对材料性能的影响。要避免失效发生,就必须把材料缺陷降低到最低。

(4) 装配/制造缺陷。复杂的产品在装配/制造过程中包含有很多的工艺过程,在此期间会存在大量出错的可能性。例如,在汽车装配过程中,零部件定位不准、连接螺栓的拧紧力矩不正确,都会带来部件的松动,如果装配时采取合理的定位保障措施和拧紧力矩定位,装配后采取一定的方法进行检测,就可避免该失效问题的出现。因此,为减少产品失效可能性,就需要通过有效的工艺改进,装配制造出高质量的产品。

(5) 使用性能恶化。在多数情况下,产品在刚开始投入使用时能令人满意地工作,但这远远不够,它还必须在规定的使用寿命期限内也能正常工作。然而,很多因素却导致产品在使用寿命期间性能恶化,例如环境因素(腐蚀、高温等)、磨损、疲劳断裂等。以汽车为例,汽车上约有20%的零件因为腐蚀而失效,尤其是金属零件;汽车上75%的汽车零件都是由于磨损而报废的;大多数汽车零件是由金属材料制作的,而工程领域80%~90%的失效是从金属部件的疲劳开始的。因此,要采取一切可能的措施来降低产品使用性能的恶化。

(6) 使用人员错误/误用。在现实生活中,使用人员的错误/误用也带来了大量的产品失效。例如,载货汽车车架焊接加强板,虽然整车能装载更多货物,但导致车架、轮胎等部件的提前失效;变速器润滑系统缺乏维护,导致轴承失效;燃油的不合理使用,导致供油系统失效等。因此,要加强产品使用人员的产品使用培训,防止使用人员错误或误用,合理发挥产品功能,避免不必要的损失。

2. 失效模式

失效模式是指系统、子系统或零件有可能未达到设计或加工意图的形式,也就是失效所表现的形式。在实际生活中,产品的失效模式并不是固定不变的,具有可变性,即同一种产品出现失效可以有不同的形式。

汽车的失效模式与汽车零部件的结构、材料、设计、制造、储存、使用、维护、修理和工作环境等因素密切相关。汽车常见的失效模式类型如表6-3所示。

表6-3 汽车常见失效模式分类表

失效模式	表现形式	诱发因素
损坏型失效模式	裂痕、裂纹、破裂、断裂、碎裂、开裂、弯坏、扭坏、变形过大、塑性变形、卡死、烤蚀、点蚀、烧蚀、击穿、蠕变、剥落、短路、开路、断路、错位、压痕等	应力冲击、电冲击、疲劳、磨损、材质问题、腐蚀
退化型失效模式	老化、变色、变质、表面保护层剥落、侵蚀、腐蚀、正常磨损、积炭、发卡等	自然磨损、老化以及环境诱发
松脱型失效模式	松矿、松动、脱落、脱焊等	紧固件、焊接件出现问题
失调型失效模式	间隙不适、流量不当、压力不当、电压不符、电流偏值、行程失调、间隙过大或过小等	油、气、电及机械间隙调整不当
阻漏型失效模式	不畅、堵塞、气阻、漏液、漏水、漏气、漏风、漏电、漏雨、渗水、渗油等	滤气滤油装置失效、密封件失效、气候环境
功能型失效模式	功能失效、性能不稳、性能下降、性能失效、起动困难、干涉、卡滞、转向过度、转向沉重、转向不回位、离合器分离不彻底、离合器分不开、制动跑偏、流动不畅、指针失灵、参数输出不准、失调、抖动、漂移、接触不良、公害超标、异响、过热等	有关部分调整不当、操作不当、局部变形、装配问题、设计参数不合理、元器件质量低劣等
其他失效模式	润滑不良、驾驶室闷热、尾气排放超标、断水缺油、噪声振动大	使用、维护、修理不当,工作状态失调,传感器失灵,各种原因泄漏

6.1.3 失效分析方法

失效分析作为提高产品质量的一种重要手段,可以帮助人们了解汽车及其零部件失效的真实情况,对失效产品进行系统研究,判定其失效部位、失效时间、失效模式、失效机理、失效影响并进行失效后果分析,并把失效影响和失效后果的分析结论及时反馈给设计和制造部门,并据以制定改进措施,以防止同类失效现象再次发生,使产品获得更高的可靠性。失效分析的主要步骤如下:

(1) 失效调查。通过调查,收集汽车及其零部件的失效数据、应力、时间、任务、次数等有关数据资料。在收集失效数据的同时,要做好失效记录。

(2) 失效模式的鉴定。根据失效数据的调查和失效现象的描述,分析失效现象与哪些零部件有关,并鉴别出失效模式。

(3) 失效机理的推断。根据上述两项资料结合零部件的结构、材料,及相关制造情况和以往经验,分析失效的规律和导致失效的内在原因,推断失效的机理。

(4) 实验论证。条件许可时,用实验的方法论证失效机理的推断是否准确。

(5) 改进措施。根据实验所论证的失效机理,结合产生失效的诸方面因素,拟定消除失效的各种措施,这些措施应包括设计、工艺、材质、装配、公差配合、使用环境、质量控制等方面。

进行失效分析,具体零部件要具体对待。图 6-1 为机械产品失效分析基本程序。

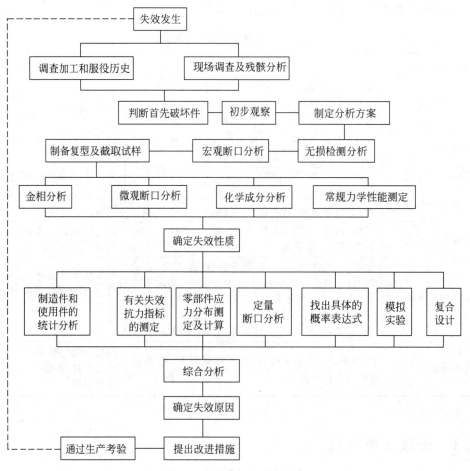

图 6-1 失效分析的基本程序

目前在可靠性工程上,国内外应用的失效分析方法主要有失效模式影响分析(Failure Mode and Effect Analysis,FMEA)、故障树分析(Fault Tree Analysis,FTA)、特性要因图法及摩擦学系统分析等。

(1) 失效模式影响分析(FMEA)。是在系统设计过程中,通过对系统各组成单元潜在的各种故障模式及其对系统功能的影响与产生后果的严重程度进行分析,提出可能采取的预防改进措施,以提高产品可靠性的一种设计分析方法。

(2) 故障树分析(FTA)。是一种可靠性/安全性设计分析技术,能够发现设计中的意外情况和薄弱环节,定性和定量地评价各种严重事故的风险,确立系统的可靠性和安全性,为改进设计提供有价值的信息。

(3) 特性要因图法。即因果分析图法,亦称为鱼刺图法,是把已表现出来的失效或异常现象(即特征)和引起这些特征的因素用"鱼骨"形把它们联系起来,通过分析从而找出造成这些特征的直接原因。

(4) 摩擦学系统分析。是将由于相互作用而磨损的失效零件和与其有相互联系的若干元素组合成摩擦学系统,通过对该系统的输入参数(工作变量)、系统内部各元素之间相互作用以及磨损情况进行具体分析,从而找出系统失效的原因和恢复其性能的途径。

6.2 失效模式影响分析

6.2.1 失效模式影响分析的含义

失效模式影响分析(FMEA),是分析系统中每一产品所有可能产生的故障模式及其对系统造成的所有可能影响,并按每一个故障模式的严重程度、检测难易程度以及发生频度予以分类的一种归纳分析方法。FMEA 的基本原理是考虑一个系统中的每一个元件的每一个潜在失效模式,并且确定每一个失效模式对系统工作的影响,可以在不同的水平上考虑失效模式的影响,例如系统级、子系统或部件级。

FMEA 起始于 20 世纪 60 年代美国的航空航天工业 Apollo 项目。1974 年美国海军用于舰艇装备的标准《舰艇装备的失效模式和后果分析实施程序》,首先将它用于军事项目合约。70 年代后期,汽车工业将 FMEA 作为在对其零件设计和生产制造的会审项目的一部分。1980 年年初,产品事故责任的费用突升和不断的法庭起诉事件发生,使 FMEA 成为降低事故的不可或缺的重要工具。1993 年,包括美国三大汽车公司和美国质量管理协会在内的美国汽车工业行动集团组织采用、编制了 FMEA 参考手册,2001 年 7 月发布了 FMEA 第 2 版。FMEA 技术作为风险控制的主要手段之一,还被广泛应用于其他行业,如粮食、卫生、运输、燃气等部门。

FMEA 的主要类型有概念 FMEA(CFMEA)、设计 FMEA(DFMEA)、过程 FMEA(PFMEA)、机器 FMEA(MFMEA),各种 FMEA 的主要特点如表 6-4 所示,各种 FMEA 的相互关系如图 6-2 所示。

表 6-4 各种 FMEA 的主要特点

FMEA 的类型	开始节点	完成节点	更新和评估
CFMEA	在项目定义阶段,当顾客功能要求确认后,APQP 第一阶段	设计开始前,APQP 第二阶段开始前	当概念变更时
DFMEA	在设计阶段,APQP 第二阶段	在图纸发放前	原型样件测试后,现使用中失效后
PFMEA	在制造过程设计时,APQP 第三阶段	PPAP 前,APQP 第四阶段前	PPAP 后依据制造拒收信息,每 3 个月评价一次
MFMEA	新机器 TPM	在机器投入使用前	根据故障数据每 3 个月更新一次

注:APQP(Advance Product Quality Planning,先期产品质量策划);PPAP(Production Part Approval Process,生产件批准程序);TPM(Total Productive Maintenance,全员生产维修,也叫全面生产管理)。

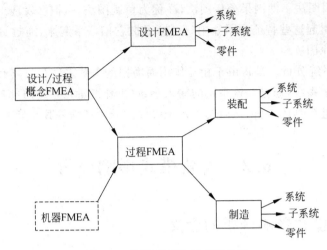

图 6-2 各种 FMEA 的相互关系

6.2.2 FMEA 的作用及特点

FMEA 是一组系统性的活动,其目的在于:
(1) 认识和评估产品过程的潜在失效及其影响。
(2) 确定措施,以消除或降低潜在失效出现的机会。
(3) 将整个过程文件化。
(4) 在产品设计阶段确定潜在关键和重要特性,在过程设计阶段确认这些特性。
(5) 确定设计控制和过程控制,以发现和预防失效模式。
(6) 防止失效到达顾客,以提高顾客满意度。

FMEA 分析每个零件的所有失效模式,属于归纳法,能定性分析失效。FMEA 的优点是:易懂;已广泛接受,已经标准化,如 QS 9000、ISO/TS 16949 中都对 FMEA 有明确要求。FMEA 的缺点是:只能分析硬件;花费时间多;通常不能考虑失效与人为因素的关系等。

FMEA 为汽车行业带来的好处包括:
(1) 确保所有的风险被尽早识别并采取相应措施。
(2) 确保产品和改进措施的基本原理和优先等级。
(3) 减少废料、返工和制造成本。
(4) 减少故障、降低保修成本。
(5) 减少"召回"的发生概率等。

6.2.3 FMEA 的应用范围

通常在以下 3 种情况下会使用 FMEA。
第一种情况:新产品或过程的设计,其 FMEA 的范围为完整的设计、技术或过程。
第二种情况:现有产品或过程设计的重大改变(假定已有 FMEA 存在),其 FMEA 的范围应当聚焦于产品和过程的改变部分、变更可能引起的交互作用及使用历史。

第三种情况:把现有产品或过程用于新的环境、地点或应用(假定已有 FMEA 存在),其 FMEA 的范围应当视新的环境和地点对现有产品设计和过程的影响。

此外,FMEA 还可以作为工具,以评估所有制造过程控制,以建立更具鲁棒性的过程,通常按产品族对每个过程进行评估;分析环境和系统之间的交互作用,建立鲁棒性的设计,作为改进的一部分。

在使用 FMEA 时要注意以下事项:

(1) FMEA 是预防性工具,应当在产品和过程设计时使用。

(2) FMEA 是"事前措施"(Before the -Event),而不是"事后补救"(After-the-Fact)。

(3) FMEA 必须在失效模式出现在产品或过程之前完成,才能取得最大收益。

(4) FMEA 应是一个动态文件,当产品/过程变更时,首先在必要的时间完成 FMEA,是减少后续变更的最容易和廉价的好方法。

(5) FMEA 的编制责任通常都指派到某个人,但是 FMEA 的输入应该是小组的努力。小组应该由知识丰富的人员组成,例如设计、分析、试验、制造、装配、服务、回收、质量及可靠性等方面有丰富经验的工程师;所有 FMEA 小组都需要交流和合作。

(6) 如果能按照最佳实践完成 FMEA,可以显著地节省工程时间和成本。

6.2.4　FMEA 的基本思路与主要步骤

在常规设计中,工程师的常规设计思路一般如图 6-3 所示。

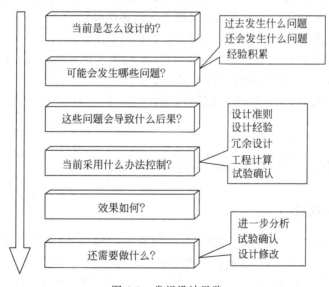

图 6-3　常规设计思路

实际上在常规设计思路中已经运用到了 FMEA 的思想。FMEA 的基本思路如图 6-4 所示。

一般来说,FMEA 的基本步骤如下:

(1) 以设计文件为依据,从功能、环境条件、工作时间、失效定义等各方面全面确定设计对象(即系统)的定义;按递降的重要度分别考虑每一种工作状态(或工作模式)。

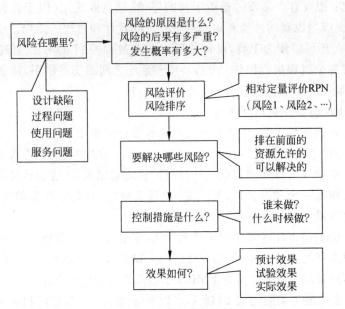

图 6-4 FMEA 的基本思路

（2）针对每一种工作状态分别绘制系统功能框图和可靠性框图（系统可靠性模型）。

（3）确定每一部件与接口应有的工作参数或功能。

（4）查明一切部件与接口可能的失效模式、发生的原因与影响。

（5）按可能的最坏影响评定每一失效模式的危害性级别。

（6）确定每一失效模式的检测方法与补救措施或预防措施。

（7）提出修改设计或采取其他措施的建议，同时指出设计更改或其他措施对各方面的影响，例如对使用、维护、后勤保障等各方面的要求。

（8）写出分析报告，总结设计上无法改正的问题，并说明预防失效或控制失效危害性的必要措施。

6.2.5 DFMEA（设计 FMEA）介绍

1. DFMEA 简介

DFMEA（Design FMEA，设计 FMEA）是设计工程师/小组采用的分析技术，目的在于确保潜在失效模式及其原因和机制已经考虑和确定，以对设计过程提供支持，并通过以下途径降低失效风险：①帮助对设计要求和设计选择作客观分析；②帮助对制造和装配要求的最初设计；③确保潜在失效模式及其影响在设计和开发过程中得到考虑；④揭露设计缺陷；⑤为制订彻底、有效的测试和开发过程计划，提供额外的有用信息；⑥发现潜在失效模式，并按其对"客户"影响分级；⑦为建议和跟踪风险措施提供公开的格式；⑧为将来分析质量问题、评估设计变更和更先进的设计提供参考。

需要指出的是，在 DFMEA 中，不应把克服潜在设计缺陷的方法寄托于过程控制；相反的，应当充分考虑制造过程本身的限制因素（同步工程）。

(1) DFMEA 输入：①类似产品的表现指标，如保修信息、历史活动资料、客户抱怨和退货资料、纠正和预防措施、类似产品或过程的 DFMEA、类似产品/过程的设计矩阵表、任何其他适当的输入；②各类要求，如规范，图纸，设计矩阵表（散装材料），模块图，应用信息，装配、子系统、系统、整车功能，安装、形状、功能目标；③特殊特性矩阵表。

(2) DFMEA 输出：设计矩阵表，设计失效模式及后果分析（DFMEA），样件制造——模拟生产，设计验证计划和报告，工程规范，材料规范，工程图纸，产品定义，设计要点——根据以前的经验，对制造和装配操作形成挑战的内容，有什么额外的风险？新的设计要求——没有以前的制造和装配操作经验，或是现有的设计不能满足装配、形状、功能或使用的要求。

2. DFMEA 工作表

一般采用专门的表格进行 DFMEA，称为 DFMEA 工作表，如表 6-5 所示，该 DFMEA 工作表有 20 多项内容。

(1) 系统、子系统、部件。FMEA 小组必须为他们特定的活动确定系统、子系统或部件的组成。实际工作中，划分系统、子系统、部件的界限是任意的，并且必须由 FMEA 小组共同确定。系统包括许多不同的子系统，这些子系统往往是由不同的小组设计的。典型的汽车系统如下：底盘系统、动力总成系统、内饰系统等。系统 FMEA 的焦点是要确保组成系统的各子系统间的所有接口和相互作用以及该系统与车辆其他系统和顾客的接口都要被考虑到。

子系统通常是一个更大的系统的一个组成部分。例如，汽车前悬架系统是底盘系统的一部分。子系统 FMEA 的焦点是要确保组成子系统的各个部件间的所有接口和相互作用都要被考虑到。

部件是子系统的一部分，比如一个结构件（如控制臂）是前悬架的一部分。通常以子系统的组成部分为焦点。

(2) 设计责任人。用于填写整车厂商（OEM）、部门和责任小组的名称，如果知道供方名称，还应填入供方名称。

(3) 核心小组。列出有权确定和(或)执行任务的责任部门以及个人的名称、姓名和电话。建议将所有参加人员的姓名、所属部门、电话及其住址记录在一份表中。

(4) 关键日期。用于填写 FMEA 初次预定完成日期，该日期不应超过产品设计发布的计划日期。

(5) 年型/车型。填入预期的汽车年型、车型或所属项目，它们将使用和(或)受到所分析的设计的影响。

(6) FMEA 编号。用于填写该 FMEA 文件的内部编号，以便追踪查询。

(7) 编制人。用于填写负责编制该 FMEA 的工程师姓名、电话及其所属公司的名称。

(8) FMEA 日期/修订日期。填写编制该 FMEA 文件初稿的日期以及最新修订稿的日期。

(9) 项目/功能。用于填写被分析对象的名称和编号。可以自左至右或自上而下地完成 FMEA，填入零件名称和功能，回答零件有哪些作用。如果项目有多个不同失效模式的功能，那么要分开列出所有的功能。功能就是指设计意图或者工程要求。

表 6-5 DFMEA 实例

系统	开启件											FMEA 编号	DFSPC129				
子系统	门锁											编制人	张××,010-××××				
部件	门锁组件			设计失效模式和影响分析(DFME)								FMEA 日期	3/31/2002				
设计责任人王×,××部,010-××××				关键日期		7/31/2002						修订日期	7/3/2002				
核心小组 王×,李×,赵×,孙×				年型/车型		2004/A1						页码	第1页,共2页				

项目/功能	潜在失效模式	潜在失效影响	严重度数	潜在失效原因/机理	频度数	现行控制设计	不易探测度数	风险顺序数	建议措施	责任人及项目完成日期	采取的措施	措施执行后的结果			
												新的严重度数	新的频度数	新的不易探测度数	新的风险顺序数
门扣隔板	被氧化	门扣工作不正常	6	材料规格不对	2	设计指定手册 REF 2876	2	24	无						
防止生锈				电镀规格不恰当	3	设计指定手册 REF 1820	5	90	防锈试验 SEC-A-1 48h	李× 8/26/2002	经测试无效发生	6	3	2	
开门不费劲	开门大费劲	客户不满意	6	隔板与配合表面之间的间隙不够	4	寿命测试 SEC-5-A-2	2	48	增加电镀表面公差,增加表面强度 8/30/2002	张× 9/2/2002	样件完成,并已经测试 9/4/2002	6	2	2	24

(10) 潜在失效模式。所谓潜在失效模式是指由于设计原因可能发生的不能满足功能要求、设计意图或过程要求的状况,是对某一设计特性可能发生的不符合性的描述。它可能引起更高一级子系统、系统的潜在失效模式(起因),也可能是低一级的零部件潜在失效模式的影响后果。

对一个特定分析对象的各种功能,应列出每一种功能的每一个潜在失效模式。这里假定这种失效模式可能发生,但并不一定发生。只可能在特定运行环境条件下(如热、冷、干燥、灰尘等)以及特定的使用条件下(如腐蚀性环境、不平的路段、仅在城市行驶等)发生的潜在失效模式也应当考虑。对失效模式的描述,应该使用规范化的、专业性的术语,不必与顾客察觉到的现象相同。典型的汽车失效模式如表 6-6 所示。

表 6-6 汽车典型的失效模式

失效模式名称	代号	失效模式名称	代号	失效模式名称	代号	失效模式名称	代号
断裂	01	变质	15	渗油	39	摆头	44
碎裂	02	剥落	16	漏气	30	抖动	45
开裂	03	异常磨损	17	渗气	31	方向漂移	46
裂纹	04	松动	18	漏水	32	歪斜	47
点蚀	05	脱落	19	渗水	33	飞车	48
烧蚀	06	脱落	20	功能失效	34	窜气、窜油	49
						油水混合	54
烧坏	07	行程不当	21	性能衰退	35	速度不稳	55
击穿	08	间隙不当	22	超标	36	怠速不稳	56
塑性变形	09	干涉	23	异响	37	调速不稳	57
拉伤	10	发卡(卡死、抱死、顶死)	24	过热	38	功率突降	58

(11) 潜在失效影响。潜在失效影响是指顾客感受到的失效模式对总成、系统、整车、客户或政府法规等造成的后果。例如,对汽车而言,典型的潜在失效影响有外观不良、明显的功能减弱、不能固定、色差、水漏进车内、动力不足、褪色、不能上锁、间歇工作、配合性差、噪声、无规律的操作、不稳定、粗糙、难闻的气味、发热、不符合法规要求、抗电磁干扰性等。

要根据顾客可能发现或经历的情况描述失效的后果,注意这里的顾客可能是内部顾客也可能是外部最终顾客。当客户是内部顾客时,这种影响应以过程表现加以说明(如:附着于模具、损坏夹具、组装不匹配、危害操作者等);当客户是外部最终顾客时,应以产品或系统的表现描述这种影响(如:外观不良、噪声太大、系统不工作等)。

如果失效模式可能影响到安全性或与法规不符,要清楚地予以说明。失效的影响应该依据所分析的具体系统、子系统或零部件来说明。例如,一个零件的断裂可能引起总成的振动,从而导致系统间歇性运行,这种间歇性的运行会引起性能下降,最终导致顾客不满意。所以,需要利用集体的智慧尽可能多地预见失效影响。

(12) 严重度(Severity,SEV)。严重度是潜在失效模式发生时,对顾客或系统、子系统以及下属零部件影响后果的严重程度的评价指标,是在 FMEA 范围内的相对评级,其数值范围是 1~10。严重度仅适用于后果。一般地,只有设计变更才能改变严重度。严重度用来建立失效模式与风险等级之间的联系。FMEA 严重度级别评定的推荐准则如表 6-7 所示。

表 6-7　FMEA 严重度分级表

影　响	影响的严重性	严重度
无预兆的严重危害	这是一种非常严重的失效形式,它是在没有任何失效预兆情况下,影响到行车安全或违反了政府的有关章程	10
有预兆的严重危害	这是一种非常严重的失效形式,是在具有失效预兆前提下发生的,并影响到行车安全或违反了政府的有关章程	9
很高	不能保证安全的破坏性失效,车辆(或系统)不能运行,丧失基本功能	8
高	有设备损坏,车辆(或系统)能运行,但性能下降,客户不满意	7
中等	车辆(或系统)能运行,但舒适性或方便性部件不能工作,客户感觉不舒服	6
低	车辆(或系统)能运行,但舒适性或方便性部件性能下降,客户感觉有些不舒服	5
很低	配合、外观或尖响、咔由主响等项目不符合要求,大多数客户发现有缺陷	4
轻微	配合、外观或尖响、咔贴响等项目不符合要求,有一半客户发现有缺陷	3
很轻微	配合、外观或尖响、咔隧响等项目不符合要求,但很少客户发现有缺陷	2
无	没有影响	1

(13) 潜在失效原因/机理。失效模式的原因是指引起失效模式的设计缺陷。应尽可能简明扼要、完整地列出每个失效模式所有可以想到的失效起因/机理。从那些严重度数高的失效模式开始,确定失效原因。

设计 FMEA 小组应基于两个假定考虑失效原因:零件的制造和装配在工程规范之内,失效模式由设计缺陷造成;失效模式由制造或装配的缺陷所引起,但这种制造和装配错误是由设计缺陷造成的,即设计缺陷可造成装配过程的错误。

常见的失效原因可能包括但不限于以下内容:不正确的指定材料、不适当的设计寿命假设、应力过大、不充分的润滑量、不适当的维护指导书、不适当的软件规范、不适当的表面加工规范、不适当的运行规范、不适当的指定摩擦材料等。常见的失效机理可能包括但不限于以下内容:产量、疲劳度、材料的不稳定、变形、磨损、腐蚀、化学氧化、电磁等。

(14) 频度(Occurrence,OCC)。频度是指某一特定失效原因/机理在设计寿命内出现的可能性。频度级别数仅具有相对意义,是 FMEA 范围内的相对评级,它不一定反映实际出现的可能性。潜在失效原因/机理出现的频度数值范围在 1~10。预防措施可降低发生频度。通过设计更改来消除或控制一个或更多个失效原因/机理是降低频度数的唯一途径。FMEA 失效频度分级如表 6-8 所示。

表 6-8　FMEA 失效频度分级表

失效可能性	失效概率	频　率
可能性很大：失效几乎是不可避免的	>1/2	10
	1/3	9
可能性大：重复发生的失效	1/8	8
	1/20	7
中等：偶然发生的失效	1/80	6
	1/400	5
	1/2 000	4
可能性低：相对较少发生的失效	1/15 000	3
	1/150 000	2
极低：失效是不太可能发生	<1/1 500 000	1

在确定频度时，需要考虑下列问题：
① 类似零部件或子系统的维修记录及维修服务经验怎样；
② 零部件是沿用先前水平的零部件或子系统，还是与其相似的；
③ 相对先前水平的零部件、子系统或系统的变化有多大；
④ 零部件是否与原来的有根本不同；
⑤ 零部件是否是全新的；
⑥ 零部件的用途有无变化；
⑦ 有哪些环境变化；
⑧ 是否采取了预防性控制措施。

(15) 现行设计控制。现行控制(例如设计评估、安全阀等防失效设计、数学研究、装配试验、可行性评估、样件测试、路试)是那些以前使用过的或正在使用的相同或类似的设计。列出预防、设计确认/验证(DV)或其他已经完成或承诺了的活动，这些活动可以确保所考虑的失效模式和(或)失效原因/机理的设计适当性。设计控制的目的在于零件发放生产之前，发现设计缺陷，即在产品设计周期中尽早揭露和探测潜在的设计缺陷，以防止失效模式的出现。应该不断致力于设计控制的改进，例如在实验室创立新的试验方法或新的系统模拟计算方法等。

在开展 DFMEA 时，可以考虑两种类型的设计控制：
① 防止失效原因/机理或失效模式/影响的出现，或减少其出现频率；
② 在项目投产以前，探测出失效原因/机理或失效模式。

如果可能，应该优先采用预防控制。按确定的设计控制，评审所有的预防措施以决定是否有需要变化的频度数。

(16) 不易探测度(Detection, DET)。不易探测度是评估在零件发放给生产之前的设计控制，发现潜在失效模式或原因的可能性。不易探测度是一个在某一 FMEA 范围内的相对评级，数值范围是 1～10。为了获得一个较低的不易探测度，通常计划的设计控制(如设计确认/验证活动)必须予以改进。FMEA 不易探测度分级如表 6-9 所示。

表 6-9　FMEA 不易探测度分级表

探测性	通过设计控制探测到失效的可能性	不易探测度
绝对不肯定	设计控制不能找出潜在的失效原因或机理以及随后的失效模式	10
很极少	设计控制只有很极少的机会能找出潜在的失效原因或机理以及随后的失效模式	9
极少	设计控制只有极少的机会能找出潜在的失效原因或机理以及随后的失效模式	8
很少	设计控制只有很少的机会能找出潜在的失效原因或机理以及随后的失效模式	7
较少	设计控制只有较少的机会能找出潜在的失效原因或机理以及随后的失效模式	6
中等	设计控制有中等的机会能找出潜在的失效原因或机理以及随后的失效模式	5
中上	设计控制有中上多的机会能找出潜在的失效原因或机理以及随后的失效模式	4
多	设计控制有较多的机会能找出潜在的失效原因或机理以及随后的失效模式	3
很多	设计控制有很多的机会能找出潜在的失效原因或机理以及随后的失效模式	2
几乎肯定	设计控制几乎肯定能找出潜在的失效原因或机理以及随后的失效模式	1

(17) 风险顺序数(Risk Priority Number, RPN)。风险顺序数是严重度(SEV)、频度(OCC)和不易探测度(DET)三者数值的乘积,是对设计风险性的度量,其计算方法如下:

$$RPN = SEV \times OCC \times DET \qquad (6-1)$$

RPN 用于对失效模式排序,确定可以接受的风险数。RPN 的数值范围是 1~1 000。如果 RPN 很高,设计人员可以采取纠正措施降低 RPN。RPN 可作为更改依据,例如,当 RPN>125 时,必须更改;当 RPN>64 时,建议更改;当 RPN<64 时,不用更改。

在一般的工程实践中,不管 RPN 数值的大小,当失效模式的严重度数较高(例如 9 或 10)时,就应特别引起重视。另外,RPN 不是绝对的,具有一定的阶段性。

(18) 建议措施。当失效模式按 RPN 排出次序后,应首先对级数最高的、最关键的项目采取纠正措施。任何建议措施的意图在于降低频度、严重度或不可探测度中的一个或全部,通过改进设计来降低风险,以提高顾客满意度,具体措施和目的如表 6-10 所示。

表 6-10　建议措施及其目的

降低的内容	可考虑的措施	可达到的目的
严重度	改变设计	根除或降低失效模式的严重度
频度	改变设计或改进工程规范	预防原因或降低频度
不可探测性	增加或改进设计评估技术	改进发现原因或失效模式的能力

在所有的已经确定潜在失效模式的后果可能会给最终用户造成危害的情况下,都应该考虑预防/纠正措施,以便通过消除、减弱或控制失效原因来避免失效模式的产生。在对严重度为 9 或 10 的项目给予高度关注之后,DFMEA 小组再考虑其他的失效模式,其目的在

于首先设法降低严重度,其次降低频度,最后降低不易探测度。

建议措施应考虑但不局限于下列措施:修改设计几何尺寸/公差;修改材料性能要求;试验设计(特别是在多个影响因素或有相互作用的情况下)或其他解决问题的方法;修改试验计划。

对某一特定的失效模式/原因控制的组合,如果工程师评价认为无须采用建议措施,则应在本栏填写"无"。

(19) 责任人和目标完成日期。确定每一项建议措施执行的责任部门和个人,确定目标完成日期。

(20) 采取的措施。当实施一项措施后,填入实际措施的简要说明以及生效日期。

(21) 措施执行后的结果。在确定了预防/纠正措施之后,估计措施执行后的严重度、频度和不易探测度。计算并记录风险顺序数。如果没有采取任何措施,可不填。

所有纠正后的定级都应进行评审,而且如果认为有必要采取进一步的措施,还应重复进行分析。负责 DFMEA 过程的工程师应负责保证所有的建议措施均已实施或妥善落实。FMEA 是一个动态文件,它不仅应体现最新的设计水平,还应体现最新采取的有关措施,包括开始生产后所发生的设计更改和措施。

负责 DFMEA 过程的工程师可以通过多种方式来保证所担心的事项得到确认,并且所建议的措施得到落实。这些方式包括但不局限于以下内容:检查过程/产品要求是否得到实现;评审工程图样、过程/产品规范以及过程流程;确认担心的事项和建议的措施已反映在装配/制造文件中;评审控制计划和作业指导书等。

3. DFMEA 的实施

DFMEA 主要针对设计意图进行,并且假定将按该设计意图进行制造/装配。制造过程中可能发生的潜在失效模式和影响分析不需要但也有可能包含在 DFMEA 中。当它们未包含在 DFMEA 中时,这些潜在失效模式和影响分析应该由 PFMEA(过程 FMEA)来解决。

FMEA 工作必须由团队来开展。因为 FMEA 能激励人们就相关的功能之间的关系广泛地交换想法,而单个工程师或个人都不能起到这种作用。FMEA 团队必须由跨功能和跨学科的成员组成,所有成员都必须了解团体的行为、手头的任务以及需要讨论的问题,并且和该问题有直接或间接的关系。如果是进行 DFMEA,FMEA 团队的负责人(Team Leader)最好由设计人员担任。在进行 DFMEA 的最初阶段,负责设计的工程师要能够直接主动地和相关部门进行联系,这些部门应包括设计、CAE 分析、试验、装配、制造、材料、质量、供应商、售后服务,以及负责更高或更低一级的总成或系统、子系统或零部件的设计部门等。

在进行 DFMEA 分析前,必须确定分析的必要输入,这些输入包括:

(1) 分析对象的资料。包括功能说明书、技术图纸、BOM 表、可靠性模型报告、可靠性预计报告等。

(2) FMEA 指导资料。包括 FMEA 分析规范、FMEA 工作计划等。

(3) 数据源资料。包括故障模式手册、过去 FMEA 的分析报告和其他数据来源(同类产品的 FMEA 信息、同类产品的故障案例分析等)。

为了尽可能早地发现设计缺陷,一旦得到了相关必要输入就应开始 DFMEA。随着设计过程的推进,应该迭代地进行 FMEA,从而使得能够应用 FMEA 影响设计,并且提供反映完成最终设计过程的相关文件。

FMEA 分析常常借助于 FMEA 表格的形式实施,如 QS 9000 FMEA 分析表、MIL-STD-1629 FMEA 分析表、其他 FMEA 分析表以及根据企业和产品的特点自定义的 FMEA 分析表等。FMEA 分析借助的软件工具有 FMEA 专业软件、Microsoft Excel、Microsoft Access 等。

在一个设计阶段中,一般做不到所有的项目都要进行 DFMEA,一般要选择关键问题和重点问题进行分析。关键问题和重点问题要结合现场统计结果、相似产品经验以及个人经验进行判断,必要时还要借助所谓的质量功能展开(Quality Function Deployment,QFD)、原因和影响矩阵(Cause and Effect Matrix,C&E 矩阵)、关键要素分析(Repeatability and Reproducibility,R&R)等 6σ 工具来判断。

在实施 DFMEA 的过程中,要注意以下几个问题:

(1) 不可能分析所有的方面。首先分析关键的方面;其次分析重要的方面;关键和重要特性是动态的;第一次分析 C&E>300 的,第二次分析 C&E>200 的,……,依次类推。

(2) 不可能解决已经发现的所有问题。第一次解决 RPN>125 的风险;第二次解决 RPN>80 的风险;第三次;……,依次类推。

(3) FMEA 是一个永无止境的过程。不断地制定 FMEA 计划,不断地扩展 FMEA。

6.3 故障树分析

6.3.1 故障树分析概述

1. FTA 简介

故障树分析(Fault Tree Analysis,FTA)技术是一门将逻辑代数、图论、概率论、随机过程、数理统计、最优化、算法复杂性等众多数学分支综合应用于其他技术领域的边缘学科。

故障树分析法由美国贝尔电话研究所的 Watson 和 Mearns 于 1961 年首次提出并应用于分析"民兵"式导弹发射控制系统的。其后,波音公司的 Hasse、Schroder、Jackson 等研制出故障树分析法计算程序,标志着故障树分析法进入了以波音公司为中心的宇航领域。1974 年,美国原子能委员会发表了以麻省理工学院(MIT)Rasmussen 为首的有 60 名专家参与的安全组进行了两年研究而编写的长达 3 000 页的"商用轻水反应堆核电站事故危险性评价"的报告,该报告采用了美国国家航空和管理部于 20 世纪 60 年代发展起来的事件树(Event Tree,ET)和故障树分析方法,以美国 100 座核电反应堆为对象对核电站进行了风险评价,使 FTA 的应用得到很大发展。这一报告的发表引起了各方面的很大反响,被称为 FTA 发展进程中的一个重要里程碑,并推动了故障树分析法从宇航、核能进入电子、化工和机械等工业领域。

FTA 技术能够发现设计中的意外情况和薄弱环节,定性和定量地评价各种严重事故的风险,确立系统的可靠性和安全性,为改进设计提供有价值的信息。故障树分析法是研究引起系统失效这一事件(称为顶事件)的各种直接和间接原因(也是事件),在这些事件间建立逻辑关系,从而确定系统故障原因的各种可能组合方式或其发生概率的一种可靠性、安全性分析和风险评价方法。它在工程设计阶段可以帮助寻找潜在的事故,在系统运行阶段可以用作失效预测。一般来说,FTA 技术主要用于以下用途:

(1) 复杂系统的功能逻辑分析。
(2) 分析同时发生的非关键事件对顶事件的综合影响。
(3) 评价系统可靠性与安全性。
(4) 确定潜在设计缺陷和危险。
(5) 评价采用的纠正措施。
(6) 简化系统故障查找。

简单系统的 FTA 可能比较简单,但是,对于比较复杂的系统,其 FTA 可能非常复杂,以致不能利用手工的方法来进行,这时就必须借助计算机强大的分析能力。故障树分析技术与计算机的计算手段两者相结合,便产生了 FTA 软件,从而可以高效、低成本地分析大型复杂系统的可靠性。因此,FTA 技术特别适合于大型复杂系统的可靠性与安全性分析和风险评价。

2. FTA 的基本原理

FTA 主要用于确定系统失效的潜在原因和估计失效发生的概率,它的基本原理是:通过对可能造成产品故障的硬件、软件、环境、人为因素进行分析,从而确定产品故障原因的各种可能的组合方式和(或)发生概率。

在 FTA 中,对于所研究系统的各种故障和失效,不正常情况等均称为"故障事件",各种正常状态和完好情况均称为"成功事件",它们又都简称为"事件"。FTA 分析的目标和关心的结果的事件称为顶事件,因为它位于故障树的顶端;仅作为导致其他事件发生的原因,也是顶事件发生的根本原因的事件称为底事件,因为它位于故障树的底端;而位于顶事件与底事件之间的中间结果事件称为中间事件。

故障树分析采用演绎分析方法,以系统所不希望发生的一个事件(即故障事件)作为分析的目标(顶事件),先找出导致这一事件(顶事件)发生的直接因素和可能原因,接着将这些直接因素和可能原因作为第二级事件,再往下找出造成第二级事件发生的全部直接因素和可能原因,并依此逐级地找下去,直至追查到那些最原始的直接因素,例如系统最基本的元件可能存在的故障原因和机理、环境影响、人为失误、程序处理方面的问题等均为已知的而无须再深究的硬件和软件因素(底事件)。采用相应的符号表示这些事件,再用描述事件间逻辑因果关系的逻辑门符号,把顶事件、中间事件与底事件连接成倒立的树状图形。这种倒立树状图称为故障树,用以表示系统特定顶事件与其各子系统或各元件的故障事件及其他有关因素之间的逻辑关系。应该注意的是:对于每一个定义的顶事件,其发生可以由不同的失效模式或不同失效事件之间的组合引起,就需要对其进行单独的故障树分析。

故障树分析方法特别适用于寻找引起失效的根本原因,它通过把系统分解成子系统以至零件的方式来达到这个目的。它也可以根据组成系统的子系统、零件的失效概率来估计系统的失效概率。如果这些子系统的可靠性数据已知,就可以估计系统的可靠度。但是,如果没有这些子系统的可靠性数据,就必须继续对它们进行进一步的分解,直至可以获得可靠性数据的水平。

3. 建立故障树的准备工作

建立故障树就是按照严格的演绎逻辑,从顶事件开始,向下逐级追溯事件的直接原因,直至找出全部底事件为止,最后得到一棵故障树。为了建立故障树,应该首先对系统进行全面且深入的了解,需要广泛收集有关系统的设计、制造工艺、安装调整、使用运行、维护修理以及其他有关方面的数据、资料、技术文件、技术规范等,并进行细致的分析研究。

建立一个好的故障树必须要做好相应的准备工作,建立故障树的准备工作可分为技术准备和组织准备。

技术准备工作的主要内容有:
(1) 广泛收集并分析有关技术资料;
(2) 针对实际问题选择合适的顶事件;
(3) 对基本部件进行必要的失效模式影响分析(FMEA)。

组织准备工作的主要内容有:
(1) 必须有一个能够建立和分析故障树的工作小组,即使对于中等难度的系统也至少要有一个由3~5名工程师参加的分析小组;
(2) 分析小组人员必须逐步熟悉和精通系统,这常常是指分析者对于系统的设计和操作人员应有长时间的合作,以便弄懂系统的功能;
(3) 分析小组人员还必须懂得描绘系统特征的物理、化学和经济知识,以便对系统运行特征能作出科学的预测。

4. FTA 的主要步骤和基本程序

FTA 基本上按以下程序进行:
(1) 熟悉系统。要详细了解系统状态及各种参数,绘出工艺流程图或布置图。
(2) 调查事故。收集事故案例,进行事故统计,设想给定系统可能发生的事故。
(3) 确定顶事件。要分析的对象即为顶事件。对所调查的事故进行全面分析,从中找出后果严重且较易发生的事故作为顶事件。
(4) 确定目标值。根据经验教训和事故案例,经统计分析后,求解事故发生的概率(频率),以此作为要控制的事故目标值。
(5) 调查原因事件。调查与事故有关的所有原因事件和各种因素。
(6) 画出故障树。从顶事件起,逐级找出直接原因的事件,直至所要分析的深度,按其逻辑关系,画出故障树。
(7) 分析。按故障树结构进行简化,确定各基本事件的结构重要度。
(8) 事故发生概率。确定所有事故发生概率,标在故障树上,并进而求出顶事件(事故)的发生概率。
(9) 比较。比较分可修复系统和不可修复系统进行讨论,前者要进行对比,后者求出顶事件发生概率即可。
(10) 分析。在分析时可视具体问题灵活掌握,如果故障树规模很大,可以借助计算机进行。

FTA 的分析,原则上是上述 10 个步骤,目前我国故障树分析一般都考虑到第 7 步进行定性分析为止,也能取得较好效果。

6.3.2 故障树的建立过程

1. 建立故障树中常用的符号

故障树主要由各种事件和各种门组成。

根据 GB-4888-85《故障树名词术语和符号》的规定,建立故障树所用的符号有 3 类:事件符号、逻辑门符号及转移符号。故障树常用的符号图形、名称与含义分别列于表 6-11～表 6-13。

表 6-11 故障树常用的事件符号及含义

序号	符号	名称	含 义
1	□	结果事件	它又分为顶事件和中间事件,是由其他事件或事件组合导致结果事件的事件。在框内注明故障定义,其下与逻辑门连接,再分解为中间事件或底事件
2	○	底事件	是基本故障事件(不能再行分解)或毋须再探明的事件,但一般它的故障分布是已知的,是导致其他事件发生的原因事件,位于故障树的底端,是逻辑门的输入事件而不能作为输出
3	◇	省略事件	又称未展开事件或未探明事件。发生的概率较小,因此对此系统来说,是不需要进一步分析的事件,或暂时必或暂时不可能探明其原因的底事件
4	⌂	条件事件	可能出现也可能不出现的故障事件,当给定条件满足时这一事件就成立,否则不成立,可删去

表 6-12 故障树常用的逻辑门符号及含义

序号	符号	名称	含 义
1	AND $B_1\ B_2\cdots B_n$	与门"AND"	仅当输入事件 B_1、B_2、$\cdots$、B_n 同时全部发生时,输出事件 A 才发生,相应逻辑关系表达式为:$A=B_1\cap B_2\cap\cdots\cap B_n$
2	OR $B_1\ B_2\cdots B_n$	或门"OR"	当输入事件 $B_i(i=1,2,\cdots,n)$ 中至少有一个输入事件发生,输出事件 A 就发生,相应逻辑关系表达式为:$A=B_1\cup B_2\cup\cdots\cup B_n$
3	A 顺序条件 B_1 先于 B_2	顺序与门	在与门的诸输入事件中,必须按一定顺序(一般自左至右)门依次发生,输出事件 A 才发生,在图中右边的六角框中应写明顺序条件,例如 B_1 先于 B_2

续表

序号	符号	名称	含 义
4	(任意m)	表决与门	仅当 n 个输入事件中至少有任意 m 个事件发生时,输出事件 A 才发生
5	(不同时发生条件)	异与门	仅当一个输入事件发生时,输出事件才发生,相应的逻辑关系式为:当输入事件为 B_1, B_2 时,$A=(B_1 \cap \overline{B_2}) \cup (\overline{B_1} \cap B_2)$
6	(禁止条件)	禁门	仅当条件事件发生时,输入事件的发生才能导致输出事件的发生;否则,若禁止条件不成立,即使输入事件发生,也不会有输出事件发生

表 6-13　故障树常用的转移符号及含义

序号	符号	名称	含 义
1	△	事件的转移	将故障树的某一完整部分(子树)转移到另一处复用,以少重复并简化故障树
2	△	事件的转移	由转入符号(或称转此符号)、转出符号(或转向符号)加上相应的标号,分别表示从某处转入和转到某处

2. 建立故障树的方法

建立故障树的方法分为人工建树和计算机辅助建树两种,人工建树采用演绎法,计算机辅助建树采用判定表法。

(1) 演绎法建树。首先,必须定义我们所关注的系统失效事件,也就是顶事件;然后找出导致该事件发生的直接因素,一般称为中间事件;再对诸多因素发生的原因重复上述分析,直到无须再深究的底事件或基本事件为止,这样就完成了演绎法建树。

(2) 判定表法建树。判定表法要求确定每个部件的输入/输出事件,也就是输入/输出的某种状态。每一个部件都要用判定表来描述,判定表中应说明每种输入事件的组合对应哪种输出事件。一个判定表上只允许有一个输出事件,如果部件不止一个输出事件,则应建立多格判定表。为了建立每个部件的判定表,必须分析每个部件的内部模式,这里的内部模式一般是指系统所处的环境和其他部件对应于该部件的输入事件。一般认为来自系统环境的每一个输入事件都属于底事件,来自其他部件的输出事件属于中间事件。在判定表都已齐备后,从顶事件出发,根据判定表中的中间事件追踪到底事件为止,这样就完成了判定表法建树。

在完成建立故障树准备工作后,即可开始建立故障树:

(1) 确定顶事件。任何需要分析的系统故障,只要它是可以分解且有明确定义的,则在该系统的故障树分析中都可以作为顶事件。因此,对一个系统来说,顶事件不是唯一的。但通常往往把该系统最不希望发生的故障作为该系统的顶事件。

(2) 建立故障树。在确定顶事件之后,则将它作为故障树分析的起始端,找出导致顶事件所有可能的直接原因,作为第一级中间事件。将这些事件用相应的事件符号表示并用适合于它们之间逻辑关系的逻辑门符号与上一级事件(最上一级为顶事件)相连接。依此类推,逐级向下发展,直至找到引起系统故障的全部无须再追究下去的原因作为底事件。这样,就完成了故障树的建立。

简单系统的故障树可能比较简单。但是,对于比较复杂的系统,其故障树可能非常复杂,以致都不能利用手工的方法来进行,在这种情况下,计算机辅助建树就非常有用。应用计算机绘制故障树可以节省设计人员的许多绘图时间,以便把工作的重点放在系统的改进提高方面,而且在计算机上修改故障树方便,能通过深入对比多种方案,使系统可靠性、安全性设计臻于完善。

建立故障树时,应注意以下几点:

(1) 选择建立故障树流程时,通常是以系统功能为主线来分析所有故障事件并按逻辑贯穿始终。但是,一个复杂系统的主流程可能不是唯一的,因为各分支常有其自己的主流程,建立故障树时要灵活掌握。

(2) 合理地选择和确定系统及单元的边界条件。在建立故障树前对系统和单元(部件)的某些变动参数作出的合理假设,即为边界条件。这些假设可使故障树分析抓住重点;同时也明确了建立故障树的范围,即故障树建到何处为止。

(3) 故障事件定义要具体,尽量做到唯一解释。

(4) 系统中各事件间的逻辑关系和条件必须十分清晰,不允许逻辑混乱和条件矛盾。

(5) 故障树应尽量简化,去掉逻辑多余事件,以方便定性、定量分析。

3. 建立故障树实例

发动机是汽车的心脏,它在使用中发生的故障对整个发动机的动力性、经济性、耐久性和使用可靠性等性能都有着较大的影响,其中,发动机不能起动是常见故障之一。以下用故障树分析技术进行分析,以便能迅速找出故障所在。

(1) 顶事件的确定。前已叙述,对一个系统来说,顶事件不是唯一的,通常把系统中最不希望发生的故障作为该系统故障树分析的顶事件。

发动机不能起动和发动机不能连续工作为候选的顶事件。

(2) 故障树的描述。若取发动机不能起动作为顶事件,为了研究导致该事件的直接原因事件,应考虑为了起动发动机必须满足怎样的功能,利用发动机功能原理图弄清楚每个部件的作用,就能够防止遗漏或重复。

通过分析,发动机不能起动,首先可能是供给到燃烧室的燃料不足;其次,即使有燃料,若汽缸内的压力不足,燃料不能被压缩,仍然不会起动;最后,即使燃料达到规定的压力被压缩,因点火系统的火花能量不足,发动机也无法正常起动。于是对发动机起动来说,这3个事件中任何一个发生都无法起动发动机,因此顶事件和这3个事件用或门相连,然后再分别对这3个直接原因事件用同样的方法进行分析,直到底事件为止。最终得到发动机不能起动的故障树如图6-5所示。

(3) 故障树的规范化。按故障树规范化的原则,可将其规范化,以便进行故障树分析。故障树规范化后,可对故障树中的事件进行编码。编码的方法既可采用字母,也可采用数字或字母辅以数字下标。事件经过编码后的规范化故障树具有极好的保密性。

在这里我们采用字母辅以数字下标的形式,对图6-6所示故障树中的事件进行编码如下:

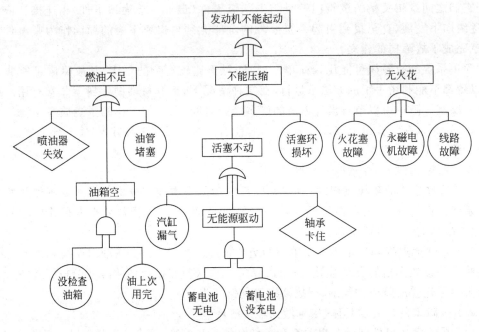

图 6-5 发动机不能起动的故障树

P_1—发动机不能起动;P_2—燃油不足;P_3—不能压缩;P_4—无火花;P_5—油箱空;P_6—活塞不动;P_7—无能源驱动;

C_1—没检查油箱;C_2—油上次用完;C_3—油管堵塞;C_4—活塞环损坏;C_5—汽缸漏气;C_6—蓄电池无电;C_7—蓄电池没充电;C_8—火花塞故障;C_9—永磁电机故障;C_{10}—线路故障;

D_1—喷油器失效;D_2—轴承卡住。

于是,我们可画出发动机不能起动的规范化故障树,如图 6-6 所示。

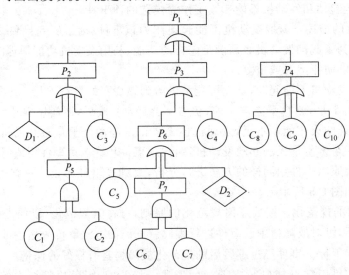

图 6-6 发动机不能起动的规范化故障树

6.3.3 故障树的分析方法

1. 故障树的定性分析

故障树定性分析的目的在于寻找顶事件发生的原因和原因组合,即识别导致事件发生的所有故障模式。在系统设计阶段,它可以帮助判明潜在的故障,以便改进设计;在系统使用维修阶段,可以用于指导故障诊断,改进使用维修方案。

故障树定性分析的原则:

(1) 对小概率失效元件组成的各种系统失效概率做比较时,其故障树所含最小割集的最小阶数越小,系统的失效概率越高;在所含最小割集的最小阶数相同的情况下,该阶数的最小割集的个数越多,系统的失效概率越高。

(2) 对同一系统中各基本事件的重要性做比较时,按各基本事件在不同阶数的最小割集中出现的次数来确定其重要性大小。所在最小割集的阶数越小,出现的次数越多,该基本事件的重要性越大。

故障树分析技术中割集的定义为导致故障树顶事件发生的底事件的组合,而最小割集则是导致故障树顶事件发生的数目不可再少的事件的组合,它表示引起故障树顶事件发生的一种故障模式。由此可知,故障树定性分析的任务也就是找出故障树的全部最小割集。

利用富塞尔-凡斯利(Fussell-Vesely)算法可确定故障树的最小割集。F-V 算法的特点是:从顶事件开始顺序而下进行,其中要用到逻辑与门仅增加割集的容量(故障个数)、逻辑或门增加割集数量的性质。具体算法是:从顶事件开始,顺序把上排事件置换为下排事件,遇到逻辑与门就把事件横向排列写出,遇到逻辑或门则把事件竖向串列写出,直到所有事件都置换为底事件为止。但是,这样得到的基本事件的集合是割集,不一定是最小割集,通过鉴别可以从上述割集中找到所有的最小割集。

运用 F-V 算法,可求出图 6-6 所示发动机不能起动的规范化故障树的割集,如表 6-14 所示,得到下列 10 个割集:$\{C_1,C_2\}$,$\{C_3\}$,$\{C_4\}$,$\{C_5\}$,$\{C_6,C_7\}$,$\{C_8\}$,$\{C_9\}$,$\{C_{10}\}$,$\{D_1\}$,$\{D_2\}$。由于这些割集之间无蕴含关系,所以都是最小割集。

表 6-14 F-V 算法计算割集

步骤	Step 1	Step 2	Step 3	Step 4
	P_1	D_1	D_1	D_1
	P_2	P_5	C_1,C_2	C_1,C_2
	P_3	C_3	C_3	C_3
		P_6	C_5	C_5
		C_4	P_7	C_6,C_7
		C_8	D_2	D_2
		C_9	C_4	C_4
		C_{10}	C_8	C_8
			C_9	C_9
			C_{10}	C_{10}

对于一个复杂系统,怎样防止顶事件发生是件很困难的事,甚至会感到千头万绪无从下手。最小割集为提高系统的可靠性提供了科学线索。

最小割集的概念告诉我们,当且仅当最小割集中的全部元件发生故障时,系统才出现故障,但若任一部件修复,系统功能就可恢复;然而,若同一最小割集中的其余故障部件尚未修复,则系统再次出现故障的概率较大。

利用最小割集的概念也可以分析某个元件的重要性。如果一个元件失效就会引起相当大的系统范围的失效,则这个元件就很重要。如果这个元件包含在仅含有少数几个基本失效(例如一个或两个)的最小割集中,其可靠度对系统可靠度的影响就比较大。由此可见,最小割集的概念对工程实践活动很有现实意义。

2. 故障树的定量分析

故障树定量分析的任务是利用故障树作为计算模型,在已知底事件发生概率的条件下,求出顶事件(即系统失效)的发生概率,从而对系统的可靠性、安全性及风险作出评估。在进行故障树分析时,除了要求确定造成顶事件发生的各种故障模式外,还希望利用底事件的发生概率和频度去评定顶事件的发生概率和频度,以便作出风险评价;确定每个最小割集发生的概率大小,以便修改设计从而提高系统的可靠性和安全性;了解每个底事件发生概率的降低对顶事件发生概率的降低的影响大小,以便有的放矢,选择合适的底事件进行改进,从而达到提高经济效益的目的。

在故障树分析中,顶事件或底事件出现的概率可以分为 3 种情况。

(1) 在需要时发生失效的概率,与工作时间无关。例如,在点火时发动机不能正常起动的概率。

(2) 在一定时间内的不可靠度。例如,发动机在低温下连续点火 10min 不能正常起动的概率。

(3) 在某一时刻的不可用度。例如,发动机在低温下某一时刻点火不能正常起动的概率。

由于实际系统往往很复杂,各事件之间有时还存在一定的相关性,顶事件概率的计算也显得很复杂。因此,一般采用结构化的方法来进行合理的近似计算。

故障树定量分析的计算公式如下:

(1) 与门结构输出事件发生的概率(并联系统失效概率):

$$P(X) = \bigcap_{i=1}^{n} P(X_i) = \prod_{i=1}^{n} P(X_i) \tag{6-2}$$

式中,X 为输出事件;X_i 为输入事件($i=1,2,\cdots,n$);$P(X_i)$ 为输入事件的概率。

(2) 或门结构输出事件发生的概率(串联系统失效概率):

$$P(X) = \bigcup_{i=1}^{n} P(X_i) = 1 - \prod_{i=1}^{n} [1 - P(X_i)] \tag{6-3}$$

【例 6-1】 已知某发动机不能起动的故障树如图 6-5 所示,统计得到各底事件发生的概率为 $C_1=0.001$,$C_2=0.01$,$C_3=0.01$,$C_4=0.001$,$C_5=0.001$,$C_6=0.04$,$C_7=0.001$,$C_8=0.04$,$C_9=0.03$,$D_1=0.02$,$D_2=0.001$,求系统的可靠度 R_s。

解:首先计算中间事件发生概率,由式(6-2)得

$$P_5 = C_1 \times C_2 = 0.001 \times 0.01 = 0.00001$$
$$P_7 = C_6 \times C_7 = 0.04 \times 0.001 = 0.00004$$

由式(6-3)得

$$P_2 = 1 - \prod_{i=1}^{n}[1 - P(X_i)] = 1 - (1-P_5)(1-D_1)(1-C_3)$$
$$= 1 - (1-0.00001)(1-0.02)(1-0.01) = 0.02980970$$
$$P_6 = 1 - (1-C_5)(1-P_7)(1-D_2)$$
$$= 1 - (1-0.001)(1-0.00004)(1-0.001) = 0.0020389$$
$$P_3 = 1 - (1-C_4)(1-P_6)$$
$$= 1 - (1-0.001)(1-0.0020389) = 0.0030369$$
$$P_4 = 1 - (1-C_{10})(1-C_9)(1-C_8)$$
$$= 1 - (1-0.02)(1-0.03)(1-0.04) = 0.087424$$

顶事件发生的概率:

$$P_1 = 1 - (1-P_2)(1-P_3)(1-P_4)$$
$$= 1 - (1-0.02980970)(1-0.0030369)(1-0.087424)$$
$$= 0.1173164$$

故发动机不能起动的概率为 0.117 316 4,则系统的可靠度为

$$R_s = 1 - P_1 = 1 - 0.1173164 = 0.8826836$$

由此可见,应用 FTA 故障树分析不仅可以根据单元的故障概率求出系统的故障概率,而且还可以通过对各单元重要度的定量计算结果找出对系统失效影响最大的元件。因此故障树分析不仅可以指导故障诊断,制定维修方案和确定维修顺序,还可以综合其他因素,如保证最佳经济效益,改进系统结构,使得在各组成元件故障率不变的情况下,减少系统的故障概率,从而提高系统的可靠性。

复习思考题

6-1 汽车失效分析的作用有哪些?
6-2 汽车失效分析的方法有哪些?
6-3 什么是 FMEA?在哪些情况下使用 FMEA?
6-4 试建立汽车发动机活塞的 DFMEA 工作表。
6-5 什么是 FTA?FTA 的基本思路是怎样的?
6-6 试绘制汽车双回路液压制动系统的故障树。
6-7 如何对故障树进行评价?
6-8 试比较 FMEA 和 FTA 的特点及优缺点。

第 7 章

软件可靠性工程

软件可靠性的理论基础来自硬件可靠性技术,通过采取与硬件类似的数学建模方法能够建立软件可靠性框架。软件可靠性模型必须应用于大型的软件开发项目。随着现代信息技术的发展,计算机已经渗透到国民经济和国防建设的各个部门,甚至人类活动的各个领域。计算机应用领域的扩展和功能需求的进一步完善,使得软件系统的规模日益增大,结构和功能日益复杂。例如,航天飞机的机载系统有近 50 万行代码,地面控制和处理系统有大约 35 万行代码,在对系统进行大规模削减之后,国家航天局仍然需要数百万行的软件代码来操纵导航、通信和实验用的大量硬件设备。在我国的专项工程中,某些装备的机载软件已经超过 100 万条语句,下一代装备的软件规模还将成倍增长。

软件可靠性直接关系到计算机系统乃至更大的系统能否在给定时间内完成指定的任务。不可靠的软件引发的失效可能给软件的使用者或者软件开发人员带来灾难性的后果,因而系统的可靠性也越来越与软件直接相关。例如,F-16 飞机首航因软件问题推迟一年,事先设计的先进程序无法使用;海湾战争中 F/A-18 飞机飞行控制系统计算机 500 次故障中,软件故障次数超过硬件。

实际上,由于软件的不可靠导致系统失效,最终酿成重大损失的事例不胜枚举。因此,提高软件的可靠性已经成为软件开发人员迫切需要解决的问题。软件可靠性工程技术可以有效地对软件产品特性进行度量和预测,对软件开发过程的状态进行控制,设计并开发出高可靠性的软件。

7.1 软件可靠性概述

7.1.1 基本概念

1. 软件可靠性

1) 软件可靠性定义

软件可靠性(Software Reliability)是最重要的软件质量特性之一,是系统可依赖性的关键因素。软件可靠性的定义,在可靠性工程界经过长时间争论和研究之后逐渐得到了统一。IEEE 计算机学会于 1983 年做出正式定义:在规定的条件下和规定的时间内,软件不引起系统失效的概率。该概率是系统输入和系统使用的函数,也是软件中固有错误的函数,系统输入将确定是否触发软件错误(如果错误存在)。简单地说,就是在规定的条件下和规定的时间内,软件执行规定功能的能力。这一定义被美国国家标准采用。1989 年,我国 GB/T

11457同样采用了此定义。

规定的条件即软件所处的环境条件、负荷大小与运行方式。环境条件包括与软件运行、存储等有关的内、外部软硬环境及其软件的输入分布,这些因素对软件运行有重要的影响。软件运行一次所需要的输入数据构成输入空间的一个元素,这个元素是一个多维向量,全体输入向量的集合构成软件的输入空间。一组输入数据经过软件处理之后,得到一组输出数据,这些输出数据构成一个输出向量,全部输出向量的集合构成软件的输出空间。

软件可靠性与规定的时间有关。不同时间内,软件表现出不同的可靠性。工程上,应对具体的情况做出具体分析,依据不同的对象,"时间"的含义也不一样。通常,软件测试和运行中主要使用日历时间(calendar time)、时钟时间(clock time)和执行时间(execution time),即所谓 CPU 时间的3种时间度量。经验表明,在这3种时间单位中,CPU 时间是软件可靠性度量的最佳选择。

规定的功能是指"为提供给定的服务,软件所必须具备的功能"。

软件可靠性的概率表示的是软件可靠度。以 E 表示规定的条件,t 表示规定的时间,随机变量 ξ 表示软件从运行开始到失效所经历的时间,则软件可靠性概率函数式为

$$R(E,t) = P(\xi > t \mid E) \tag{7-1}$$

按照概率论的观点,"软件正常工作"这一事件的对立事件"软件不正常工作",定义了一个故障概率函数 $F(E,t)$。因此有

$$R(E,t) + F(E,t) = 1 \tag{7-2}$$

即

$$R(E,t) = 1 - F(E,t) = P(\xi > t \mid E) \tag{7-3}$$

可以将上式简化为

$$R(t) = 1 - F(t) = P(\xi > t) \tag{7-4}$$

当软件开始运行后,随着时间的推移,其失效率逐渐增大,在长期运行之后将趋近于1,而其可靠性则逐渐降低并趋近于0。

从上述讨论不难看出,软件可靠性定义是硬件可靠性定义的引申和扩展。软件和硬件的特征不同,软件失效的外部表现具有明显的随机性。由于软件错误产生的原因非常复杂,错误性质、错误引入时间、错误引入部位等难以甚至无法事先判定,软件的运行状态和执行路径难以准确确定等,这些因素使得软件运行中的失效呈现出随机性质。而对于随机事件的变化规律,用概率方法描述是一种有效的方法,也是一种必然的选择。另外,软件必须在给定的环境中运行,通常,软件被看作是系统的一个构成单元,建立在硬件基础之上的系统可靠性分析和评估技术已经非常成熟,在工程中也得到广泛应用。而创立一套与系统可靠性相兼容的软件可靠性理论和方法,是实现硬软件系统可靠性综合分析的基础。

2) 软件错误、缺陷及故障

从软件可靠性定义中可以看出,软件可靠性的关键是如何能保证软件无故障运行,使其功能更好地满足用户需求。软件可靠性与软件中的缺陷直接相关。下面介绍软件可靠性工程中几个与缺陷有关的概念,区分这些概念很重要,它关系到测试工程师对软件失效现象与机理的深刻理解。

(1) 软件错误(software error)。

错误是指计算、观察或测量值或状态与真实的、规定的或理论上的正确值或状态之间不

相符。软件错误是指在软件生命周期过程中出现的不希望或不可接受的错误,它是在软件设计和开发过程中引入的,其结果是导致软件缺陷的产生。如启动错、输入范围错、说明错、算法错、边界错等。

软件错误是一种人为结果。它是由人的不正确或疏漏的行为造成的,是软件开发活动中不可避免的一种行为过失。软件错误相对于软件本身,是一种外部行为。在大多数情况下,软件错误可以被查出并排除,但是在某些情况下,仍然会有部分软件错误隐藏于软件内部。在非容错系统中,错误相当于失效。对于软件错误,通常用初始软件错误数、剩余软件错误数以及每千(百)行代码错误数等来度量。

(2) 软件缺陷(software defect)。

软件缺陷是由于人为差错或其他客观原因,使得软件(包括说明文档、应用数据、程序代码等)中隐含导致其在运行过程中出现不希望的或不可接受的偏差,例如,缺少一个逗号,多一条语句等。

软件缺陷是程序本身的特性,以静态形式存在于软件内部,是软件开发过程中人为错误造成的。当软件运行于某一特定条件时,软件缺陷将导致系统出现软件故障,即软件缺陷被激活。

在软件生命周期的各个阶段,特别是早期的需求定义、设计和编码阶段,设计者和编程人员的行动,如需求不完整、理解有歧义、没有完全实现需求或潜在需求、算法逻辑错、编程问题等,使软件在一定条件下不能或将不能完成规定功能,这样就不可避免地存在软件缺陷。软件一旦存在缺陷,它将潜伏在软件中,直到被发现并且被正确修改。反之,如果在一定环境中软件运行正确,软件缺陷将继续潜伏在软件中,除非环境发生变化。此外,软件中的缺陷不会因使用而损耗,所以软件缺陷是无损耗地潜伏在软件中的。

(3) 软件故障(software fault)。

软件故障是指软件在规定的运行条件下,运行过程中出现的一种不希望或不可接受的内部状态。软件故障是一种动态行为,是软件缺陷被激活后的表现形式。例如,软件处于执行一个多余循环语句时,软件出现了故障。

软件故障总是由软件错误引起的,但是软件错误不一定引起软件故障。当软件运行时出现软件故障,并且没有采取措施处理时,将产生软件失效。

(4) 软件失效(software failure)。

失效是指功能部件执行规定功能的能力丧失。软件失效是软件运行过程中规定功能的终止,硬件失效通常是由物理、化学、环境应力变化等所引起的;与硬件不同,软件不会因为环境应力而疲劳,也不会随时间的推移而磨损和散耗。软件的寿命失效通常是由于软件内部逻辑复杂,运行环境动态变化,且不同的软件差异可能很大。因此,软件失效机理可能有不同的表现形式,但总的说来,软件失效机理可描述为:软件错误→软件缺陷→软件故障→软件失效。

软件失效通常包含三方面的含义:①软件或其构成单元不能在规定的时间内和条件下完成所规定的功能,软件故障被触发以及丧失对用户的预期服务时都可能导致失效;②一个功能单元执行所要求功能的能力终结;③软件的操作偏离了软件需求。

用户可以根据软件失效对系统服务的影响来判定失效的严重程度级别,如灾难性失效、重大失效或微小失效。这些严重程度级别的定义因系统而异,但在某一给定系统内应保持术语的一致性。

综上所述,软件错误是一种人为错误,在一个软件的开发过程中,这种主观错误无法避免,一个软件错误必定会产生一个或多个软件缺陷。软件缺陷往往十分隐蔽,不容易被发现和改正,换言之,真正影响软件可靠性的是那些在开发过程中没有被发现的软件缺陷。这些软件缺陷只有通过不断地测试和使用,才能以软件故障的形式表现出来。软件故障如果没有得到自动、有效和及时的处理,便不可避免地导致软件失效。一个软件中究竟存在多少软件错误和软件缺陷是无法确定的,也就无法达到完全排错。所以说任何软件都是存在缺陷的,软件开发人员只能尽量排错,使软件在顾客满意的情况下运行。

2. 时间

软件可靠性量化通常用时间来定义。最常用的 3 种时间度量方法分别是日历时间、时钟时间和执行时间。

(1) 日历时间:指日常生活中使用的日、周、月、年等计时单元。

(2) 时钟时间:指从软件运行开始,到运行结束所用的总时间,其中包括等待时间和其他辅助时间,但是不包括计算机停机占用的时间。

(3) 执行时间:指计算机在执行程序时,实际占用的中央处理单元 CPU 的时间,所以执行时间又称 CPU 时间。如果计算机被程序连续占用,并且该程序占用 CPU 的一个时间段,则执行时间与时钟时间成正比。

时间基准确定后,失效可用 3 种方式表示:累积失效函数(cumulative failure function)、失效强度函数(failure intensity function)和平均失效时间函数(meantime to failure function)。

与时间有关的量还包含平均故障前时间(mean time to failure,MTTF)、平均故障间隔时间(mean time between failure,MTBF)和平均维修时间(mean time to repair,MTTR)。

(1) 平均故障前时间:指软件在当前时间到下一次故障时间的均值,是反映软件故障行为的一个重要参数。

(2) 平均故障间隔时间:指软件两次相邻故障时间间隔的均值。

(3) 平均修复时间:表示在观察到失效后,修复系统所需要的时间。对硬件部件来说,平均修复时间是一个很容易估计的评价标准,因为典型的硬件修复过程是通过诊断确定系统出错的部件,然后用同样的或等效的部件来替换它,这一标准过程使对平均修复时间的估计十分准确。然而对于软件,情况就不同了。软件故障的暂时恢复可以是简单地重装软件或重运行软件直到故障再次出现,而永久性的恢复需要调试、修改、确认和重装该软件。因此,不同软件系统的平均修复时间有一定差异。

在系统的 MTTF 和 MTTR 测定后,其可用性(availability)即可求得。可用性是指软件在任一时刻处于可使用状态的程度,即"开则能用,用则成功"的能力。通常,它可按如下公式计算:

$$可用性 = \frac{MTTF}{MTTF + MTTR}$$

3. 运行剖面

软件的运行剖面用来定义所描述软件的运行环境,指明软件运行所需的环境。同一软件在不同运行剖面下,其可靠性行为可能极不相同。运行剖面是关于如何使用系统的一种定量特征描述,为软件开发人员揭示如何根据系统的使用功能来实施软件开发策划,规划软件开发资源,从而达到提高生产率、可靠性,加快研制进度的目的。也有学者将运行剖面定义为"用户实际使用软件的方式"。也就是说,软件的运行剖面是由软件可执行的操作及其发生的概率构成的集合。例如,一个软件中有 n 个功能,记为 $A_i(i=1,2,\cdots,n)$,对应的概率为 P_i,那么 (A_i,P_i) 就是一组剖面。

简单地说,软件的运行剖面是一组不交的、给定发生概率或估计值的可替代事件的集合。通常可以用图或表来描述软件的运行剖面,图 7-1 所示的就是某软件的运行剖面图,一般性的操作可以在纵轴上按其发生的概率进行排序。但一般情况下,运行剖面是一条连续的曲线,如图 7-2 所示,对于那些简单的情况,也可以通过列表的方式来描述软件的运行剖面。

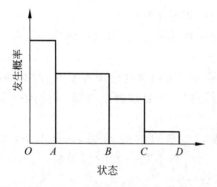

图 7-1　离散型运行剖面示意图

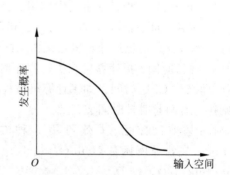

图 7-2　连续型运行剖面示意图

为了确定软件运行剖面,需要从一个逐步缩小透视的角度,从用户深入到操作观察软件的运行情况,并在每一步定量描述每个元素以及在每一步上被调用的频度。运行剖面是面向用户的,也是面向过程的,比如,在软件可靠性测试过程中,在进行测试策划时,为了分配测试任务,确定测试内容和测试次序,选定测试工具,建立测试环境等,就必须获得软件的运行剖面,并且在运行剖面的支持下完成这些工作。

7.1.2　软件与硬件的区别

目前,复杂系统一般由硬件和软件组成,所以其可靠性也由两部分组成:硬件可靠性与软件可靠性。

1. 软件生命周期及其过程与硬件的差别

软件生命周期及过程活动与硬件相比,具有相同或相似之处。对于嵌入式系统,软件和硬件在其生命周期过程中均被划分成不同的阶段,每个阶段都由输入、过程活动及输出构成。生命周期过程、支持与管理过程中交互、相互重叠,但由于软硬件的不同特征决定了这两者在生命周期过程的活动存在显著的差异。

图 7-3 是一个嵌入式系统生命周期过程及其活动示意图。可以清楚地看出两者之间的

相同或相似之处,及其差异和相互关系。

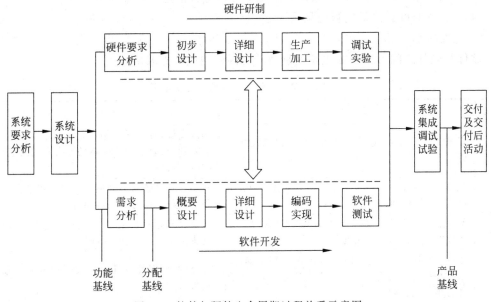

图 7-3 软件与硬件生命周期过程关系示意图

2. 软件和硬件在可靠性方面的异同

软件可靠性工程的理论、技术和方法或来源于硬件可靠性,或借鉴于硬件可靠性,或受硬件可靠性研究与实践成果的启发得以产生和发展。因此,它们之间必然存在着相同或相似之处。软件的固有特性及其与硬件之间的本质差别又决定了它与硬件可靠性之间的差别。

软件可靠性与硬件可靠性之间相互支持、相互补充。软件可靠性工程的研究和实践,首先必须以软件的固有特征为基础,有目的、有针对性地研究并采取专门的技术措施,同时也必须注重借鉴和吸收硬件可靠性工程的成功经验。软硬件可靠性的研究与实践最终将步入相互促进、协调发展,共同推进可靠性系统工程的进展。同时,任何一个软件产品需要在硬件上运行,所以其可靠性应考虑硬件可靠性因素。同样,任何一个硬件产品也包含软件因素,硬件的可靠运行也要依赖于软件的可靠性。

1) 相同或相似之处

(1) 依靠开发设计过程保证产品的固有可靠性;

(2) 简单就是可靠,结构越简单,其可靠性就越容易得到保证;

(3) 标准化、系列化、组合化是可靠性保证的重要途径;

(4) 具有避错设计、查错设计、纠错设计、容错设计等可靠性设计思想、理论和技术支持;

(5) 可靠性水平的高低受人为因素和开发人员素质的影响;

(6) 可靠性设计和管理受可靠性历史数据的影响和制约;

(7) 开发设计工具的先进性、有效性是可靠性水平高低的决定因素之一;

(8) 利用概率论和统计学原理进行可靠性建模、度量、分析和过程控制;

(9) 可靠性的预计和分配是可靠性设计的基础;
(10) 可采用故障树分析,失效模式及影响分析等方法进行可靠性分析;
(11) 有效的可靠性工程管理是保证。

2) 主要差别

软件与硬件之间可靠性的主要差别及其诱因归纳起来见表 7-1。

表 7-1 软件与硬件可靠性的主要差别

序号	软件	硬件
1	逻辑实体,不会损耗,不会自然变化,只是其载体可变	物理实体,每件同规格产品的质量特性之间有差别,随时间和使用环境等的变化而老化、磨损至失效
2	开发过程主要是脑力劳动过程,本质上无形,不可见,不透明,难以测控	研制过程是脑力劳动和体力劳动相结合的过程,过程有形,可跟踪,可测控
3	不可靠问题主要是由于开发过程中的人为差错造成的缺陷和错误所引起的	不可靠问题不只是设计问题,在生产和使用过程中也会产生新的故障
4	软件是程序指令集合,即使每条指令都正确,但由于在执行时其逻辑组合状态千变万化,最终软件也不一定正确	元器件、零部件及其组合故障均可能导致系统失效
5	系统的数学模型是离散的,其输入在合理范围内的微小变化都可能引起输出的巨大变化,故障的形成无物理原因,失效的发展取决于输入值和运行状态的组合,无前兆	系统在正常工作条件下其行为是渐变的,故障的形成和失效的发生一般都有物理原因,有先兆
6	应在开发的全过程采取措施防错、检错、纠错和容错,而在批量复制过程中,软件本身不会变化	除了开发过程外,生产过程对产品的影响也很大,均需加强控制
7	精心设计测试用例,执行严格的测试,查出错误并加以排除	建立适当的环境应力条件,进行环境应力筛选,剔除缺陷
8	采用冗余设计时,应确保冗余软件间的相异性;否则,相同的冗余软件不仅不能提高可靠性,反而增加了复杂性,降低其本有的可靠性	相同的部件之间是自然独立的,适当的冗余可以提高其任务的可靠性
9	在使用过程中出现故障后必须修改原软件以解决问题,若在修改时未引入新的缺陷或错误,那么其可靠性就会增长	在使用过程中出现故障后无须修改原产品,只需更换或修复失效的零部件,使产品状态恢复,其可靠性一般不会提高
10	某处的修改会影响它处,错误会扩散和蔓延,维护时必须考虑这种影响	维修某处一般不会影响它处
11	失效率随故障的排除而下降	失效率的变化呈浴盆曲线
12	可靠性参数估计无物理基础	可靠性参数估计有物理基础

7.1.3 影响软件可靠性的因素

影响软件可靠性的因素包括技术、社会、经济、文化等诸多方面。遗憾的是,直到今天,难以甚至无法确定其中绝大多数因素与软件可靠性之间的本质联系和定量关系。软件不可靠的根本原因是软件中存在着缺陷或错误,软件错误的产生,除了软件本身的特性和人的因素之外,与软件工程管理等密切相关。所以说,软件特性、人的因素和软件工程管理是影响软件可靠性的主要因素。这些因素又可具体分为软件的可理解性、软件定义的严密性、软件的复杂性、软件工程管理、软件测试与排错、人的因素、环境因素以及软件可靠性工程技术的研究水平与应用能力等。

1. 运行剖面

软件故障是软件缺陷在一定条件下被激活的结果,同一软件在不同的运行剖面中,如在目标环境中和开发环境中,其可靠性表现大不相同。考虑一个极端的例子:假设某软件的输入域可划分为 G 和 F 两部分,G 中的输入恒不激活软件缺陷,F 中的输入恒激活软件缺陷。如果运行剖面不包含 F 中的输入,软件始终不会出现故障,其可靠性恒为 1;反之,如果运行剖面只包含 F 中的输入,则每一个输入均导致软件故障,如果没有容错措施则导致软件失效,软件可靠性恒为 0。

2. 软件规模

软件规模,尤其是单个软件单元的大小是影响软件可靠性的重要因素。如果软件只包含一条语句,除非它是错误的,否则谈论软件的可靠性问题就失去了意义。随着软件规模的不断增大,软件可靠性问题越来越突出。实践表明,软件错误率并非随软件规模的增加而线性增加,不同环境中,不同编程语言所实现的软件在统计上均存在着差异。

3. 软件结构

同硬件相比,软件逻辑结构高度复杂且动态变化,软件结构的复杂性对其可靠性的影响巨大。一般地,软件结构越复杂可能包含的缺陷数就越多,软件的可靠性也就越低。换句话说,软件的复杂性是导致软件不可靠的根源。但是,软件结构的复杂性如何本质地影响软件的可靠性,到目前为止,其机理尚不甚清楚。

4. 软件可靠性设计

软件可靠性设计一般是指在软件开发过程中,在严格实施软件工程的背景下,有目的、有针对性地采取用于保证和提高软件可靠性目标的技术和方法,如避错设计、查错设计、纠错设计、容错设计等。经验表明,在软件开发过程中,在良好的软件工程背景下,实施有效的可靠性设计对软件的可靠性具有重大的影响。

5. 软件测试

软件测试是一种程序的执行过程,其目的是尽可能地检出被测试软件中的缺陷和错误,它对保证软件可靠性和增强用户信心具有极其重要的意义。目前,形式化方法和程序正确性证明技术等还不能成为实用的测试方法的情况下,软件测试是在将来相当长的一段时间内保证软件可靠性的有效方法。

表 7-2 列出了某软件测试中心对几种常见开发平台和程序设计语言历年来测试数据的统计。可以看出,除汇编语言之外,平均每千行代码的错误率为 0.004~0.010 1,即每千行代码中,错误数在 4.0~10.1。当平均代码行为 5 000 时,代码的错误率最低。

表 7-2 某软件测试中心软件测试数据统计表

操作系统	程序设计语言	软件规模/行	错误数/个	错误率/%	操作系统	程序设计语言	软件规模/行	错误数/个	错误率/%
Windows XP	C/C++	100	1.1	0.011	DOS	汇编	100	1.2	0.012
		500	4	0.008			300	3.3	0.011
		1 000	7	0.007			500	5.26	0.010 5
		5 000	30	0.006			800	8	0.01
		10 000	65	0.006 5			1 000	10.1	0.010 1
		50 000	340	0.006 8			5 000	65	0.013
		100 000	700	0.007	VxWorks	Tornado	100	1.2	0.012
	Delphi	100	1.0	0.01			500	5.25	0.010 5
		500	2.5	0.005			1 000	8	0.008
		1 000	4.9	0.004 9			5 000	30	0.006
		5 000	20	0.004			10 000	70	0.007
		10 000	45	0.004 5			50 000	355	0.007 1
		50 000	240	0.004 8			100 000	750	0.007 5
		100 000	501	0.005					

考虑软件可靠性问题时,通常是指大型的或中等规模的软件,中等规模的软件是软件可靠性研究和实践中难以对付的。软件工程实践的一个侧面可以反映出这一点,即单元测试一般由编程人员自行完成,而配置项测试、确认测试、系统测试需要由专业的测试人员独立完成。软件可靠性增长模型也主要用于配置项测试、确认测试和系统测试阶段。

6. 软件开发技术、方法和工具

软件开发过程中所使用的开发技术、方法、工具、规则、惯例以及约定对软件可靠性都有着显著的影响。与非结构化的方法比较,结构化的方法可以明显减少软件缺陷数。

7. 人员

可靠性是通过设计来赋予,通过生产来实现,通过管理来保证的,其中的任何一个环节都离不开人。软件是人的脑力劳动及其创造性的结果,软件可靠性依赖于软件开发、测试、管理等相关各类人员的知识、素质和经验。软件错误主要来源于人为差错,控制影响人为差错发生的因素有利于减少软件错误。

7.1.4 软件可靠性模型

如何检验软件可靠性是软件可靠性工程的基本问题之一。定量检验软件可靠性的最直接方法是软件投入运行后,在实际运行环境中检查软件失效情况。但这种方法的缺点是明显的:一是它要求软件运行时间较长,二是人们一般希望在软件开发阶段结束之前能估计或预测软件可靠性,以检验它是否达到希望的目标。为此,在软件测试阶段对测试过程中收集的软件可靠性(失效)数据进行建模,以估计软件可靠性实际水平,从而从可靠性角度判断软件何时可停止测试,交付用户验收,是非常有效的方法。

软件可靠性建模旨在根据软件可靠性数据以统计方法给出软件可靠性的估计值或预测值,从本质上理解软件可靠性行为,这是软件可靠性工程的基础。软件可靠性建模是软件可靠性工程研究最早、成果最丰富、争论最多,至今仍然最活跃的研究领域。

到目前为止,已开发出了一百多种软件可靠性模型,且新的模型还在不断发表,可谓种类繁多,数量庞杂。但遗憾的是,到目前为止尚无一个普遍适用的模型。

软件可靠性建模的基本思想如图 7-4 所示。由图可知,软件失效总体上随着软件错误的检出与排除而不断降低,在任一给定时间,可以观察到软件失效的历史。软件可靠性建模通过统计结果预测软件的失效趋势。

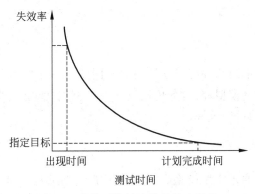

图 7-4　软件可靠性建模的基本思想

(1) 预测达到规定目标还需要的测试时间和资源数量。
(2) 预测测试结束时,软件的期望可靠性。

软件可靠性建模有 3 个基本问题:模型建立、模型比较以及模型应用。

1. 模型建立

模型建立是指如何建立软件可靠性模型。一方面是从什么角度建立模型,例如从数据域角度、时间域角度或将软件失效时刻当作建模对象,将一定时间内软件的失效数当作建模对象等;另一方面是采用什么样的数学语言,如概率语言、模制数学语言等。

软件可靠性模型通常分为结构模型和预计模型两大类。其分类结果如图 7-5 所示。

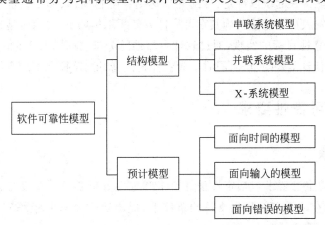

图 7-5　软件可靠性模型分类结果

结构模型反映系统的逻辑结构。借助这类模型,在掌握软件单元(构件)可靠性特征的基础上,可以对系统的可靠性特征及其变化趋势做出预测和评价。结构模型是软件系统分析的重要工具,它既可用于软件系统的可靠性综合,也可用于软件系统的可靠性分解。结构模型包括串联系统模型、并联系统模型、硬-软件复合系统(X-系统)模型等。

预计模型从本质上描述软件失效与软件错误、运行剖面等的关系。借助这类模型,可以对软件的可靠性特征进行定量的预计或评估。例如,用于预计开发过程中的软件可靠性增长,预计或评估预定工作时间的软件可靠性水平,预计任意时刻软件的失效概率、失效时间间隔分布,预测并确定软件释放、交付时间等。这类模型通常又分为面向时间的模型、面向输入的模型和面向错误的模型三大类。

2. 模型比较

模型比较旨在分析不同软件可靠性模型的异同点。一是模型分类,从不同的角度可对模型做出不同分类。二是模型评估,分析比较不同模型的优劣处、可用性、有效性等进行综合权衡,从而确定模型的适用范围。

3. 模型应用

建立模型的最终目的是应用模型。模型应用需要考虑两个问题:一是给定模型,如何指导软件可靠性工程实践;二是给定软件开发计划,如何选用合适的模型。

软件可靠性模型几乎都是以形成软件失效的一般假设为基础。通过对软件失效历史数据的获得,估计软件在将来某个时刻的失效率。所以,软件可靠性的预测只能以概率形式表示。

7.2 软件可靠性要求与分配

软件可靠性要求是用户向承制方(或生产方)从可靠性角度提出的研制目标,是软件可靠性分析、设计、评估、鉴定及验收的依据。软件开发人员只有在透彻地了解并理解软件可靠性要求之后,才能在软件开发过程中予以充分考虑并有目的、有计划地组织实施。软件可靠性指标应同其功能、性能等一起予以确定、分配并下达给各配置项、软部件直至软件单元和相关人员。这样,软件开发人员才能够明确其在可靠性方面所承担的责任,自觉地进行可靠性分析和设计,保证最终可靠性目标的实现,通过软件可靠性的分配、预计,对于正确、合理地确定软件可靠性指标,同样有着重要的意义,同时也为软件测试、验证、监控和管理提供支持。

7.2.1 软件可靠性要求

1. 定性要求

软件可靠性的定性要求包括定性设计要求和定性分析要求。在没有具体参数和定量指标要求的情况下,在缺乏有效数据支持的条件下,提出定性要求并组织实施、分析和设计是确保软件可靠性的重要活动。

1) 定性设计要求

定性设计要求是在软件开发过程中的相应阶段所要求采取的原则性的可靠性设计措施,如制定并贯彻软件可靠性设计准则等。

目前,硬件可靠性的定性设计要求,如简化设计、余度设计、降额设计、热设计、环境防护设计等已日趋成熟且已在硬件可靠性定性设计中发挥着重要作用。但软件可靠性的定性设计要求还有待研究和发展,现有设计要求还有待系统化和规范化,以及进一步验证。目前,软件可靠性的定性设计主要是在严格遵循软件工程原理的基础上,制定并贯彻实施可靠性设计准则,按确定的规则、惯例、约定开展可靠性设计,从而提高软件可靠性。软件可靠性定性设计要求的主要项目、方法和目的如表 7-3 所示。

表 7-3 软件可靠性定性设计方法及目的

序号	定性设计方法	目 的
1	可靠性设计准则	将可靠性要求及使用约束条件转化为软件开发设计的边界条件,规定专门的技术要求和设计准则,规范和约束软件的可靠性设计过程及行为
2	简化设计	在综合权衡的基础上,降低软件模块复杂性与结构复杂性,以降低软件的总体复杂性,提高基本可靠性
3	重用设计	通过软件重用,在确保软件各组成单元可靠性的前提下,提高软件系统的可靠性
4	鲁棒性设计	提高软件防止错误输入的能力以及在发生故障时能有效地控制故障的蔓延和扩散,确保软件的固有可靠性水平
5	容错设计	通过 N 版本程序设计和恢复块技术等实现软件容错,提高软件的任务可靠性

2) 定性分析要求

软件可靠性的定性分析要求是在软件生命周期过程中的各个阶段根据软件项目的可靠性定性分析要求,进行定性分析,找出薄弱环节,采取预防措施,提高软件可靠性。软件可靠性定性分析的主要方法如下。

(1) 故障树分析(fault tree analysis,FTA)技术:旨在通过演绎方法找出导致系统故障的各种可能原因,找到薄弱环节,改进系统设计。FTA 在硬件可靠性领域有广泛应用,是一种强有力的分析工具,因此,将其推广应用到软件可靠性领域。FTA 的特点是直观、明了、思路清所、逻辑性强,可以做定性分析,也可以做定量分析,体现了以系统工程方法研究安全问题的系统性、准确性和预测性

(2) 失效模式与影响分析(failure mode and effects analysis,FMEA):又称为失效模式与后果分析、失效模式与效应分析、故障模式与后果分析或故障模式与效应分析等。与FTA 相反,FMEA 自下而上、按照一定格式有步骤地分析每一部件或每一种功能的可能失效模式,每一失效模式对系统的影响及失效后果的严重程度,以便按照严重程度加以分类,或者确定失效对于该系统的影响。

(3) Petri 网分析:由德国 C. A. Petri 于 1962 年提出,它是一种系统的数学模型和图形技术,使用令牌来模拟软件系统的行为及开发活动,建立系统的状态方程及系统行为的数学模型,找出软件系统的可靠性、安全性薄弱环节,并进行改进。

(4) 软件潜藏分析:采用拓扑识别和线索表对软件进行静态分析,识别软件中的潜藏道路、防止意外事故的发生,确保预期功能的实现。

7.2.2 软件可靠性分配

1. 分配目的

软件可靠性分配的目的是将软件系统的可靠性指标采用合适的方法分配到各个配置项、软部件直至软件单元,给定各个软部件、软件单元的可靠性指标,作为设计与验证的依据,同时使相关人员明确其可靠性要求以及在软件开发过程中所扮演的角色和承担的责任。此外,根据所分配的可靠性指标估计所需人力、时间和资源,研究实现这些指标的可能性及方法。

软件可靠性的分配包括基本可靠性和任务可靠性分配。这两者相互矛盾,为了提高软件的任务可靠性,往往会采用冗余、容错等方法,但其代价是增加软件的复杂性,这就必然降低其基本可靠性;反之亦然。因此,在软件可靠性分配时,要在这两者之间进行权衡,采取互不影响的措施。

2. 分配条件

不同软件在功能、性能、规模和结构等方面存在着显著差异,就每个具体软件而言,是否需要进行可靠性分配,如何进行可靠性分配,必须对该软件项目的运行环境和条件等加以分析,脱离软件可靠性工程,独立地进行软件可靠性分配是毫无意义的。

1) 编制软件需求规格说明和可靠性工作计划

软件需求规格说明规定了软件的任务、功能、性能等并由此决定了软件的规模和体系结构。如果没有准确而清晰的软件需求规格说明,就是软件设计也难以有效进行,就更不用说软件可靠性分配了。

制定软件可靠性工作计划的任务是确定软件可靠性要求、可靠性工作内容、目标、方法以及可靠性保证等,是指导软件可靠性工作的纲领性文件。如果没有软件可靠性工作计划,或者计划中没有提出可靠性分配的要求,无目的、孤立地进行软件可靠性分配也是没有意义的。

2) 确定软件的运行剖面及定量指标要求

软件可靠性分配的另一个必要条件是有可分配的定量的可靠性指标,否则,无法进行分配。在确定定量指标之后,必须进一步定义软件的运行剖面。因为即使是同一个软件,运行剖面不同,其可靠性水平也存在一定的差异。在软件可靠性工程中,一次运行就是软件的一个主要逻辑任务的执行过程,它具有短周期和本质独立的特点。一次运行可以跨越系统的多个部分,包括人工完成的部分。

3) 失效定义

软件可靠性水平与其失效定义密不可分,如果仅仅给出软件的可靠性指标,但缺少失效定义,这样的指标也是空洞的,无法对其进行考核。软件失效的定义要合适,失效定义的范围越大,相应的软件可靠性水平就越低。因此,必须按照软件的功能、用途等恰当地定义软件失效。

4) 软件结构分解

软件可靠性分配不可能像硬件可靠性分配到元器件那样分配到每一条语句,这既没有意义也没有必要,但仍须对软件进行结构分解,可以分解到软件单元,然后根据结构分解层次和深度进行软件可靠性分配。

3. 分配原则

为提高分配结果的合理性和可行性,可以根据软件的特点选择适合于具体软件项目的可靠性指标进行分配。通常,软件可靠性分配应遵循以下原则:

1) 确保重点的原则

不同软件模块的失效对软件系统的功能以及任务成功率影响的程度不尽相同。也就是说,从系统的角度来看,各个软件模块的重要性不一样。因此,应根据不同软件模块的重要性等级进行可靠性分配,对关键软件模块应有严格的可靠性要求,而对于次要的软件模块则可以适度放宽。

2) 难度均等的原则

不同软件模块的功能、性能、规模、复杂程度不同,功能越强,规模越大,结构越复杂的软件模块就越容易产生错误。与简单的软件模块相比,复杂的软件模块要达到同样的可靠性指标,其难度要大得多,可靠性分配时,必须充分考虑这一客观事实,避免畸重畸轻。

3) 留有余地的原则

软件可靠性分配主要是在需求分析、软件设计阶段进行,在这两个阶段无法预知软件开发过程的所有细节,初期分配只能是一种近似的分配。为了避免因分配不当造成失误,可采取保守的办法,使分配的可靠性指标值略高于所要求的指标值,留有余地,为可靠性指标的调整提供可能。通常,在工程上按 20% 的余量进行考虑。

4) 逐步完善的原则

由于可靠性分配的近似性和软件开发过程的复杂性与多变性,软件可靠性分配不可能一次成功,也不可能一成不变,更不可能一蹴而就;应根据开发过程不断提供的信息和可靠性预计所得到的软件系统及其模块的可靠性预计值,逐步调整,反复迭代,优化改进,使得可靠性的分配更加符合实际。

4. 分配方法

软件可靠性指标可以是在规定的运行时间内的可靠度 $R(t)$,也可以是失效率 $\lambda(t)$ 或 MTTF 等。实际运行的软件在逻辑关系上大多属于串联配置,尤其是各个软件模块之间,串联配置关系非常普遍。一般来说,串联配置不会影响可靠性分配的工程实用价值。当然,这不是绝对的,实际应用中,必须按照实际的逻辑关系来构造其数学模型。

(1) 等值分配法:是指在进行可靠性分配时,忽略软件系统各构成模块的功能和结构差异,给每个模块分配相同的可靠性指标。软件开发初期,由于缺乏必要的信息和数据,通常采用等值分配法对软件可靠性进行分配。等值分配法是一种粗糙的分配方法,它蕴涵了构成软件系统的所有模块,既包含了系统的重要性又包含了系统的复杂性假设。事实上,也只有在这两个假设满足时,等值分配的结果才是合理的,否则只能作为最初的原始分配方案,在拥有了更多的信息和数据后,再利用其他分配方法加以调整。

（2）相似程序法：是一种简单有效的可靠性分配方法。该方法是在软件开发过程中，通过对照相似的"旧"软件，利用该"旧"软件的可靠性数据对新软件的可靠性进行分配。在软件版本更新时，常常采用这种方法。

（3）基于重要度的分配方法：根据软件系统各构成模块的失效对软件系统的可靠性、安全性影响的产重程度来分配软件系统的可靠性。重要度用来度量软件系统持续运行的能力，将可靠性和安全性的危害程度转化为软件的重要度等级，模块的重要度等级越高，分配的可靠性指标就越高。对于某些关键的操作模式，需要分配更高的可靠性指标。

（4）基于复杂度的分配方法：基于复杂度的分配方法是根据软件系统各构成模块的复杂程度分配给相应的可靠性指标。软件的复杂度越高，要达到规定的可靠性所付出的努力就越大。因此，对于复杂度高的模块应分配相对较低的可靠性指标。针对软件的功能点和特征点的复杂度分配方法，可基于软件模块复杂度的计算和评价，将复杂度划分为不同的等级并使用复杂度加权因子来衡量。

【例 7-1】 软件系统中某个模块分为外部输入、外部输出、逻辑内部文件、外部接口文件、外部查询 5 个成分。对于外部输出成分，如果数据元素类型个数大于 20 且引用文件类型个数大于 2，表明其具有较高的复杂度；如果数据元素类型个数小于 5 且引用文件类型个数是 2 或 3，则表明其具有较低的复杂度。根据对这 5 个成分的复杂度评价，该软件模块的复杂度加权因子可按表 7-4 给定的规则确定。

表 7-4 复杂度加权因子确定原则

序 号	名 称	低 复 杂 度	高 复 杂 度
1	外部输入	3	6
2	外部输出	4	7
3	逻辑内部文件	7	15
4	外部接口文件	5	10
5	外部查询	3	6

确定加权因子之后，即可按照如下公式计算其功能数：

$$\mathrm{FC} = \sum_{i=1}^{5}\sum_{j=1}^{2} \alpha_{ij} \times x_{ij} \tag{7-5}$$

式中，α_{ij} 是上述 5 个成分按复杂度登记(低、高)确定的加权因子；x_{ij} 是软件模块中每种功能点的数目(i 表示模块中的第几个成分，j 表示模块中各个成分的复杂度登记)。

下一步则是用 0～5 的标度去评估 14 个通用系统特征点对应用的影响：数据通信、分布式功能、性能、频繁使用的配置、事务率、联机数据项、最终用户效率、联机更新、复杂性处理、可重用性、可安装性、可操作性、多站点和可更改性。

然后，将这些特征点的分值（从 0～5）按以下公式求和形成复杂度调整因子：

$$\mathrm{VAF} = 0.65 + 0.01 \sum_{i=1}^{14} C_i \tag{7-6}$$

式中，C_i 是通用系统特征点的分值。

最后，将功能数与调整因子相乘，即可得到该软件模块的功能点复杂度：

$$\omega = \mathrm{FC} \times \mathrm{VAF} \tag{7-7}$$

采用汇编语言编程时,为防止程序将数据错当成指令来执行,将数据与指令分隔存放。必要时在数据区和表格的前后加入适当的 NOP 指令和跳转指令,使 NOP 指令的总长度等于最长指令长度,然后加入一条跳转指令,将控制转向出错处理程序。

基于复杂度分配方法中,失效率目标值的分配与软件的复杂度呈线性关系。基于复杂度的分配步骤如下:

(1) 确定软件系统的可靠性目标值如 R_s、λ_s 等;

(2) 确定构成软件系统的模块数 n;

(3) 计算并确定每个软件模块的复杂度 ω_i;

(4) 计算各个软件模块的复杂度之和 $\omega = \sum_{i=1}^{n} \omega_i$;

(5) 计算每个软件模块的失效率 $\lambda_i = \frac{\omega_i}{\omega} \lambda_s$。

例如,某软件系统由 4 个模块构成,软件系统的失效率目标值为 0.005 失效数/h。经过计算,得到每个模块的复杂度:$\omega_1 = 4, \omega_2 = 2, \omega_3 = 3, \omega_4 = 1$。根据上述讨论,可以得到

$$\omega = \sum_{i=1}^{n} \omega_i = 4 + 2 + 3 + 1 = 10$$

$$\lambda_1 = \frac{\omega_1}{\omega} \lambda_s = \frac{4}{10} \times 0.005 = 0.002 \quad (\text{失效数}/\text{h})$$

$$\lambda_2 = \frac{\omega_2}{\omega} \lambda_s = \frac{2}{10} \times 0.005 = 0.001 \quad (\text{失效数}/\text{h})$$

$$\lambda_3 = \frac{\omega_3}{\omega} \lambda_s = \frac{3}{10} \times 0.005 = 0.0015 \quad (\text{失效数}/\text{h})$$

$$\lambda_4 = \frac{\omega_4}{\omega} \lambda_s = \frac{1}{10} \times 0.005 = 0.0005 \quad (\text{失效数}/\text{h})$$

7.3　软件可靠性的设计

可靠性是通过设计来实现的。要保证和提高软件的可靠性,关键在于可靠性设计,这是软件可靠性工程的核心问题,是软件可靠性工程的根本目的。软件可靠性设计是指在软件开发过程中,在严格遵循软件工程原理的基础上,紧密结合常规软件设计,采用专门的技术和方法,采取预防措施,进行改进,消除隐患和薄弱环节,减少或尽可能地避免错误的发生,确保软件可靠性。

7.3.1　设计原则及分类

1. Myers 设计原则

著名软件工程专家 Myers 提出了在软件可靠性设计中必须遵循的两个原则:

(1) 控制程序的复杂度。

(2) 与用户保持密切的联系和有效的沟通。

在软件开发过程中,软件越复杂,出错的可能性就越大,因此度量并控制其复杂度的必要性和重要性是显而易见的。复杂度是软件开发过程中各种因素复杂程度的总和,也就是说,复杂程度与软件需求规格说明的复杂性、体系结构复杂性、软件设计复杂性等密切相关。例如,概要设计的复杂性是程序的所有外部接口及其相互关系的函数,也是各种用户命令的相互关系、系统输入/输出关系的函数;又如,详细设计的复杂性是各个模块相互关系的函数,模块的复杂性是模块内部逻辑关系的函数。

软件的复杂性控制主要有如下 3 种方法。

(1) 确保软件系统中的各个模块具有最大的独立性。这就要求在软件设计时将系统中经常发生的动态行为集中在单独的模块内,减少各个模块之间的相互作用。

(2) 使程序具有合理的层次结构。具有层次结构的系统,易于软件开发人员的理解和掌握。进行软件设计时,系统的上一层结构集中反映下一层模块共同的功能属性,使得开发设计人员无须顾及下层模块的细节。

(3) 软件模块之间的相互作用无法避免时,应使其联系尽可能简单,防止模块之间产生未知的边际效应。在许多大型软件系统的开发过程中,未知的边际效应常常使设计人员陷入泥潭而无力自拔。

软件开发的目的是为用户的要求服务,实现用户目标,增加顾客满意度,超越顾客期望值。因此,同用户保持密切的联系和有效的沟通对可靠软件的设计同样是一条极其重要的原则。有些软件开发设计人员不愿意用户参与开发过程中的分析讨论和决策,担心用户的参与会使分配需求频繁变化,难以适从;有些软件开发设计人员不了解用户环境、操作使用流程,不了解用户将如何使用这个系统以及使用中所重点关注的问题。在诸如此类的情况下,所开发的软件自然难以甚至无法满足用户的要求。解决上述问题的唯一途径就是在软件开发过程中,想用户所想,急用户所急,同用户保持紧密的联系,经常倾听用户意见,主动邀请用户参与开发过程中的有关决策,参与开发过程中的有关评审和测试。

2. 软件可靠性设计分类

目前有大量的软件开发技术和方法,在软件开发过程中,正确地选用软件开发技术、方法和工具,对软件可靠性的保证和提高大有裨益。从软件可靠性设计的角度出发,软件可靠性设计可划分为避错设计、查错设计、纠错设计和容错设计 4 种类型。

(1) 避错设计是在软件开发过程中,针对具体的软件特征,应用有效的软件工程技术、方法、工具,加强软件工程管理,尽可能减少或避免软件错误的引入,保证软件可靠性的一种设计方法。由于软件错误通常在软件开发过程中,尤其是其中的各个变换过程中被引入,因此,避错设计最关心的是软件开发过程的控制。避错设计主要由以下几种方法构成:①控制和降低软件复杂性;②高变换的精确性;③改善信息联系;④迅速查找并纠正变换错误。

避错设计适用于一切类型的软件,它体现了预防为主的思想,是软件可靠性设计的首选方法,贯穿于软件开发的整个过程,与常规软件设计融为一体,相互支持,互为补充。但是,由于客观事物的复杂性和软件开发人员认识的局限性,设计错误的杜绝是不可能的,也是不现实的。因此,在进行避错设计的同时,必须根据软件的可靠性需求实施查错设计、纠错设计和容错设计。

(2) 查错设计是指在软件开发过程中赋予程序某些特殊的功能,使软件在运行过程中能自动地进行诊断和定位错误的一种方法。

(3) 纠错设计是指在软件的开发设计过程中,赋予程序自我纠正错误,减少错误危害程度的一种设计方法。

(4) 容错设计是指在软件开发设计过程中,赋予程序某种特殊的功能,使得软件在错误已被触发的情况下,系统仍能运行的一种设计方法。

7.3.2 避错设计

避错设计的根本出路是严格遵循软件工程原理,按照软件生命周期模型进行软件开发设计及软件项目管理。基于软件生命周期模型的开发方法对于避免和减少软件错误,提高软件可靠性发挥了重要作用,至今仍然是十分重要的方法。该方法遵循软件工程原理,将软件生命周期划分成不同的阶段,规定每个阶段的目标、任务及其过程活动的内容、要求、输入、输出、转阶段准则等,在各个阶段,根据策划组织实施评审、验证、测试等活动,保证和改进软件可靠性。

当然,常规的软件设计方法只能是避错设计的基础,要进一步提高软件的可靠性,要确保高可靠性要求的软件的可靠性,在严格实施软件工程原理的基础上,还必须采取诸如形式化设计、鲁棒性设计、简化设计、抗干扰设计、软/硬件相结合等专门的措施。

鲁棒性设计(robust design)是20世纪80年代西方发达国家推出的开发高可靠性、短周期低成本产品的先进思想和方法体系。鲁棒性是指软件不仅要有正确性,还必须能够抵御各种干扰,具有一定防止错误输入、防止误操作的能力,在发生故障时应能有效地控制事故的蔓延,并进行报警输出处理。

软件的鲁棒性设计以满足顾客需求作为开发设计的依据和目标,进行可靠性策划,实施并行工程,注重软件的顶层体系结构设计和总体方案的优化,强调发挥设计能动性,通过稳定性优化设计寻求最佳的参数匹配方案来改进和增强软件的可靠性。

目前,硬件的鲁棒性设计技术和方法已经相对成熟并得以广泛应用,使得能够在不改变加工精度和原材料、元器件质量的条件下,通过稳定性优化设计寻求最佳的参数匹配方案来改进产品质量,减少质量波动,保证产品研制的一次成功。但软件的鲁棒性设计同硬件相比,尚存在着巨大的差距。目前主要还是在强化传统软件设计的基础上,通过加强和优化软件的体系结构设计,综合考虑在系统电源失效、电磁干扰以及接口故障等情况下配合硬件进行处理。通常,提高软件鲁棒性的主要措施有:

① 检查输入数据的数据类型,在人-机界面设计过程中,采用穷举列表、操作提示灯措施,防止错误的操作和操作失误。

② 模块调用时检查参数的合法性,控制事故蔓延。

③ 进行简化设计,降低模块之间的耦合度,降低软件的复杂性,实现信息隐蔽。

这些措施虽然能明显地提高软件的鲁棒性,但仍然没有能够从根本上解决问题,且工作量大。常规软件设计中的数据结构及其操作分离,使得它们之间存在着潜在的不一致性,不利于鲁棒性的改进。而面对象程序设计则将数据结构及操作封装在一个对象中,不允许其他类直接访问它的数据,改变了传统的数据访问方式,从而消除了潜在的不一致性,提高了鲁棒性,成为改进软件鲁棒性的有效方法。

1. 电源失效防护

系统运行过程中,电源失效或突然掉电,不仅会中断系统运行,影响任务的完成,而且可能会丢失重要数据,导致系统的不安全。同时,在电源的电压发生波动时,要避免并消除潜在的危险。

2. 加电检测

软件设计过程中,必须充分地考虑在系统加电时完成系统级的(包括网络系统、各设备的构成单元、接口等)检测以及检测状态的显示,验证系统启动状态的可靠性和安全性。对于高可靠性和高安全性系统,还必须对系统进行周期性的检测。当检测到故障时,进行报警提示,以监视系统的安全状态,同时自动切换到安全状态,确保系统安全。

3. 抗干扰设计

软件的可靠性常常受到嵌入环境和系统的外部干扰如电磁辐射、电磁脉冲、静电干扰等的制约,对于系统而言,除了进行硬件的电磁兼容性设计之外,还必须进行软件的抗干扰设计,使得出现干扰时,系统仍能可靠、安全地运行。容错设计、冗余设计、抽象复算、指令复机、纠错编码、设备重复、系统检测、自动诊断、自动重组、自动修复系统等技术都是有效的抗干扰设计方法。

4. 系统不稳定

若某些外来因素使得系统不稳定,程序不宜继续运行,则应采取措施,等到系统稳定之后再继续运行。例如,具有强功率输出的指令所引发的动作对系统的稳定性产生影响,软件应使计算机在该指令输出并等到系统稳定之后,再继续执行指令。

5. 接口故障

应充分估计并评价接口的各种可能故障,采取相应的措施。例如,软件应能识别合法及非法的外部中断,对于非法的外部中断,软件应能自动切换到安全状态。反馈回路中的传感器有可能发生故障并导致反馈异常信息,软件应能预防将异常信息当作正常信息处理而造成反馈系统的失控。同样,软件对输入、输出信息进行加工处理前,应检验其是否合理,其中最简单的方法是极限量程检验。

6. 错误操作

软件应能判断操作人员的输入命令、输入数据、操作流程等是否正确或是否合理,当检测到不正确或不合理的输入和操作时拒绝该操作的执行,并提醒操作人员注意错误的输入或操作,同时指出错误的类型和纠正措施。

7.3.3 查错设计

软件开发过程中,进行有效的避错设计,可以大幅减少设计过程中引入的错误,得到较为可靠的产品,同时,可以减少测试、使用和维护的开销,获得最佳的寿命周期效费比。然而,就目前的软件开发技术、方法和工具而言,面对日益庞大、复杂的软件系统,不论其构思和设计是何等的精心,测试是何等的深入,软件中仍然难免存在着错误。这种情况促使软件工程界去探索、寻找使软件具有自动查错和纠错功能的设计方法。

软件查错设计技术可分为被动式检测和主动式检测两种类型。二者的区别在于主动式错误检测是对程序状态主动地进行检测,而被动式错误检测是在程序的若干部位设置检测点,等待错误征兆的出现。

1. 主动式错误检测

主动式错误检测是通过错误检测程序主动地对系统进行搜索,并指示所搜索到的错误。主动式错误检测通常由一个检测监视器来承担。检测监视是一个并行过程,其功能是对系统的有关数据进行主动扫描以发现错误。一些大型的资源管理软件在长期运行过程中,常常会因为软件错误造成系统资源的损失。例如,操作系统中的存储管理模块,具有向用户程序和操作系统的其他模块出借存储区的功能,然而用户程序或其他模块的错误有时会造成所借出的存储区域不能返回存储管理模块,造成系统的性能逐渐蜕变。主动式错误检测能够及时发现这类问题。

主动式错误检测可以作为周期性的任务来安排,规定固定时间如每小时1次进行周期性检测。主动式检测也可以被当作一个低优先权的任务来执行,在系统处于等待状态时,主动进行检测。错误检测的内容取决于系统特征,例如可以搜索主存储区,以发现在系统可用存储区表中没有记录的,又没有分配给任何一个正在运行的程序的区域;也可以检查超过合理运行时间的异常过程,寻找系统中丢失的文件,检查在长时间内尚未完成的输入/输出操作。特殊情况下,检测监视器可以进行系统的诊断试验,由检测监视器调用系统的某些功能,将结果与预期的输出进行比较,检查其执行时间是否超限;检测监视器还可以周期性地发送事务给系统,以保证系统处于可运行状态。

2. 被动式错误检测

被动式错误检测适用于软件的各种结构层次,用来检测软件的内部错误以及软件单元之间传递的错误征兆。

为了使错误检测有效进行,应遵循如下原则。

(1) 相互怀疑原则:在设计任何一个软件模块时,假定其他模块存在着错误,每当一个软件模块接收一个数据时,无论这个数据来自系统之外还是来自其他模块的处理结果,首先假定它是一个错误数据,并竭力去证实这个假设。

(2) 立即检测原则:错误征兆出现之后,尽快查明并判断错误类型,限制错误的扩散和蔓延,降低排错开销。实施错误检测的前提是,在程序处理过程中的若干关键环节建立检测的接收判据。如果实际执行结果满足接收判据要求,则判定程序状态正常;反之,则判定程序中存在错误。实施自动错误检测的必要前提是,接收判据能够从软件系统本身提取。

(3) 具有自动错误检测功能的程序,必定伴随着一定程度的冗余。软件开发过程中,应尽量将自动检测功能集中到一起,构成错误检测模块,使之同实际处理过程相分离。

自动错误检测技术为监控过程执行提供了有效的手段,有助于软件可靠性的改进提高。但是,自动错误检测技术对系统可靠性也有负效应,这些负效应来源于以下两个方面:

(1) 自动错误检测所设置的接收判据不可能与预期的正确结果完全吻合。理想状态下,实际结果、预期结果与接收判据三者应完全重合,而实际上却难以做到。

(2) 从系统可靠性的观点来看,自动错误检测程序与过程处理程序构成一个串联系统,其结果将导致系统的固有可靠性降低。因此,必须充分关注自动错误检测程序本身的可靠性问题以及所引起的系统可靠性问题。

进行查错设计时,预防错误检测模块干预程序的主干处理过程,有利于开发、测试和维护,通常将自动错误检测模块与执行模块分离。

查错设计必须解决的另一个问题是在发现错误之后该怎么办。就整个系统而言,检测出错误征兆后的对策应该协调一致。在各种可供选择的措施中,最好的办法就是立即停止程序运行。从排错人员的角度来看,错误征兆出现后,立即停止系统运行,可以为错误诊断创造最佳时机和条件。但这种策略在很多系统中很难实现。例如,操作系统一般不允许暂停。这时,可以采用记载错误的方法,即将错误征兆、错误发生时的系统状态等记录在一个外部文件上,事后由维护人员对记录进行分析处理。

3. 软件在线自检

在许多实时系统中,尤其是实时嵌入式软件,可靠性问题十分重要,任何故障均有可能导致严重后果,例如电网微机实时监控系统。软件故障可能导致调度人员不了解甚至错误了解电网运行状态,做出错误决策,最终导致电网运行不佳,这时就需在线检测软件故障,以及时处理。

软件在线自检的对象是软件故障,不是软件错误和缺陷。软件在线自检是在硬件的支持下实现的,并假定硬件无故障,自检不应影响硬件及软件其余功能的实现。

7.3.4 纠错设计

纠错设计是指程序运行过程中,发现错误征兆之后,软件具有自动纠错能力。纠正错误的前提是已经准确地检测到软件错误及其诱因并定位错误,程序有能力修改、剔除错误。然而,就目前的技术水平而言,在没有人参与的情况下,软件自动纠错还是非常困难的,所以不能对软件的纠错功能提出超越实际的要求。实际上,我们现在能够做到的只限于减少软件错误所造成的危害,或者将其影响限制在一个给定的范围之内。贝尔实验室的 TSPS 系统是运用纠错技术的一个典型例子。TSPS 系统的功能是实现电话换接,其可靠性要求该系统在 40 年内停止工作的时间不超过 2h。对于该系统而言,整个系统停机是极为严重的事件,而常见的故障,例如某个电话线连接中断,则是可以允许的失误。TSPS 系统使用了被动和主动查错及纠错技术来减少系统失效,其策略是尽快地检测出某些特殊类型的错误,避免其扩散和蔓延而影响整个系统。

在一些大型复杂系统中,实现用户程序间的隔离是防止一个用户程序的失效而影响其他用户程序及整个系统正常运行的关键措施。下面介绍针对操作系统提出的实现错误隔离的基本方法,但原则上也适用于其他任何一类程序。

(1) 不允许一个用户的应用程序引用或修改其他用户的应用程序或数据。

(2) 不允许一个应用程序引用或修改操作系统的编码或操作系统的内部数据。两个程序之间的通信或应用程序与操作系统之间的通信只能通过规定的接口,并在双方都同意的情况下才能进行。

(3) 保护应用程序及数据,使得它们不至于由于操作系统的错误而引起程序和数据的偶然变更。

(4) 操作系统必须保护所有应用程序及数据,防止系统操作员或维护人员引起程序及数据的偶然变更。

(5) 应用程序不能中止系统工作,不能诱发操作系统去改变其他应用程序及数据。

(6) 当一个应用程序调用操作系统去执行一种功能时,所有参数都必须进行检查,应用程序不能在检查期间以及操作系统实际执行时改变这些数据。

(7) 操作系统运行时,不能受任何可能被应用程序直接访问的系统数据的影响。

(8) 应用程序不能避开操作系统直接使用为操作系统所控制的硬件资源,应用程序也不能直接调用操作系统中仅供内部调用的各种功能。

(9) 操作系统内部的各种功能应相互隔离,防止一个功能中的错误影响其他功能及数据。

(10) 如果操作系统检测到了内部错误,应尽量隔断这个错误对应用程序的影响,必要时可终止受到影响的应用程序的运行。

(11) 操作系统检测到应用程序中的错误时,应用程序应具有选择处理错误方式的能力,而不是只能被操作系统无条件地终止运行。

7.3.5 容错设计

1. 容错概念

从故障角度出发,保证和提高系统可靠性有两种方式:一种是故障预防,另一种是容错方法。故障预防旨在尽可能减少或预防故障的发生,使故障发生概率保持在一个可接受的水平。这种方法能够满足许多系统的可靠性要求。但是故障预防措施并不能完全杜绝故障的发生,这对有高可靠性要求或失效后果可能为灾难性的系统,譬如对宇宙飞船、飞控系统来说,是不能令人满意的。此外,有时为使故障发生概率保持在某一水平之下,单纯采用故障预防措施的代价太高,这就有必要采用容错方法。故障预防方法与容错方法是相互补充,而不是相互排斥。

"容错"是在出现有限数目的硬件或软件故障的情况下,系统仍可提供连续正确执行或运行的可接受的状态(避免系统完全失效)的内在能力。容错设计的目标是完全或部分消除软件错误,尤其是对软件系统的影响特别严重的错误,恢复因出现故障而影响系统运行的进程,降低因软件错误所造成的不良影响。对于规定功能的软件,容错软件在一定程度上对自身故障具有一定的屏蔽能力,当错误导致软件故障时,软件能够从故障状态自动恢复到正常状态,且仍然能在一定程度上完成预期的功能,使得软件具有一定的"容忍"错误的能力。

由于容错和避错不同,容错是针对软件中的故障向系统提供保护技术,因此,构成容错软件的每一版本程序应采用避错设计,确保单版本可靠性。软件容错包括恢复块和多版本程序设计两种基本方法。前者对应于硬件动态冗余,后者对应于硬件静态冗余。

目前,对容错软件的定义形式很多,对于规定功能的软件,归纳起来有如下4个方面:

(1) 在一定程度上对自身故障的作用具有屏蔽能力。

(2) 在一定程度上能从故障状态自动恢复到正常状态。

(3) 在因为缺陷而导致故障时,仍然能在一定程度上完成预期的功能。

(4) 在一定程度上具有容错能力。

以上4个方面在描述上各有侧重,但在以下3个方面是共同的:

(1) 容错的对象是由需求规格说明定义的规定功能的软件,容错只是为了保证在软件缺陷导致故障时,能维持规定的功能。如果软件设计是完全正确的,容错设计将是多此一举。

(2) 由于软件缺陷大多是不可预见的,输入信息的构成极为复杂,加之为实现容错而需要增加资源使得软件更加复杂。容错能力总是有限的,即使容错软件不会完全失效,也要实现降功能运行。

(3) 当软件由于自身缺陷而导致故障时,若其为容错软件,应能屏蔽这一故障,并对其进行处理以免造成软件失效。通常,这一功能是通过故障检测算法、故障恢复算法等并调动软件冗余备份来实现。

所谓冗余备份,并不一定是包含全部功能的软件模块,它可以是某些功能块、子程序或程序段。这些备份和检测程序、恢复程序统称为容错资源。容错软件由实现规定功能的常规软件所需的资源和容错资源共同构成。常规软件是主体,容错部分是为提高可靠性而增加的附加部分,容错部分允许的开销,随系统对软件可靠性的要求不同而不同。如果容错的开销超过了允许的范围,即采用这种方式比在开发过程中竭力实现"理想软件"还要昂贵的话,容错软件就失去了生命力。当然,完全依靠测试排除所有软件缺陷的代价也是相当可观的。因为:

(1) 缺陷与因其引起故障的关系十分复杂,依据对故障的观测来确定缺陷非常困难。

(2) 软件中的残存缺陷大多同软件总体以及各阶段形成的文档等密切相关,难以一并排除。

(3) 在开发时间上,通常不允许做旷日持久的测试和更改。

工程上是否采用容错方式来保证软件可靠性将由资金、人力、时间等因素决定。即便采用容错,在技术上也要避免可能导致价格急剧增加的因素,同时还应关注如下因素:

(1) 如果软件在某种激励下出现故障,该软件的备份在这种激励下也必然出现故障。

(2) 一个软件模块在某一特定输入条件下出现故障,但在其他输入条件下仍能正常工作。与替换故障硬件不同,对软件模块的替换是暂时性的,即故障处理之后,被替换的模块仍可再次被投入使用。

(3) 由于软件与硬件在复杂性方面的本质差异,软件容错在实现技术上比硬件容错要复杂得多。

2. 软件容错的基本活动

实现软件容错的基本活动有 5 个,分别是故障检测、损坏估计、故障恢复、故障隔离及继续服务。

1) 故障检测

容错活动的第一步就是故障检测,故障检测的目的是检查软件是否处于故障状态,包括检测点设置和故障判别准则制定两个基本活动。对于检测点的设置,一种策略是将检测点设置得尽可能早,另一种策略是将检测点设置得尽可能晚。对于故障判别准则,这里涉及"可接受性"标准。软件故障检测可以从两个方面进行:一方面检查系统操作是否满意,如果不是,则表明系统处于故障状态;另一方面是检查某些特定的(可预见的)故障是否出现。故障检测方法包括重执测试、逆推测试、编码测试、接口检测和诊断检测等。

故障检测包括在线自动检测和离线检测两种形式。离线检测主要用于软件调试及软件维护过程中的故障查找,容错软件的实现主要依靠在线检测。故障检测的具体方法与特定问题的自身特点及其要求相关。这就决定了检测方式的多样性,同一个容错软件中往往包括多种不同的检测方法。

在软件中,同故障检测相关的是故障定位,它通过预先在某些层次(或级)上插入探针实现。但有时也只能确定错误存在于哪一段进程范围之内。

2) 损坏估计

从故障显露到故障检测需要一定时间,在这期间故障可能被传播和蔓延,系统的一个或多个变量被改变,因此,需进行损坏估计,以便采取措施,进行故障恢复。所以说,容错技术除故障检测和故障恢复外,对故障造成的损坏进行估计并有效隔离故障以及在故障恢复之后提供继续服务是不可或缺的。

损坏估计不仅要求判定故障被检测出来之前已经引起的破坏,还要求故障被检测之后、在处理的延滞中或恢复实施过程中,无效信息在系统中传播的可能以及因此导致的其他未被检测到的后续故障能提前预估。

一般地,对故障的损坏估计是依靠系统设计人员对损坏限制的规定和识别损坏的探测技术来实现的,即根据系统的结构对预测故障可能引起的各种现象做出假设,并按损坏的严重程度加以分类。在运行时,由现象逆推导致这些现象出现的损坏,然后根据相应的估计确定适当的反向恢复点。

3) 故障恢复

故障恢复是指在完成故障检测之后做出处理决策,在规定的时间内完成故障处理,将软件从故障状态转移到非故障状态,恢复系统运行。它是容错软件的核心目标,一般地,故障恢复包括前向恢复和后向恢复两种基本策略,如图 7-6 所示。

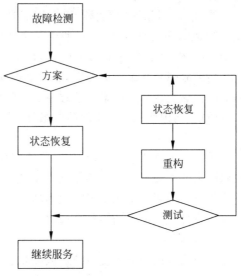

图 7-6 故障恢复策略

(1) 前向恢复。

前向恢复是指故障被检测出来之后,仅对其结果进行预置处理,然后继续进程的运行,提供可以接受的服务。前向恢复在许多情况下是非常有效的,特别是在实时系统中,巧妙地设置恢复点可以使系统很快地恢复运行。异常处理语言(如 PL/I 语言中的 ON)就是专门为了支持前向恢复而设计的。但是,前向恢复也存在着如下缺点:①故障恢复后大多是降功能运行;②这种方式不触动故障的根源,重复相同的运行过程时,同样的故障仍可能被触发。因此,前向恢复在使用上存在一定的局限性。

(2) 后向恢复。

后向恢复即故障被检测出来之后,对软件重构,以备份替代有错误的部分,然后重新运行,提供正确服务。对于后向恢复,也可能存在降功能问题,采取恢复措施时,应考虑资源耗费和容错效果。按实际系统对故障处理的要求,恢复包括完全恢复、降功能恢复和安全停机3 个等级。它们分别用于对可靠性、可用性要求不同的系统,也可以用于同一系统中对不同故障的处理。例如,在一个系统中,可按同一设计要求独立设计多个冗余备份来实现完全恢复,也可以使备份减少次要功能来实现降功能恢复。当故障不能恢复时,如果允许停机处理故障,则可以考虑使系统处于安全的停机状态,确保系统免遭破坏。通常,在不能完全恢复时自行作降功能恢复,在降功能恢复也难以实现的情况下作安全停机。

如果故障性质可以预先分类,且在动态处理过程中,这些故障类可以区分,即发现的故障可以立即归类,那么为每类故障提供有效而合理的恢复方式是可能的。

内部故障即发生于进程中并能被该进程自身检测和完全处理的故障,是可以预见的,对该类故障的恢复措施是系统设计的重点。它包括相应的维护,如局部异常处理程序等。异常处理程序包括一个或多个异常情况的处理,它可以出现在一个程序单元的末尾。

外部故障是指发生于进程中,能被本进程检测,却不能被本进程完全处理,对其他进程无影响的故障,对它可依其严重程度选择不同的方法。

① 对于不会引起致命后果的进程中出现的故障,可以不作特别处理使系统有条件地继续运行;

② 对于偶发性外部故障,可采用短时间内可接受的方法,如作降功能处理;

③ 对多发性外部故障,可使用冗余备份实施局部替代,这是一种对各类故障来说都有效的手段,但使用这一方法的代价是比较大的。

传染故障是发生于进程中,能被本进程检测但不能被本进程完全处理,且影响其他进程的故障。这类故障是容错中倍感棘手的问题。由于传染性,进程中各恢复点上都可能保留了故障信息,因此处理传染故障的最好方法是进行完全替代。

4) 故障隔离

采取故障隔离措施,抑制故障传播与蔓延,有利于容错的实现。权限最小化原则是实现故障隔离的主要思想。为了限制故障蔓延,要求对过程和数据加以严格定义和限制,使过程不能提供任何超过事先规定限度的功能,也无权接收来自限定数据库之外的数据。在结构化程序设计中还可以利用各个层次与模块之间的进、出口信息的相互制约关系来隔离故障。

5) 继续服务

故障恢复的任务是使系统从故障状态恢复到故障前的某一状态(即后向恢复点)或预先设置的其他状态(即前向恢复点)。由于进程中包括了恢复这样的子过程,用户得到的服务实际上和没有这个子过程不同。要求经恢复之后得到的服务是软件需求规格说明中所能接受的。前向恢复后的输出序列中所失去的部分数据不致影响软件的基本功能,以及后向恢复后输出序列中重复多余的部分信息以及故障状态等不致影响输出的正确执行等,都是保证系统继续服务需要考虑的。

3. 容错软件的基本结构

软件容错是通过冗余来实现的。但软件冗余绝不是一个软件版本的简单复制,复制不产生新的软件,用同一版本的软件进行冗余只能防止硬件的损坏或环境的干扰所引起的物理故障,并不能防止软件的自身缺陷所造成的故障。软件容错的基本方法是将若干个根据同一个需求规格说明由不同软件开发人员完成的不同程序,在不同的"空间"同时运行或在同一"空间"依次运行,然后在每一个预定的检测点,通过测试或最终通过表决进行"裁决",在明确其正确性或一致性后接受这个结果,否则拒绝并进行报警。其基本结构如图 7-7 所示。

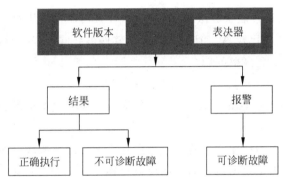

图 7-7 软件容错的基本结构

从图 7-7 中可以看出,具有这种结构的软件可能会出现以下 3 种情况:

(1) 表决器判断正确,软件正确实现软件需求规格说明所要求的功能;

(2) 表决器判断正确,发现故障、发出报警,能制止系统失效导致严重的结果;

(3) 表决器判断错误或软件本身存在着不可诊断的故障,使软件错误运行。

软件的可靠性、有效性、安全性的高低就是由上述 3 种情况出现的概率多少所决定。

由容错软件的基本结构衍生出来许多方案结构,但经过实践后认为比较有效的是两种基本结构,即多(N)版本程序设计(n-version programming,NVP)的结构和恢复块(recovery block,RB),它们分别代表了软件容错设计的两种主要流派。

1) 多版本程序设计

多版本程序设计的思想出自硬件的 NMR(N-modular redundant)结构,是一种静态冗余结构方式。版本是某一配置项的一个可标志的实例,多版本(NV)是指根据同一需求规范来编制的不同版本程序。

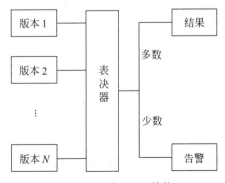

图 7-8 基本 NVP 结构

NVP 的基本结构如图 7-8 所示。

NVP 要求由 N 个实现相同功能的不同程序和一个管理程序组成,其结果经相互比较或表决后输出。这种比较或表决可以采用多数决定,也可以要求一致决定的方式。在多数表决中可以是简单多数,也可以是任意比例的多数,可以根据系统执行任务的性质来选择。在没有特殊说明的情况下,NVP 的表决就是指简单多数。

如图 7-8 所示的 NVP 是最简单的结构。因此,它的表决器(或表决算法)也极为简单。通常只要把运算结果送入管理程序中的比较向量,待各版本的结果均已送达,由管理程序的比较状态指示器发出表决指令,然后决定输出运算结果还是输出报警。

由于 NVP 结构中,即使有少数版本出现重合故障,系统通过表决仍可以得到正确的结果,这就制止了系统由故障向失效的发展,提高了软件的可靠性。也可以从需求阶段文档开始便作多个版本,这样容错便包括了需求说明阶段的故障。但是对用户来说,要同时确认几个不同的需求说明是有困难的。因此,在本节中主要强调多版本程序是根据同一需求文档来编制的。

NVP 的优点是它通过表决算法来比较各版本的运行结果,从而达到屏蔽某一版本软件故障的目的,表决成功率比较高。但是不同版本软件最终同步表决时,需要解决好故障允许的限度和可能存在的一题多解问题。

2) 恢复块技术

恢复块技术最初是由 Horming 于 1974 年提出。恢复块结构的思路来自硬件的待机冗余的动态结构。

恢复块技术首先认为程序是由若干个可以独立定义的块构成。每一个块(基本块)都可以用一个根据同一个需求说明设计的备用块来替换。至于什么时候替换、如何替换,则由接收测试恢复措施来决定。基本块、所有备用块和接收测试及恢复结构一起构成一个恢复块结构。从进入一个恢复块到退出该块的基本工作方式如图 7-9 所示。

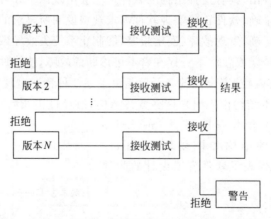

图 7-9　恢复块基本结构

由图 7-9 可知,首先运行基本块;然后进行接收测试;如果通过测试便将结果输出给后续程序块,否则便调用第一个替换块 1;否则调用第二个替换块 2;……;调用第 N 个替换块 N。在 N 个替换块用完后仍未通过测试,便进行故障处理。

状态保护和恢复是两个非常重要的环节。状态保护是进程进入该块时将状态保持下来，它包括每一次进入该块时的数据和指令，以便备份块替换后能正确地重新进行，完成该块程序的任务。状态保护需要专门的恢复缓冲寄存器，专门用它来存储可能变化的变量和状态的初值。

RB 结构允许只对于较为复杂、容易出故障的程序段进行冗余，使得容错软件造价得以降低。从这个角度看，和 NVP 相比，它具有经济上的优点，能够较为合理地分配软件的可靠性资源，以求整体上较好的效益/成本比。但是在选择容错域大小时，它和 NVP 相比，增加了一个实施接收测试的难度问题。选择较大的容错域要求接收测试发现更多的故障，增加了测试的难度和复杂性，使 RB 的表决成功率完全取决于检测点上的接收测试的设计。

设 b 表示错误事件集，a 表示正确事件集。如果 NVP 的表决算法考虑不周，就会把软件运行中一些本应属于事件集 a 的情况判为属于事件集 b，降低了系统的有效性；如果 RB 的接收测试不完善，就有可能把本应属于事件集 b 的情况判为属于事件集 a，降低了系统的可靠性和安全性。

不论是 NVP 还是 RB 结构，首先都要求冗余的程序或程序块（段）的每一个版本本身应该达到一定的可靠性水平，这一水平能否达到由技术和经济两方面决定。只有单一版本有较高的可靠性，才有可能通过冗余使系统达到更高的可靠性。

7.4 软件可靠性测试

软件可靠性测试是软件确认阶段对软件需求规范中软件可靠性定量目标的回答，在用户参与情况下实施。在软件可靠性测试过程中不进行软件缺陷剔除。

1. 软件可靠性测试与软件测试

软件测试包括结构测试、功能测试、强度测试、性能测试等多种形式，软件可靠性测试是软件测试的一种形式。与其他形式的软件测试相比，它有如下几个特点。

（1）实施阶段：软件确认（验收）阶段。
（2）实施对象：软件产品的最终形式，而不是中间形式。
（3）实施目的：定量估计软件产品的可靠性。
（4）实施特征：不进行软件缺陷剔除。
（5）实施限制：依照软件可靠性需求规范和软件运行剖面实施。
（6）实施计划：在软件需求分析阶段制定。

2. 软件可靠性确认（验收）模型

与硬件可靠性验收的情形类似，软件可靠性验收模型与软件可靠性验收的试验方案一一对应，其作用是根据软件可靠性验收的试验结果（收集的数据）给出软件可靠性的定量估计值，以便从可靠性角度判断是否接受该软件。目前已提出的软件可靠性验收模型有 Nelson 模型、定时截尾寿命验收模型、序贯寿命验收模型以及模糊模型。

复习思考题

7-1 软件失效与硬件失效的主要区别是什么?
7-2 软件为什么会失效?
7-3 软件可靠性提高主要有哪些措施?

第 8 章

可靠性管理

　　一切可靠性工程技术活动都要由可靠性管理机构或人员去规划、组织、协调、控制与监督。因此可靠性管理在所有可靠性活动中处于领导和核心地位。

　　可靠性管理就是在时间和费用允许的基础上,为了生产出满足用户要求的高可靠性水平的产品,在设计、研制、制造、使用和维修的全部过程中,所采取的一切组织、计划、协调、控制与监督等工作。

　　国外对可靠性管理工作相当重视。20 世纪 50 年代,美国国防部及某些公司就建立了可靠性管理及研究机构。60 年代开始重点研究如何改善可靠性管理;如何在公司、研究机构中加强可靠性管理,设置合适的可靠性组织机构、制定可靠性计划;如何在设计、研制、生产及使用等各阶段保证可靠性,确定可靠性或系统有效性与费用的关系;如何更有效地利用可靠性数据;如何培养可靠性专业人员等。美国可靠性管理标准 MIL-STD-785《系统与设备的可靠性大纲要求》中的第一句话就是:"军用系统所具有的可靠性,直接取决于所规定的可靠性要求及管理部门在整个寿命周期内对可靠性重视的程度。"国际电工委员会 IEC-300 文件指出:"可靠性管理是任何工业系统在生产可靠性产品时,有关公司必须采取的方针,即作好可靠性计划、管理和技术规范的研究、采纳及应用,这是保证用户对产品可靠性最低要求所必需的。"

　　我国在吸收国外先进经验的基础上,针对我国具体情况,正在采取措施加强可靠性管理工作,主要从两方面进行：一是国家、省、市行政部门的可靠性管理;二是加强企业的可靠性管理。国家行政部门的可靠性管理是通过自上而下的领导和干预以推动我国可靠性工作的开展及不断地深入,包括政策法规、行政条例、国家与专业标准、管理体制、规划、指标考核、基础研究、计量、检查监督、质量跟踪、国家与行业情报收集与交换、质量认证、安全性认证、生产许可证、评审诊断、创优评比、技术交流及教育培训等。企业可靠性管理包括方针目标规章制度、企业标准、组织机构、可靠性计划、指标考核、应用研究、设计与评审、质量认定、工序控制、试验监督、质量跟踪、维修服务、全寿命周期费用分析、情报数据收集与应用、技术交流与教育培训等。

8.1　可靠性管理的目标和内容

8.1.1　可靠性管理的目标

　　制定可靠性方针与目标的依据是：用户(或合同)要求；市场需求与市场调研成果；用户信息反馈资料；同行业产品的可靠性水平和可靠性资料；国家规定的技术标准与法规;

本单位的资金、技术、设备和引进技术的可能性;上级公司或股东对单位的各项要求或制约因素。可靠性管理工作的目标应围绕着提高可靠性水平而开展。应杜绝致命故障,防止严重故障,延长保修周期,降低索赔,降低故障率,减少维修,延长预防性维修周期,改善维修性,降低维修时间与费用,不断提高平均寿命或平均故障间隔,减少易损件数量,合理确定产品报废周期,以社会效益和市场竞争能力为主,在确保可靠性目标的前提下降低生产成本。

8.1.2 可靠性管理的内容及特点

可靠性管理的内容涉及面甚广,它既与工程设计、生产制造、质量管理等部门有关,也与人事、教育、采购、销售及服务等部门有关。下面介绍可靠性管理的主要内容。

(1) 建立可靠性管理机构。可靠性这一新学科涉及许多不同的技术领域,需要各级领导重视并建立相应的可靠性组织机构。国家各部委应设立专门的机构,或责成指定的司、局、处负责抓好可靠性管理工作,还应成立相应的可靠性研究机构(如可靠性研究中心)归口抓好行业的可靠性管理工作。企业也应设立可靠性管理机构,可由总师办主管,由专人负责。

(2) 制定可靠性计划。可靠性计划又称可靠性大纲,是开展可靠性工作的纲领性文件。它是产品研制、生产、使用及计划的一个重要组成部分。它包括为使产品达到预定的可靠性指标,在研制、生产、使用等各阶段的任务内容、进度要求、保证条件及为实现计划的组织、技术措施等。

(3) 抓好设计的可靠性管理。设计阶段为可靠性奠定基础,制造阶段则保证可靠性实现。产品的可靠性主要是设计阶段赋予的,必须从设计阶段就开始开展可靠性活动。设计阶段的可靠性管理内容主要有:

① 明确设计工作职责,严格贯彻责任制。

② 编制企业"新产品开发程序"及实施细则,采用定量方法来评定产品设计优劣和水平,鼓励和督促设计人员采用新技术,提高产品可靠性。

③ 贯彻上级和企业可靠性标准及文件。

④ 规定设计人员必须采用可靠性设计方法和措施(对某些产品,主管部门可根据需要规定不进行可靠性设计则不准投产)。

⑤ 请有关专家对设计进行评审,在费用允许的范围内找出设计方案、可靠性、功能制造、使用性、维修性及安全性等方面存在的潜在问题。

⑥ 新产品的样机鉴定。可靠性试验和管理部门应对样机进行严格的可靠性试验。必要时将样机送用户处去运行,以获得现场使用数据和评价,进而修改和完善设计。

⑦ 为提高老产品的可靠性所进行的设计改进(方法有变更零部件、元器件类型,使用较高可靠性的零部件,降额使用技术,采用并联储备,工艺上对零部件、元器件严格筛选,对部件或整机进行跑合试验,出厂前排除早期故障等)。

(4) 搞好制造阶段的可靠性管理。设计和制造共同决定了产品出厂时的固有可靠性。设计所决定的可靠性如果在制造阶段不采取管理措施,没有先进的技术、设备和工艺来保证,就会引起可靠性退化,降低产品可靠性。制造阶段可靠性管理的基本目的是掌握、评价和控制在加工、装配、搬运、保管和运输过程中可能影响可靠性的因素,以保证达到设计要求的可靠性。制造阶段可靠性管理的主要内容有：

① 企业应建立一套完整的质量和可靠性保证体系,如组织机构、岗位责任制、质量记录等,以保证质量和可靠性目标的实现;

② 审查全部技术文件,采用先进的设备和工艺;

③ 建立严格的材料、零部件及元器件的入厂检验制度;

④ 对主要的外购件、外协件供应厂家必须进行质量评审,有评审制度和管理办法;

⑤ 建立严格的试验、检验、筛选及调试制度,确保产品的质量和可靠性;

⑥ 有完备的可靠性技术文件,文件应包括产品的技术标准、对原材料及外购件的要求、完整的仪器设备装校规程、检验规程、工艺质量保证体系、使用说明书等;

⑦ 推行新工艺,对能保证产品高质量、高可靠性的工艺应实行标准化;

⑧ 建立严格的工具、量具、卡具及测试仪器的管理制度;

⑨ 加强包装、保管、运输的管理;

⑩ 对工作人员进行严格的培训,进行理论与操作的考核,合格者才可上机工作。

(5) 搞好使用维修的可靠性管理。如前所述,设计为可靠性奠定基础,制造保证可靠性实现,而使用维修则是维持可靠性水平。设计和制造所赋予的产品固有可靠性,在运输、储存、使用及维修过程中会由于各种因素发生退化,而使产品的使用可靠性下降。只有搞好使用维修的可靠性管理,才能保证产品较长期的稳定运行,维持出厂时的可靠性水平,延长产品的有效寿命。使用维修管理的内容有以下几点：

① 建立维修组织,明确岗位分工,开展维修人员的技术培训及业务考评;

② 以故障分析及维修规律为基础,针对不同的产品确定不同的维修方针,即什么情况采用预防维修,什么情况采用事后维修、视情维修等;

③ 制订维修计划,包括维修周期的确定、维修过程、维修人员配备、备品备件及维修费用等方面的计划;

④ 制定维修方法,包括建立维修规章制度、维修标准及检查验收办法;

⑤ 搞好使用维修信息反馈工作,包括做好维修记录进行故障分析、数据分析,为改进设计提供科学信息。

(6) 搞好可靠性增长管理。可靠性增长是研究随着产品的设计、研制、生产等各阶段工作的逐步进行,产品的可靠性特征量逐步提高的过程及规律。搞好可靠性增长管理,才能把握产品质量和可靠性指标在不同阶段的水平和增长速度,并预测可能达到的目标。

(7) 进行可靠性认证。可靠性认证是对可靠性有要求的产品质量进行认证的重要组成部分。它是由生产方、使用方以外的第三方对生产方的可靠性组织、管理及产品的技术文件进行审查,对产品进行可靠性试验,以确定产品是否已达到要求的可靠性水平。

(8) 制定、推行、贯彻可靠性标准和规范,组织编写可靠性工程手册等技术文件。

(9) 建立可靠性和维修性数据库。企业应建立自己产品的数据库,行业应建立可靠性数据中心,国家各部委应建立可靠性数据交换网。

(10) 开展可靠性工程技术的教育与培训。在现代工业生产中,可靠性是产品质量的核心。若想生产出高可靠性的产品,必须从产品的开发、设计、试制、生产到使用维修的全寿命周期内应用可靠性技术,推行可靠性管理。而可靠性技术及可靠性管理均强调人的因素,没有大批可靠性技术和管理的人才是不可能研制和生产出高可靠性产品的,也谈不上可靠性管理。因此,开展可靠性教育,培养大批可靠性专业人才是十分重要的。为此高等工科院校目前所面临的任务是使学生学习一定的可靠性工程基础知识,培养掌握可靠性学科的专业人才。要大力开展短期培训工作,对企业经理、厂长、总工程师、设计师、工艺师、质量检验工程师、管理工程师以及质量检验员、外协人员、产品加工、组装、试验人员、用户的运行及保养维修人员等都应进行不同层次的可靠性技术和管理方面的教育与培训。

可靠性管理有如下几个特点:

(1) 可靠性管理十分强调人的因素,各级领导要重视,企业全体人员要密切配合。

(2) 产品全寿命周期内的可靠性活动是一个整体,必须全面计划、统筹安排、相互协调、各尽其职。厂方与用户、企业内不同的部门、制造厂及协作厂等应统一思想,统一目标,为提高产品可靠性共同努力。

(3) 可靠性管理不但注重产品的静态特性,还应注重产品的动态特性,即产品的性能参数随时间变化的规律,注意产品全寿命周期内各种质量指标,包括可靠性指标的变化特点。

(4) 以失效分析为基础,以统计分析为手段,不断地进行产品的失效分析、现场及试验数据的统计分析、技术情报的交流及信息反馈,为提高产品的可靠性提供科学依据。

(5) 采用事前评价、预测、试验等先行分析方法,利用数据中心进行情报、信息的集中管理,促进技术储备和利用。

8.1.3 可靠性管理与质量管理

质量管理是为保证与提高产品质量所进行的调查、计划、组织、协调、控制、检验、咨询、诊断、处理及信息反馈等各项活动的总称。而可靠性管理是在时间和费用允许的基础上,为生产出满足用户要求的高可靠性产品,在设计、研制、制造、使用和维修的全部过程中所采取的一切组织、计划、协调和控制等工作。两者之间既有共同点,也有区别。如果从企业活动的观点来看,可靠性管理与质量管理的最终目标是一致的,都是竭尽全力生产出高质量和高可靠性的产品以满足消费者的要求。可靠性是产品质量的一个重要组成部分,无视可靠性,产品质量就不会高;质量管理体系中存在不符合可靠性管理目标的内容,这种质量管理也是不健全、不完善的。

事实上,国外所推行的质量管理(QC)也是在不断地发展和完善的。在质量管理基础上发展起来的全面质量管理(TQC)以及在 TQC 基础之上发展起来的质量保证(QA)都包含有可靠性管理的内容。在 QA 的质量定义中,明确包括了可靠性指标,即质量=狭义的质量+可靠性。质量保证的任务基本上有 4 点:①满足用户要求的质量特性;②防止不合格品出厂;③保证产品的寿命和可靠性;④预防故障发生的对策。这和可靠性管理的目标基本上是一致的。从 20 世纪 70 年代起,日本就将可靠性和质量保证融合在一起,将可靠性作为质量保证的一个重要组成部分,在质量保证的每个阶段中,都加强了可靠性环节。国外可靠性与质量管理的关系基本有两种形式:一种是两者融合在一起,将可靠性作为质量保证的扩充;另一种是可靠性与 QA 并行存在。不少企业设有可靠性中心、可靠性委员会等机构以保证生产出高可靠性的产品。

从另一个角度分析,可靠性管理与质量管理还是有区别的。一般来说,质量管理着眼于产品的制造,它注意产品所选用的原材料,注意制造工艺的波动和加工零件的质量波动等制造因素。因此质量管理是以生产过程为中心,控制产品的性能指标达到设计标准,最后以出厂合格率进行评定。参加质量管理主要是产品的制造及检验部门。如果以产品制成的时间为起点,质量管理更关心的是产品出厂时的质量,即 $t=0$ 时刻的质量。

可靠性管理则着眼于产品的寿命、时间品质,关心产品在使用条件下的故障率、平均寿命等可靠性指标。它是通过试验和现场使用数据信息发现、反馈故障信息,以事前设计、分析为中心对故障进行预测和预防,保证可靠性指标的实现。可靠性管理关心 $t>0$ 时的产品质量,即产品在规定的条件下使用时所表现出的时间品质。因而,参加可靠性管理活动的部门包括设计、制造、试验、使用、维修及服务等部门,强调全过程的管理。

我国目前在企业中也推行 TQC,按理说这和可靠性管理是一致的,但实际上我国目前推行的 TQC 主要精力还是放在以生产过程为重点的管理上,主要还是靠产品检验把关,考核产品出厂前的质量。因此要提高产品的可靠性,除了要健全和加强现有的质量管理系统外,还要建立可靠性管理体系,将可靠性纳入产品质量指标中加以管理。

8.1.4 可靠性管理机构及职责

为了有效地推动可靠性工作,把各项指标落到实处,必须建立可靠性工作的领导和管理机构,统一领导与组织可靠性管理大纲的制定与实施,落实组织保证、经费保证、制度保证、技术保证、物质保证,从而充分调动各方面的人力物力资源和人的积极性。

企业可靠性管理机构编制的一般原则有:

(1) 建立可靠性管理机构时,从机构的规模、机构的设置、人员的挑选及规定权限等方面,都应能保证其有效地履行自己的职责。

(2) 可靠性管理机构与其他的生产、经营、质量、标准化及销售等管理机构要有机地配合,进行综合、有效的工作,经常密切联系、互通信息和协调工作。

(3) 可靠性管理机构要有较高的业务能力和技术水平,其成员不仅具有监督和评价可靠性活动的权力,还应有计划、管理、指导以及参与实施可靠性活动的能力和水平。

企业可靠性机构的组织形式是多种多样的,没有统一或最佳的组织形式,企业应根据自己的性质、特点、规模、经营品种及管理水平等条件,随着企业的不断发展和可靠性工作的不断深入,建立与之相适应的组织机构并且不断完善。对于中小型企业而言,可靠性机构通常应该包括总工程师或可靠性委员会、可靠性工作室、设计部门可靠性研究室、可靠性试验室、元器件质量保证部门、质量检验部门、制造车间(或车间可靠性小组)以及采购部门等。

可靠性工作室(或研究室)既负责(研究)技术,也负责(研究)管理工作,在厂长、总工程师或工厂质量与可靠性管理委员会领导下工作。其主要职责有:①拟制工厂可靠性工作的目的、方针草案,经厂长、总工程师或工厂质量与可靠性管理委员会批准后全面实施;②拟定工厂可靠性组织机构草案(包括组织形式、人员编制和人才挑选),拟定可靠性活动文件;③拟定工厂可靠性活动计划,并负责检查监督实施;④组织设计可靠性审查,对研制产品提出可靠性要求和实施可靠性技术的措施;⑤拟制和实施可靠性教育与训练计划,拟制与审查有关可靠性标准和技术规范;⑥拟制与审查环境试验与可靠性试验方案;⑦编制和提供推荐的优选元器件手册,认可元器件采购清单,加强元器件使用可靠性的分析研究;⑧收集和提供可靠性数据分析、调查和结果;⑨协调各部门可靠性工作、加强可靠性技术与管理的交流,对可靠性实验室提出建议和实施管理;⑩定期向厂长、总工程师或工厂质量与可靠性管理委员会汇报工作,及时完成各项任务。

总工程师或可靠性委员会领导全厂可靠性工作。其主要职责有:①审查和批准全厂可靠性活动目标方针;②审查和批准可靠性组织的编制、职责和权限;③审定和配置可靠性工作人员;④筹集资金和审查经费的使用情况;⑤主持制订或审批可靠性活动的基本文件;⑥批准各车间、科室,工程或产品的可靠性计划,并定期审查其实施结果。

设计部门可靠性研究室(组)的权限和职责:①执行上级下达的可靠性设计任务和计划,拟制本部门的可靠性计划(草案);②负责本部门的可靠性教育;③负责本部门工程项目或研制产品的总体可靠性设计,例如,确定可靠性指标,确定总体可靠性方案和进行可靠性指标的论证,拟制产品可靠性设计任务书,对产品可靠性设计进行审查等;④审查产品外购件清单,对重要的设计文件和图纸进行会签;⑤拟制产品可靠性试验方案;⑥协助解决产品生产中出现的可靠性技术问题;⑦对整机系统进行可靠性分析,拟制有关的可靠性标准和技术规范草案;⑧参加可靠性技术与管理的交流活动;⑨编制和提供适合于本部门工程项目或研制产品需要的优选元器件手册和失效率数据手册;⑩对元器件进行质量认定;进行元器件的可靠性分析,参加可靠性设计评审活动。

可靠性实验室的职责有:①执行可靠性工程师拟制的可靠性试验方案,负责计划和实施可靠性试验;②在可靠性工程室或设计部门设计工程师和可靠性工程师的指导下,进行失效分析与处理,提出试验结果的分析与试验报告;③对实验室试验设备的管理和建议等。

元器件质量保证部门的职责有:①制定元器件采购规范;②制定元器件试验规范(验收试验和筛选试验);③元器件试验及数据处理;④提供优选与标准元器件资料;⑤协助选择元器件;⑥进行元器件失效分析、参加元器件使用中的应力分析;⑦元器件数据交换,进行元器件的质量反馈;⑧参加元器件可靠性技术与管理的交流活动;⑨对元器件运输、储存技术进行监督;⑩对元器件厂家生产能力、质量保证能力、生产技术水平等进行调查,必要时实行可靠性技术监督。

质量检验部门的职责有:①执行设备工作时间日记制度;②对外购产品进行验收,并提出能否进货的报告;③对本厂生产产品进行检验与可靠性保证试验;④对元器件、部件或设备做质量保证试验及破坏试验,并提出报告;⑤定期对试验设备进行校准;⑥对本厂产品能否出厂提出报告和结论;⑦对产品进行质量分析;⑧进行产品现场使用情况的质量访问和维修;⑨进行质量分析,对设计部门提出反馈意见或改进措施建议;⑩参加质量标准与规范的制定和讨论。

制造车间(车间可靠性小组或负责人)职责有:①执行上级技术部门下达的可靠性任务和计划,拟制本部门的可靠性工作规划并组织实施;②加强质量与可靠性管理,保证产品的制造质量;③加强对工人的质量与可靠性教育;④参加制造过程中质量与可靠性问题的分析活动;⑤定期向上级机关报告工作等。

采购部门的职责有:①严格按照外购件清单的要求,保质保量地进行采购;②严格执行采购制度,择优采购,确保外购件的质量与可靠性;③会同技术部门制定元器件代用制度,并严格执行;④发现制造厂的技术质量或可靠性问题,及时向技术部门报告;⑤向元器件厂提供本厂使用情况报告;⑥参与外购元器件的质量与可靠性分析活动,参与向元器件厂商进行质量反馈等。

8.2 可靠性控制计划

可靠性控制计划是产品研制生产计划的一部分,应该统一计划调度。制订可靠性控制计划时需要考虑的主要因素有:

(1) 所要求的系统可靠性水平高低(要求越高,工作安排越细)。
(2) 在系统寿命周期内所处的阶段。
(3) 技术类别和同类产品的可靠性状况(不同类产品具体要求不同)。
(4) 对系统研制计划的其他约束条件,如进度和资金等。

可靠性控制计划根据产品寿命周期的不同阶段而制订。整个产品的寿命周期可分为3个阶段:研制期、生产期和使用期。研制期本身又可分为3个阶段:方案研究、方案验证、工程研制。

1. 研制阶段的可靠性控制

(1) 方案研究阶段。为了实现总技术要求所规定的基本方案设想,提出并对若干种可能的方案进行对比分析,这时就可开始制订一部分外购件与外协件控制计划,安排部分设计评审,进行一部分可靠性分配和预测、部分功能 FMEA、部分应力分析,制订部分元件控制计划,开始制订关键项目清单,开始制订维修方案,如检修周期、维修范围、故障诊断程序、修理后的检测程序、维修技术水平及可维修性设计等。

(2) 方案验证阶段。对几种可能采用的方案进行深入分析研究,使方案细化,并进行一些必要的试验件的试验和分析,最后确定一种方案进行工程研制。在这一阶段可以开始建立一部分失效反馈、分析和改正制度,更全面地进行可靠性分配和应力分析,开始做一部分环境试验、环境应力筛选、增长试验,并对先行部件做鉴定试验。

(3) 工程研制阶段。设计、制造、试验并鉴定整个系统和主要的辅助设备。这一阶段最后要做出正式样件或实际产品(系统),进行模拟使用试验或实际使用试验。这一阶段的可靠性控制工作对产品可靠性的影响最大。对于承制方,需要制订可靠性工作计划,以便实现产品可靠性大纲所规定的全部任务。产品的可靠性大纲,是产品研制过程全部可靠性工作的总体规划,包括可靠性目标、要求以及必须进行的各项工作及其实施要求,是纲领性文件。可靠性计划是为落实可靠性大纲规定的目标和任务而制订的具体程序。要对目标和任务进行层次分解,直到可以执行和控制;对每项可靠性活动在何阶段、何时间完成,开始的条件、结束的标志,由谁负责、谁配合完成,输入到何处等都应有详细说明和规定。大纲是计划的依据,计划是大纲的具体化和实施保证。前者好比是节目单,后者是每个节目的具体安排。工作项目是指产品在研制过程的某段时间内,为完成规定任务所必须做的某项可靠性工作。由于产品的复杂程度、可靠性要求的高低、承制方的能力与水平的差异,具体选取哪些项目,主要由工程领导人根据经验确定,可靠性工程师要做好参谋。

2. 生产阶段的可靠性控制

在产品生产阶段应做好以下可靠性管理工作:

(1) 制订质量控制计划,即标准的质量控制工作,包括防止可靠性水平下降的方法,入厂检验,工序试验和成品试验程序,环境应力筛选和对工艺流程、拒收率和检验效率的监控等。

(2) 外协件控制。

(3) 定期全面检查产品生产情况。

(4) 失效反馈、分析与改正制度。

(5) 关键项目控制。

(6) 对设计更改项目应进行 FMECA、应力分析等。

(7) 验收试验。

(8) 可靠性鉴定试验,测定失效率或 MTBF。

3. 使用阶段的可靠性工作

在产品使用阶段应该从以下 5 方面做好可靠性管理工作:

(1) 数据的收集与分析。故障记录和故障原因的诊断。注意确定哪些是可以从设计上或生产上改正的失效模式。

(2) 备件的预测与管理。保证有备件替换损坏的部件。注意,一方面减少库存,另一方面要求维修时间不超出预定时间,备件可集中管理。

(3) 人员培训。培训操作和维修人员操纵设备(产品)和进行故障诊断。

(4) 使用与维修文件的管理。保证所有操作人员和修理人员能及时得到最新的符合设备实际情况的使用与维修文件。

(5) 工具与测试设备的供应。确定维修所需的工具与测试设备,并将其放置在合适的地点,保证能在需要时使用。

另外,在许多情况下,产品的研制生产是按使用方和生产方签订的合同进行的。这时订货方可以采取的控制可靠性的办法有:与生产方共同研究确定各项可靠性要求;在开始研制之前要求生产方提出可靠性大纲和计划;审查生产方的可靠性大纲并监督其执行情况;参加设计评审;要求做可靠性验证;制定奖惩制度等。

4. 可靠性计划的编制

可靠性计划是实施可靠性管理的核心,编制可靠性计划就是为落实大纲规定的目标和任务而制定的具体实施方案,即包括决定做些什么,怎样做,做到什么程度,什么时候做,由谁来做;对完成计划所需的设备、人力、资金等的概算和落实的说明等内容。

可靠性计划编制的原则有:①根据可靠性大纲确定的要求与项目进行分解和分配,全面考虑,重点放在研制的早期阶段;②可靠性计划应纳入整个工程研制的计划,与其他工作和维修性、安全性、质量保证工作协调一致,避免不必要的重复;③计划要分阶段安排,要求应明确、具体,便于执行、检查;④明确规定各部门、各类人员的责任、权限与相互关系。

可靠性计划编制的主要步骤包括:①分析、确定可靠性要求,划分可靠性管理阶段;②确定各阶段的工作项目与要求;③拟定可靠性活动的日程表;④分配任务、职责与资源;⑤确定检查、评审点;⑥规定信息收集和传递的内容与程序。

8.3 可靠性增长管理

8.3.1 可靠性增长的概念

可靠性增长是近年来发展起来的评价产品可靠性的一种新方法。它能动态地分析和评价系统或产品的可靠性。一般来说,产品的研制过程要经过反复地试验—改进—再试验—再改进的过程。在这个过程中,通过可靠性试验发现故障,然后进行故障分析,采取措施改进设计。这种逐步减少故障的比率、试验—改进过程的循环,可以使所研制的产品可靠性水平逐步提高,这个提高过程称为可靠性增长。

早期研制阶段一台新样机所达到的可靠性大大地低于设计要求的可靠性,其原因是存在着初期设计缺陷、工程缺陷及制造中的各种工艺缺陷。因此,在产品设计、研制过程中考察可靠性增长,才能把握产品质量和可靠性指标在不同研制阶段的水平和增长速度,预测可能达到的目标,以便对研制、生产和管理作出合理的安排。

8.3.2 研究可靠性增长的目的

不同的研制阶段,产品的可靠性水平也不同。要想在不同的时刻确切地给产品可靠性评价并预测之后可能达到的水平,以指导新产品的研制、生产和管理,就要研究可靠性增长。研究可靠性增长的主要目的有以下几点:
(1) 不断地动态评价和分析产品的可靠性水平。
(2) 有助于制订产品研制期间的计划,增强产品的质量管理。
(3) 可作为设计、研制和生产过程中的一种监控手段,以控制研制进度。
产品的可靠性增长主要受3个因素影响:
(1) 对产品的故障检测和分析。
(2) 对已发现的问题进行反馈和改进设计。
(3) 对改进后的设计重新试验。
产品可靠性增长速率取决于上述三者的速度,可通过建立增长模型和绘制增长曲线来控制整个增长过程。

8.3.3 可靠性增长模型

可靠性增长有许多模型,代表着在研制过程中系统可靠性不断提高的规律。如果在研制工作开始之前,就已知针对系统设计和研制效果的某种可靠性增长的数学模型,那么就能确定符合可靠性要求所需的研制工作量,并能确定这种设计是否适合。实际上,大多数情况下,在研制程序开始之前,可靠性增长曲线的准确形状是不知道的,往往先假定这一曲线是属于某一种类型可靠性增长曲线。这样,这种分析就成为从研制试验数据来估计未知参数的统计问题了。随着研制工作的进展,所获得的数据增多,可对这些估计量不断地进行修

正。因此,可靠性增长模型是一种有效的分析工具,其作用归纳起来有以下几点:

(1) 用来分析和控制所研制的产品随时间而发生的可靠性变化。

(2) 用来确定研制产品所需的时间。

(3) 用来监测研制计划及预测达到可靠性目标所要求时间的进展情况。

常用的可靠性增长模型主要有丹尼(Duane)增长模型和冈伯茨(Gompertz)增长模型。

1. 丹尼(Duane)增长模型

这种模型广泛地应用于可靠性计划、可靠性增长监视中。丹尼模型的数学表达式:

$$\hat{\lambda}_0 = \frac{\tau}{t} = at^{-\beta} \tag{8-1}$$

式中,$\hat{\lambda}_0$ 为平均累积失效率的估计值(次/h);t 为总累积试验时间或研制时间(h);τ 为在 t 时间内的失效次数;a 为情况系数,由产品的复杂性、设计目标等决定,a 是在 $t=1$ 或在试验开始时的累积失效率,是在设计及研制过程开始时,设备的预计失效率,$a>0$;β 为可靠性增长率,表示产品可靠性增长速率,$0<\beta<1$。

与式(8-1)相应的累积 MTBF 的增长模型为

$$\hat{m}_0 = \text{MTBF} = \frac{1}{\hat{\lambda}_0} = bt^{\beta} \tag{8-2}$$

式中,$b = \frac{1}{a}$。

分别对式(8-1)和式(8-2)两边取对数得

$$\lg\hat{\lambda}_0 = \lg a - \beta\lg t \tag{8-3}$$

$$\lg\hat{m}_0 = \lg b + \beta\lg t \tag{8-4}$$

由式(8-3)和式(8-4)可知,在双对数坐标纸上可得出斜率分别为 β 和 $-\beta$ 的直线。这说明累积试验时间 t 的对数与累积失效率或累积 MTBF 的对数成线性关系。

在制定系统可靠性增长研制试验方案时需要确定以下 3 个因素:

(1) 预期可靠性,表明系统研制结束时达到的可靠性。

(2) 初始可靠性,表明研制系统可靠性的初始值。初始值的估计值可根据以往同类系统的数据确定。初始值的高低对总研制试验时间有很大影响,初始值较高时,可缩短研制时间。

(3) 可靠性增长率 β,β 是增长曲线斜率,它受研制试验过程中发现、分析、纠正故障的快慢及管理的完善程度影响。通常 β 值为 0.1~0.6。$\beta=0.1$~0.2 时指对可靠性改进只是一般注意,只对重大故障采取措施。$\beta=0.3$~0.4 时指预先注意了可靠性改进工作,采取试验方法,可靠性管理良好。$\beta=0.4$~0.5 时指针对有限的故障,采取加速寿命试验的办法,改进措施得力,管理完善。

β 越大,则达到预期可靠性的累积研制时间越短。大量实践表明,许多机械电子产品在研制阶段 t 与 $\hat{\lambda}_0$ 或 MTBF 的关系能很好地符合丹尼模型。

2. 冈伯茨(Gompertz)增长模型

经验表明,当某产品的可靠性增长趋势为非线性变化时,冈伯茨模型是一个很有用的增

长模型,其数学表达式如下:

$$R(t) = aA^{c^t} \tag{8-5}$$

式中,$R(t)$ 为研制时间为 t 时的可靠度;a 为当 $t \to 0$ 时可靠度的上限值,$0 < a \leq 1$;A 为当 $t=0$ 时,$R(t)$ 的初始水平,$0 < A < 1$;c 为增长系数。当 c 值小时,$R(t)$ 增长得快且早;当 c 值大时,$R(t)$ 增长得慢;$0 < c < 1$。

8.4 可靠性评审与认证

8.4.1 可靠性评审

通常设计一种新产品,往往要进行设计评审。所谓设计评审,是指在设计阶段邀请有关专家对产品或系统设计方案是否达到预期的要求进行审查、评议并提出改进建议,以使设计趋于完善的一种方法。

可靠性设计评审的目的在于早期找出并消除潜在的故障因素,早期采取弥补措施以确保产品的可靠性。开展可靠性设计评审,一般可缩短设计周期,降低设计成本,提高设计质量和设计人员的素质,给企业带来巨大的经济效益。

1. 可靠性设计评审的组织工作

为提高可靠性设计评审的效果,应认真做好组织工作。应先制定评审方针及符合产品特点与企业素质的评审条例,其次选聘评审人员、建立评审小组。评审人员一般包括直接参与该项设计的专业人员,如设计、工艺、质量管理、试验、采购、包装及运输等部门的专业人员,企业外部有关专家以及用户代表等,由他们组成评审小组。

评审人员应明确评审工作的基本要求,评审小组通常应履行下列职责:评审组长应负责召集与主持评审会议,发表评审报告;可靠性人员应对可靠性指标的实现程度做出评价和建议;质量管理人员应对产品的质量管理、检验、试验等方面的问题提出批评与建议;工艺人员应对结构工艺性、工艺装配的功能、生产周期、生产费用等方面做出评价与建议;采购人员应对材料、外购件的质量、规格及价格等方面做出评价与建议;包装发运人员应对包装设计、运输过程的技术条件规定做出评价与建议;用户代表应对产品可靠性水平是否满足要求做出评价并提出必要的新要求。

2. 可靠性设计评审的基本内容与程序

可靠性设计评审的内容与程序依企业不同、产品不同而不同。例如有的采用三步程序:①初步设计评审;②中间设计评审;③最终设计评审。有的采用如下的三步程序:①构思设计评审;②单项设计评审;③产品(或系统)整体设计评审。还有的采取四步程序:①总体设计方案评审;②样机评审;③小批试制评审;④鉴定评审。

对于一般机械产品的可靠性设计评审来说,可采取四步评审方法,即在总体设计方案完成后进行第一次评审,可称总体设计方案评审;在样机试制与装配调试后进行第二次评审,可称为样机评审；在小批试制后，进行第三次评审，可称为小批试制评审；在批量生产之后，进行第四次评审，可称为鉴定评审。

总体设计方案评审，主要是评审总体设计所定的可靠性目标及结构、标准等是否符合用户要求，总体布置是否先进、合理、可行。因此，应着重结构的可靠性、安全性、可行性、工艺性及标准化等项目。

样机评审，主要评审样机是否达到了可靠性指标，为改进可靠性设计提供依据。因为样机的试制、装配、调试及台架性能测验等是对零部件可靠性水平的反馈、检验与验证，所以应着重评审试制图纸文件和分析样机台架性能试验数据。

小批试制评审，主要是对产品的设计作出全面的技术、经济的定型评审，作出可否转入成批生产的结论。所以应着重评审全套产品图纸及技术文件、台架性能检测、可靠性寿命试验结果。

鉴定评审是对可靠性设计工作审查与验收的全面评审。由于小批试制评审是设计定型评审，所以这一步着重生产定型评审，主要审定制造设备、工艺是否能满足产品可靠性的要求及经济效益如何等。

为积累经验，便于评审，企业、设计单位可根据产品实际情况编制设计评审表（表8-1）。

表8-1 典型的设计评审项目

序号	评审项目
1	设计是否满足了功能要求
2	设计是否满足了可靠性要求
3	设计是否考虑了致命性的故障模式
4	对零部件的可靠性是否有要求
5	对维修性指标是否有要求
6	对零部件的失效模式是否有明确的判据
7	是否确定了保证可靠性的抽样试验方案
8	能否使高可靠性零部件标准化
9	是否明确哪些是可靠性低的零部件
10	能否明确各零部件的故障率
11	在现有技术水平下零部件存在的问题
12	零部件的寿命、保管期和检查更换方式
13	哪些是致命性零件
14	是否明确何时应进行维护保养及如何进行维护、保养
15	是否有故障显示装置
16	对振动、冲击、散热、防腐蚀等的考虑
17	是否消除了试验时已发现的设计不妥之处
18	是否知道故障模式及其程度
19	是否考虑了机械电气零部件的干扰效应
20	是否采用了冗余设计
21	是否进行了维修性设计，维修工作量如何
22	维修工具、备件和说明书是否齐全
23	能否用目测或使用检测工具发现异常情况
24	检测点是否设置在易分辨、易接近的地方

续表

序号	评审项目
25	是否使用了过载显示器、报警装置
26	有关故障分析、可靠性试验的数据与报告
27	安全性如何
28	经济性如何
29	产品的外型设计如何

8.4.2 质量与可靠性认证

质量与可靠性认证是可靠性管理工作的一项重要内容，必须抓好。

1. 质量与可靠性认证基本概念

质量与可靠性认证是指一个国家设立的公正的权威机构，以国内和国际统一技术标准为依据，按照质量与可靠性认证程序对生产厂的生产技术、管理水平、产品质量及可靠性进行评定，证明产品符合有关技术标准，以保证提高产品质量和可靠性，促进国际贸易。其特点如下：

（1）认证机构是一个公正的、站在第三者立场上的权威机构，它不受生产厂和用户的直接影响，能公正地处理认证业务，能够监督生产厂的质量，起一种仲裁的作用。因此，用户信赖经过认证合格的产品质量和可靠性。

（2）质量与可靠性认证，不仅要求对产品进行认证，做大量的认证试验，更重要的是把认证企业及其生产线的生产技术及管理水平作为实施认证的先决条件。

（3）认证制度规定了质量维持程序，可有效地保证出厂产品的质量、可靠性。

质量与可靠性认证制度比质量评比制度、商标制度及检验制度优越得多。国外经验证明，它是一种先进的科学管理制度，是人们通过长期实践摸索形成的，既能保证产品质量和可靠性，又能经济、合理、适时地为生产使用部门提供准确的质量、可靠性数据和成功的经验。目前，世界上在国际电工委员会成员国内已设立了世界性的质量认证体系，即国际电工委员会电子元器件质量评定体系(IECQ)。

为促进我国电子元器件的国际贸易创造条件，我国于1981年4月成立了中国电子元器件质量认证委员会，并成立了国际质量认证制度所要求的4个机构：

1）国家代表机构

国家代表机构为中国电子元器件质量认证委员会，它是由国家标准总局授权，由国际电工委员会中国国家委员会认可的机构，负责管理中国电子元器件的质量认证工作。认证委员会由政府部门负责人和有关部门的专家组成，其常务部门设在机械电子工业部质量司。

2）标准化机构

该机构设在中国电子技术标准化研究所，其职责是制定和发行质量认证所采用的标准及有关文件。

3）监督检查机构

该机构设在中国电子产品可靠性与环境试验研究所，其职能是监督实施认证章程的所有程序，并就合格证明书在国内使用情况予以监督。

4）计量检定机构

该机构设在机械电子工业部科技司计量标准处，其任务是对国家监督检查机构及试验中（包括指定的试验单位）使用的仪器、计量标准按规定的周期进行检定。1987年5月法兰克福 IECQ-ICC 会议上通过了我国为 IECQ 的正式成员国。这样，经我国监督检查机构检验合格符合 IEC 标准要求的电子元器件，在出口到其他国家时，可不必再检验而被认为符合 IEC 标准要求。

2. 质量与可靠性认证试验

通常，电子元器件的质量、可靠性认证试验内容包括两部分，即质量认证与失效率认证。质量认证是按照产品的技术条件要求来考核、检验是否达到要求，其中包括产品的性能指标、环境要求及寿命要求等。对于无可靠性指标的产品，只有质量认证试验而无失效率认证要求；对于有可靠性指标的产品，须经过质量认证合格后，才能进行失效率认证试验。

失效率认证试验一般包括定级试验、维持试验、升级试验及批量一致性试验等。定级试验是确定元器件的等级、置信度。失效率等级维持试验是为了验证已认证的失效率等级是否能继续保持的一种例行性检验。失效率等级较低其检验周期时间较短，等级较高的检验周期时间较长。

失效率升级试验是指生产厂家通过定级试验、维持试验之后，如果因加工工艺等因素，使可靠性水平有了提高，可以申请升级。这时对定级试验合格的产品，应进行升级试验。若升级试验合格，应按产品标准规定的维持周期进行该等级的维持试验；若升级试验不合格，应重新进行定级试验，确定其失效率等级。

批量一致性检验是确认批量失效率的检验，试件应随机地从每一检验批量中抽取。在实际形成批量中的每一型号、数值、种类及等级等应在试样中按检验批量同样比例表示出来。

复习思考题

8-1 可靠性管理的目的与意义是什么？
8-2 可靠性管理与质量管理有什么联系？又有何区别？
8-3 什么是可靠性增长？研究可靠性增长的意义是什么？
8-4 什么是质量与可靠性认证？

第 9 章

质量管理理论与方法

9.1 质量与质量管理

9.1.1 质量的基本概念

世界著名的美国质量管理专家约瑟夫·莫西·朱兰曾说过：20 世纪是生产力世纪，21 世纪是质量世纪。另外一位同样著名的美国质量管理专家阿曼德·费根鲍姆认为：质量在全球经济中处于领导地位。随着知识经济时代的来临，朱兰和费根鲍姆的观点已经成为全世界的共识，质量已成为决定组织竞争胜负的关键要素。任何一个组织都必须视质量为生命，以持续质量改进作为永恒的目标。

1. 质量的定义及内涵

质量是质量管理的对象，正确且全面理解质量的定义，对开展质量管理工作至关重要。随着社会经济和科学技术的发展，质量的内容在不断充实、完善和深化。同样，人们对质量概念的认识也经历了一个不断发展和深化的历史过程。

从质量管理学的理论来说，质量目标的理论依据是行为科学。产品明示的质量要求，是指生产者对产品的质量所作出的明确的质量承诺法。对于这些有关的内容，生产者应当明确表现出看法。一般的观点认为，产品质量越高越好，质量越高，价值就越高。但事实上，这种观点并不一定是正确的，质量高的产品并不一定在市场上受欢迎。

国家标准 GB/T 19000—2016 对质量的定义是：客体的一组固有特性满足要求的程度。有的学者从用户的观点对质量下定义，这方面最为流行的是美国著名质量管理专家朱兰给出的质量定义：质量就是适用性。所谓适用性，也就是产品或服务满足顾客要求的程度。企业所提供的产品或服务若能满足顾客的要求或达到顾客的期望，就认为质量合格；否则，就说明存在质量问题。综合我国标准与国外专家的观点，产品的质量的好坏与高低是根据产品所具备的质量特性能否满足顾客的需求及其满足的程度来衡量的。一般有形产品的质量特性主要有如下几个方面：

(1) 性能。指产品满足使用目的所具备的技术特性，如汽车行驶的安全性、动力性、舒适性等。

(2) 寿命。指产品在规定的使用条件下完成规定功能的工作总时间，如轮胎行驶磨损的里程数等。

(3) 可靠性。指产品在规定的时间内,在规定的条件下,完成规定功能的能力,如汽车平均无故障工作时间等。

(4) 附加功能。为使顾客更加方便、舒适等而增加的产品功能,如汽车导航功能等。

(5) 经济性。指产品从设计、制造到整个产品使用生命周期的成本,具体表现为用户购买产品的售价和使用成本,如电冰箱的耗电量、维护保养费用等。

(6) 一致性。产品和服务符合产品说明书和服务规定的程度,比如,汽车的百千米油耗是否超过说明书规定的公升数,饮料中天然固形物的含量是否达到所规定的百分比等。

(7) 维护性。产品是否容易修理和维护。

(8) 美感性。产品外观是否具有吸引力和艺术性。

以上这8个方面是适用性概念的具体化,从而也就更容易从这8个方面明确顾客对产品和服务的要求,并将这种要求转化为产品和服务的各种标准。美国著名运作管理专家理查德·施恩伯格认为,上述8个方面的质量含义,偏重于有形产品,而对服务的质量特性一般还包括价值、经济性、响应时间、服务态度、服务方式等。

2. 过程质量

过程质量是指过程满足规定需要或潜在需要的特征和特性的总和,也可以说是过程的条件与活动满足要求的程度。上述产品质量和服务质量的特性要由"过程"或"活动"来保证,是在设计研制、生产制造、销售服务的全过程中实现并得到保证的。也就是说,这些质量特性受到了"过程"或过程中各项活动的影响,过程中各项活动的质量就决定了特性,从而决定了产品质量和服务质量。因此产品和服务质量从形成过程来说,还有开发设计过程质量、制造过程质量、使用过程质量及服务过程质量之分。

(1) 开发设计过程质量。是指从市场调研开始,经过产品构思到完成产品设计为止的质量。开发设计过程质量是产品固有质量形成的决定性因素。

(2) 制造过程质量。是指通过制造所形成的产品实体符合设计质量要求的程度。由于制造过程质量取决于制造过程中一系列工序的质量,所以又可称之为工序质量。生产过程中,人、原材料、设备、制造方法、环境、检测六大因素在生产过程中同时对产品质量起控制作用,过程质量的好坏决定着产品质量的好坏。所以,其品质管理的重点是在制造过程中及时预防和控制出现的不合格产品。

(3) 使用过程质量。是指产品在使用过程中其固有质量的发挥程度。它取决于使用环境与使用条件的合理性、使用的规范性、使用者的操作水平及日常的维护保养状况。

(4) 服务过程质量。是指产品进入使用过程后,生产企业对用户服务要求的满足程度。提高服务过程质量是保证产品固有质量充分发挥的重要环节,也是生产企业维护与提高其信誉以及收集质量信息的重要手段。在当今国际国内市场中,服务质量已成为决定市场竞争胜负的重要因素之一。

3. 工作质量

工作质量是指与质量有关的各项工作对产品质量、服务质量的保证程度。对一个工业企业来说,也就是企业的管理工作、技术工作对提高产品质量、服务质量和提高企业经济效益的保证程度。工作质量涉及各个部门、各个岗位工作的有效性，同时决定着产品质量和服务质量。然而，它又取决于人的素质，包括工作人员的品质意识、责任心、业务水平。其中，最高管理者（决策者）的工作质量起主导作用，广大的一般管理层和执行层的工作质量起保证和落实的作用。

在质量管理过程中，"质量"的含义是广义的，除了产品质量之外，还包括工作质量。质量管理不仅要管好产品本身的质量，还要管好质量赖以产生和形成的工作质量，并以工作质量为重点。工作质量能反映企业的组织工作、管理工作与技术工作的水平。它不像产品质量那样直观地表现在人们面前，而是体现在一切生产、技术、经营活动之中，并且通过企业的工作效率及工作成果，最终通过产品质量和经济效果表现出来。

产品质量与工作质量是既不相同又密切联系的两个概念。产品质量取决于工作质量，工作质量是保证产品质量的前提条件。产品质量是企业各部门、各环节工作质量的综合反映，因此，实施质量管理，既要搞好产品质量，又要搞好工作质量。而且，应该把重点放在工作质量上，通过保证和提高工作质量来保证产品质量。

9.1.2 质量管理的基本概念

关于质量管理的概念，不同组织或学者都给出了不同定义，朱兰对质量管理的基本定义：质量就是适用性的管理，市场化的管理。费根鲍姆的定义：质量管理是为了能够在最经济的水平上并考虑到充分满足顾客要求的条件下进行市场研究、设计、制造和售后服务，把企业内各部门的研制质量、维持质量和提高质量的活动构成为一体的一种有效的体系。国际标准和国家标准的定义：质量管理是"在质量方面指挥和控制组织的协调的活动"。概括起来说，质量管理是指确定质量方针和目标，并通过质量体系中的质量策划、控制、保证和改进来使其实现的全部活动。

1. 质量方针和目标的制定

质量方针指的是由组织的最高管理者正式发布的该组织总的质量宗旨和方向。通常质量方针与组织的总方针相一致并为制定质量目标提供框架。质量方针是企业质量行为的指导准则，反映企业最高管理者的质量意识，也反映企业的质量经营目的和质量文化。从一定意义上来说，质量方针就是企业的质量管理理念。质量目标即组织在质量方面所追求的目的，依据组织的质量方针而制定。通常对组织的相关职能和层次分别制定相应的质量目标。

2. 质量策划

质量策划致力于确定质量以及采用质量体系要素的目标和要求的活动。质量策划包括产品策划，即对质量特性进行识别、分类和比较，并建立其目标、质量要求和约束条件；管理和作业策划，即对实施质量体系进行准备，包括组织和安排、编制质量计划和做出质量改进规定。

3. 质量控制

质量控制是为了通过监视质量形成过程，消除质量环上所有阶段引起不合格或不满意效果的因素，以达到质量要求，获取经济效益，而采用的各种质量作业技术和活动。

上述定义中的"作业技术和活动"贯穿于质量形成全过程的各个环节，目的是保持质量形成全过程或其某一环节受控。在企业领域，质量控制活动主要是企业内部的生产现场管理，是指为达到和保持质量而进行控制的技术措施和管理措施方面的活动。这些活动包括确定控制计划与标准、实施控制计划与标准，并在实施过程中进行监视和评估、纠正不符合计划与标准的现象、排除质量形成过程中的不良因素与偏离规范现象，并恢复其正常状态。

质量控制的具体方式或方法既取决于组织的产品性质，也取决于对产品质量要求的改变。在具体的质量控制活动中，应明确具体的控制对象，例如工序质量控制、外协件质量控制等。

4. 质量保证

质量保证是指为使人们确信产品或服务能满足质量要求，而在质量管理体系中实施并根据需要进行证实的全部有计划和有系统的活动。质量保证的基本思想是强调对用户负责，其核心思想在于使人们确信某一组织有能力满足规定的质量要求，给用户、第三方（政府主管部门、质量监督部门、消费者协会等）和本企业高层管理者提供信任感。质量保证是一种有计划、有组织的系统活动，是实现质量管理所必需的工作保证。

质量保证分为内部质量保证和外部质量保证。内部质量保证是企业管理的一种手段，目的是取得企业领导的信任。外部质量保证是在合同环境中，供方取信于需方信任的一种手段。因此，质量保证的内容绝非是单纯的保证质量，更重要的是要通过对那些影响质量的质量体系要素进行一系列有计划、有组织的评价活动，为取得企业领导和需方的信任而提出充分可靠的证据。

5. 质量改进

质量改进（Quality Improvement）为向本组织及其顾客提供增值效益，在整个组织范围内所采取的提高活动和过程的效果与效率的措施。质量改进是消除系统性的问题，对现有的质量水平在控制的基础上加以提高，使质量达到一个新水平、新高度。

质量改进是质量管理的一部分，它致力于增强满足质量要求的能力。当质量改进是渐进的并且组织积极寻找改进机会时，通常使用术语"持续质量改进"。质量改进的对象是产品或服务质量以及与它有关的工作质量。质量改进的最终效果是获得比原来目标高得多的产品（或服务）。质量改进有既定的范围与对象，借用一定的质量工具与方法，满足组织更高的质量目标。

质量改进是一个过程，要按照一定的规则进行，否则会影响改进的成效，甚至会徒劳无功。质量改进的组织是分为两个层次，一是从整体的角度为改进项目调动资源，这是管理层，即质量管理委员会；二是为了具体地开展工作项目，这是实施层，即质量改进团队或称质量改进小组。

9.1.3 质量管理的演变过程

质量管理的概念早在20世纪初就提出来了，它在企业管理与实践的发展中不断完善，随着市场竞争的变化而发展起来。从质量管理的发展历程来看，不同时期的质量管理理论、技术和方法都在不断发展和变化,并具有不同特点。一般而言,质量管理经历了 3 个阶段发展。

1. 质量检测阶段

20 世纪初,美国企业出现了流水作业等先进生产方式,提高了对质量检验的要求,随之在企业管理队伍中出现了专职检验人员,组成了专职检验部门。从 20 世纪初到 20 世纪 40 年代以前,美国的工业企业普遍设置了集中管理的技术检验机构。质量检验对手工业生产来说,无疑是一个很大进步,因为它有利于提高生产率和分工的发展。但从质量管理的角度看,质量检验的效能较差,因为这一阶段的特点就是按照标准定,对成品进行检验,即从成品中挑出不合格品,这种质量管理方法的任务只是"把关",严禁不合格品出厂或流入下一工序,而不能预防废品产生。虽然可以防止废品流入下道工序,但是由废品造成的损失已经存在,是无法消除的。20 世纪 30 年代前后,资本主义国家发生了严重的经济危机,在当时生产力发展水平不太高的情况下,对产品质量的要求也不可能高,所以,用数理统计方法进行质量管理未被普遍接受。因此第一阶段,即质量检验阶段一直延续到 20 世纪 40 年代。

2. 统计质量管理阶段

1924 年,美国贝尔实验室的统计学家休哈特博士提出了"预防缺陷"的概念。他认为质量管理除了检验外,还应做到预防,解决的办法就是采用他所提出的统计质量控制方法。与此同时,同属美国贝尔实验室的道奇(H. F. Dodge)和罗米格(H. G. Romig)又共同提出,在破坏性检验的场合采用"抽样检验表",并提出了第一个抽样检验方案。此时,还有瓦尔德(A. Wald)的序贯抽样检验法等统计方法。但当时只有少数企业,如通用电气公司、福特汽车公司等采用他们的方法,并取得了明显的效果,而大多数企业却仍然采用后验检测方法。直到第二次世界大战对大量生产(特别是军需品)的需要,质量检验工作立刻暴露出其点,检验部门成了生产中最薄弱的环节,休哈特、罗米格等统计质量管理方法才得到关注,并在工业界得到了应用。

第二次世界大战后,美国的产业界顺利地从战时生产转入和平生产,统计方法在国民业生产中得到了广泛的应用,随后在欧美各国企业相继推广开来。这一阶段的手段是利用数理统计原理,预防产生废品并检验产品的质量。在方式上是由检验人员转过来的专业质量控制工程师和技术人员承担。这标志着将事后检验的观念转变为预防质量事故的发生并事先加以预防的概念,使质量管理工作前进了一大步。

3. 全面质量管理阶段

最早提出全面质量管理(total quality management,TQM)概念的是美国的费根鲍姆(Armand V. Feigenbaum),但是由日本人首先将这一概念真正用于企业管理之中。费根鲍姆提出:"全面质量管理是为了能够在最经济的水平上,并在考虑到充分满足顾客要求的条件下进行生产和提供服务,并把企业各部门研制质量、维持质量和提高质量的活动构成一体的一种有效体系。"

20 世纪 50 年代以来,由于科学技术的迅速发展,工业生产技术手段越来越现代化,工业产品更新换代也越来越频繁。特别是出现了许多大型产品和复杂的系统工程,质量要求大大提高了,对安全性、可靠性的要求也越来越高。此时,单纯靠统计质量控制已无法满足要求。因为整个系统工程与试验研究、产品设计、试验鉴定、生产准备、辅助过程、使用过程等每个环节都有着密切关系,仅仅靠控制过程是无法保证质量的。从20世纪60年代开始,进入全面质量管理阶段并持续到现在。

9.2 统计质量管理

9.2.1 质量管理的统计控制方法

统计质量控制方法以1924年美国休哈特博士提出的控制图为起点。1931年,休哈特的著作《工业产品质量的经济检验》问世,统计质量控制理论逐步形成,经过半个多世纪有了很大发展,现在包括了很多种方法。这些方法可大致分为以下3类。

1. 常用的统计管理方法

该方法又称为初级统计管理方法,主要有直方图、数据分层法、控制图、排列图、因果分析图、散布图和统计分析表。运用这些工具,可以从经常变化的生产过程中,系统地收集与产品质量有关的各种数据,并用统计方法对数据进行整理、加工和分析,进而画出各图表,计算某些数据指标,从中找出质量变化的规律,实现对质量的控制。正如日本著名的质量管理专家石川馨曾说过,企业内95%的质量管理问题,可通过企业全体人员活用上述7种工具而得到解决。全面质量管理的推行,也离不开企业各级、各部门人员对这些工具的掌握。

2. 中级统计管理方法

该方法包括抽样调查方法、抽样检验方法、官能检查方法和试验计划法等。这些方法不一定要企业全体人员都掌握,主要是有关技术人员和质量管理部门的人员使用。

3. 高级统计管理方法

该方法包括高级试验计划法和多变量解析法,主要用于复杂的工程解析和质量解析,而且要借助于计算机手段,通常只是专业人员使用这些方法。统计质量管理方法是进行质量控制的有效工具,但在应用中必须注意以下几个问题,否则,就得不到应有的效果。①数据有误。数据有误可能是两种原因造成的,一是人为地使用有误数据,二是未真正掌握统计方法。②数据的采集方法不正确。若抽样方法本身有误,则其后的分析方法再正确也是无用的。③数据的记录、抄写有误。④异常值的处理。通常在生产过程取得的数据中总是含有一些异常值的,它们会导致分析结果有误。

9.2.2 质量管理的统计方法

常用的质量统计方法主要包括所谓的"QC 7种工具",即直方图、数据分层法、控制图、排列图、因果分析图、散布图和统计分析表等。

1. 直方图

直方图法是表示数据变化情况的一种主要工具,适用于对大量计量值数据进行整理加工,找出其中的统计规律,即分析数据的分布状态,以便于对其总体的分布特征进行推断,对工序或批量产品的质量水平及其均匀程度进行分析。

1) 制作直方图的步骤

(1) 收集数据。一般都要随机抽取 100 个以上的质量特性数据,并按照先后顺序排列。

(2) 找出数据中的最大值、最小值,并计算出极差。

(3) 确定组数与组距。

(4) 确定组的界限值。分组的组界值要比抽取的数据多一位小数,以使边界值不至于落入两个组内。

(5) 记录各组中的数据,计算各组的中心值,整理成频数表。

(6) 根据频数表画出直方图。在方格纸上,使横坐标取各组的组限,纵坐标取各组的频数,画出一系列直方形即直方图。

2) 直方图形态

直方图一般有 6 种形态,分别为对称型、偏向型、双峰型、锯齿型、平顶型、孤岛型,如图 9-1 所示。

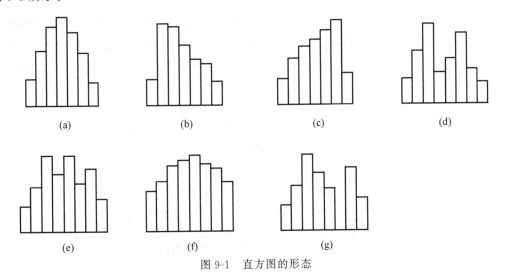

图 9-1 直方图的形态

(a) 对称型;(b) 偏向型(左);(c) 偏向型(右);(d) 双峰型;(e) 锯齿型;(f) 平顶型;(g) 孤岛型

2. 数据分层法

数据分层就是把性质相同的、在同一条件下收集的数据归纳在一起,以便进行比较分析。因为在实际生产中,影响质量变动的因素很多,如果不把这些因素区别开来,难以得出变化的规律。数据分层可根据实际情况按多种方式进行,例如,按不同时间、不同班次进行分层,按使用设备的种类进行分层,按原材料的进料时间、原材料成分进行分层,按检查手段、使用条件进行分层,按不同缺陷项目进行分层等。数据分层法经常与后面的统计分析表结合起来使用。

3. 控制图

控制图又称为管理图,如图9-2所示,它是一种有控制界限的图,用来区分引起质量波动的原因是偶然的还是系统的,可以提供系统原因存在的信息,从而判断生产过程是否处于受控状态。控制图按其用途可分为两类,一类是供分析用的控制图,用控制图分析生产过程中有关质量特性值的变化情况,看工序是否处于稳定受控状态;另一类是供管理用的控制图,主要用于发现生产过程是否出现了异常情况,以预防产生不合格品。

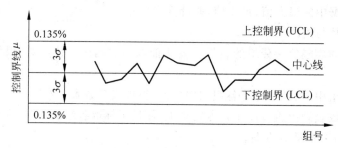

图 9-2　控制图的基本形状

4. 排列图

排列图又称为帕累托图,由此图的发明者、意大利经济学家帕累托(Paleto)的名字而得名。帕累托最早用排列图分析社会财富的分布状况,后来美国质量管理专家朱兰将其用于质量管理。排列图是分析和寻找影响质量的主要因素的一种工具,其形式如图9-3所示。

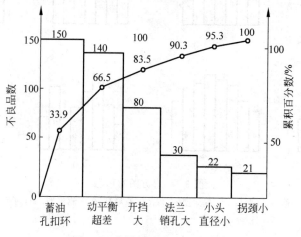

图 9-3　曲轴加工不良品排列图

通过对排列图的观察分析,可抓住影响质量的主要因素。这种方法实际上不仅在质量管理中,在其他许多管理工作中,如物资库存管理,都是十分有用的。

5. 因果分析图

因果分析图是以结果作为特性,以原因作为因素,在它们之间用箭头联系表示因果关系。因果分析图是一种充分发动员工动脑筋、查原因、集思广益的好办法,也特别适合于工作小组中实行质量的民主管理。当出现了某种质量问题,但未搞清楚原因时,可针对问题发动大家寻找可能的原因,使每个人都畅所欲言,把所有可能的原因都列出来。

图9-4所示是一个制造企业的流程中存在的某一问题的因果分析图。这家企业加工出来的某种活塞杆出现弯曲,其原因可能有四大类:(操作)方法、材料、操作者和机器。每一类原因可能又是由若干个因素造成的。与每一因素有关的更深入的细分因素还可以作为下一级分支。当所有可能的原因都找出来以后,就完成了第一步工作,下一步就是要从中找出主要原因。

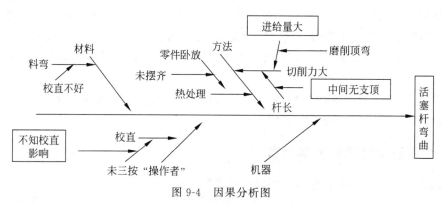

图 9-4 因果分析图

6. 散布图

在实际生产中,往往有些变量之间存在着相关关系,但是又无法由一个变量的数值精确求出另一个变量的数值。散布图(也称散点图或相关图)是通过分析研究代表两种因素的数据之间的关系,来控制影响产品质量的相关因素的一种有效方法。如果我们通过分析得出两个变量 x 和 y 之间存在某种相关关系,其中 y 的值随着 x 的值变化而变化,那么我们称 x 为自变量,称 y 为因变量。然后,可以通过绘制关于 x 和 y 的散布图来分析它们之间的相关关系。图9-5为散布示意图。

简单地说,散布图的形式就是一个直角坐标系,它是以自变量 x 的值作为横坐标,以因变量 y 的值为纵坐标,通过描点作图的方法在坐标系内形成一系列的点状图形。

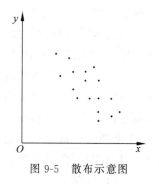

图 9-5 散布示意图

7. 统计分析表

统计分析表,又称调查表、检查表,是利用统计表对数据进行整理和初步分析原因的一种工具,其格式可多种多样。这种方法虽然较简单,但实用有效。

以上概要地介绍了7种常用的质量管理统计方法,这些方法集中体现了质量管理"以事实和数据为基础进行判断与管理"的特点。最后还需指出的是,这些方法看起来都比较简单,但能在实际工作中正确、灵活地应用并不是一件简单的事情。

9.3 全面质量管理

9.3.1 概述

1. 全面质量管理概念

全面质量管理(TQM)是指在企业全体人员及各个部门同心协力下,以产品质量为核心,把专业技术、管理技术和数理统计结合起来,建立起一套科学、严密、高效的质量体系,控制生产全过程影响质量的因素,以优质的工作、最经济的办法,提供满足用户需要的产品(服务)的全部活动。

简言之,就是全社会推动下的、企业全体人员参加的、用全面质量去保证生产全过程的质量的活动,而核心就在"全面"二字上。

2. 全面质量管理的基本思想

全面质量管理的基本思想可以用以下几点概括:

(1) TQM 是全面质量的管理。所谓全面质量,就是指产品质量、过程质量和工作质量。全面质量管理不同于以前质量管理的一个特征,就是其工作对象是全面质量,而不仅仅局限于产品质量。

(2) TQM 是全过程质量的管理。所谓全过程,是相对制造过程而言的,就是要求把质量管理活动贯穿于产品质量产生、形成和实现的全过程,全面落实预防为主的方针,逐步形成一个包括市场调查、开发设计直至销售服务全过程所有环节的质量保证体系,把不合格品消灭在质量形成过程之中,做到防患于未然。

(3) TQM 是全员参加的质量管理。产品质量的优劣,取决于企业全体人员的工作质量水平,提高产品质量必须依靠企业全体人员的努力。企业中任何人的工作都会在一定范围和程度上影响产品的质量。显然,过去那种依靠少数人进行质量管理的方法是很不得力的。因此,全面质量管理要求不论是哪个部门的人员,也不论是高级管理者还是普通员工,都要具备质量意识,都要承担具体的质量职能,积极关心产品质量。

(4) TQM 是全社会推动的质量管理。所谓全社会推动的质量管理,指的是要使全面质量管理深入持久地开展下去,并取得好的效果,就不能把工作局限于企业内部,而需要全社会的重视,需要质量立法、认证、监督等工作,进行宏观上的控制引导,即需要全社会的推动。

9.3.2 全面质量管理主要工作

全面质量管理是生产经营活动全过程的质量管理,要将影响产品质量的一切因素都控制起来,其中主要抓好以下几个环节的工作:

(1) 市场调查。市场调查过程中要了解用户对产品质量的要求,以及对本企业产品的质量反馈,为下一步工作指出方向。

(2) 产品设计。产品设计是产品质量形成的起点,是影响产品质量的重要环节,设计阶段要制定产品的生产技术标准。为使产品质量水平确定得先进合理,可利用经济分析方法。这就是根据质量与成本及质量与售价之间的关系来确定最佳质量水平。

(3) 采购。原材料、协作件、外购标准件的质量对产品质量的影响是很显然的,因此要从供应单位的产品质量、价格和遵守合同的能力等方面来选择供应厂家。

(4) 制造。制造过程是产品实体形成过程,制造过程的质量管理主要通过控制影响产品质量的各种因素,即操作者的技术熟练水平、设备、原材料、操作方法、检测手段和生产环境来保证产品质量。

(5) 检验。制造过程中同时存在着检验过程,检验在制造过程中起到把关、预防和预报的作用。把关就是及时挑出不合格品,防止其流入下道工序或出厂;预防是防止不合格品的产生;预报是产品质量状况反馈到有关部门,作为质量决策的依据。为了更好地起到把关和预防等作用,要同时考虑减少检验费用,缩短检验时间,要正确选择检验方式和方法。

(6) 销售。销售是产品质量实现的重要环节。销售过程中要实事求是地向用户介绍产品的性能、用途、优点等,防止不合实际地夸大产品的质量,影响企业的信誉。

(7) 服务。抓好对用户的服务工作,如提供技术培训、编制好产品说明书、开展咨询活动、解决用户的疑难问题、及时处理出现的质量事故。毕竟,为用户服务的质量影响着产品的使用质量。

9.3.3 全面质量管理方法

在质量管理活动中,要求把各项工作按照做出计划、计划实施、检查实施效果,然后成功的纳入标准,不成功的留待下一循环去解决的工作方法进行。这就是质量管理的基本方法,实际上也是企业管理各项工作的一般规律。

PDCA 循环是美国质量管理专家休哈特博士首先提出的,由戴明采纳、宣传并获得普及,所以又称戴明环(图 9-6)。全面质量管理的思想基础和方法依据就是 PDCA 循环。PDCA 循环的含义是将质量管理分为 4 个阶段,即计划(Plan)、执行(Do)、检查(Check)、处理(Act)。

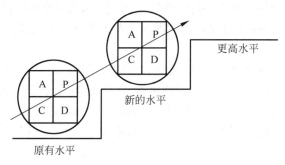

图 9-6 PDCA 循环图

(1) P(Plan):计划,确定方针和目标,确定活动计划。
(2) D(Do):执行,实地去做,实现计划中的内容。

(3) C(Check)：检查，总结执行计划的结果，注意效果，找出问题质量。

(4) A(Action)：行动，对总结检查的结果进行处理，对成功的经验加以肯定并适当推广、标准化；对失败的教训加以总结，以免重蹈覆辙，未解决的问题放到下一个循环。

在质量管理中，PDCA 循环得到了广泛的应用，并取得了很好的效果，因此有人称 PDCA 循环是质量管理的基本方法。之所以将其称为 PDCA 循环，是因为这 4 个过程不是运行一次就完结，而是要周而复始地进行。一个循环完了，解决了一部分的问题，可能还有其他问题尚未解决，或者又出现了新的问题，再进行下一次循环。PDCA 循环的 4 个阶段，"计划—执行—检查—行动"的 PDCA 循环的管理模式，体现着科学认识论的一种具体管理手段和一套科学的工作程序。PDCA 管理模式的应用对我们提高日常工作的效率有很大的益处，它不仅在质量管理工作中可以运用，同样也适合于其他各项管理工作。

9.4 六西格玛质量管理

9.4.1 概述

六西格玛(6σ)概念于 1986 年由摩托罗拉公司的比尔·史密斯提出，此概念属于品质管理范畴，西格玛(σ)是希腊字母，这是统计学里的一个单位，表示与平均值的标准偏差，旨在生产过程中降低产品及流程的缺陷次数，防止产品变异，提升品质。

六西格玛(6σ)是在 20 世纪 90 年代中期开始被 GE 从一种全面质量管理方法演变成为一个高度有效的企业流程设计、改善和优化的技术，并提供了一系列同等地适用于设计、生产和服务的新产品开发工具。继而与 GE 的全球化、服务化、电子商务等战略齐头并进，成为全世界上追求管理卓越性的企业最为重要的战略举措。6σ 逐步发展成为以顾客为主体来确定企业战略目标和产品开发设计的标尺，追求持续进步的一种管理哲学。

20 世纪 90 年代发展起来的 6σ 管理是在总结了全面质量管理的成功经验，提炼了其中流程管理技巧的精华和最行之有效的方法，成为一种提高企业业绩与竞争力的管理模式。该管理法在摩托罗拉、通用、戴尔、惠普、西门子、索尼、东芝等众多跨国企业的实践证明是卓有成效的。为此，国内一些部门和机构在国内企业大力推广 6σ 管理工作，引导企业开展 6σ 管理。

源于摩托罗拉的 6σ 系统成为质量管理学发展的里程碑之一。6σ 系统由针对制造环节的改进逐步扩大到对几乎所有商业流程的再造，从家电 Whirlpool、GE、LG、计算机 Dell、物流 DHL、化工 Dow Chemical、DuPont、制药 Agilent、GSK、通信 Vodafone、Korea Tel、金融 BoA、Merrill Lynch、HSBC，到美国陆海空三军，都引进了 6σ 系统。

9.4.2 六西格玛质量管理理念

6σ 管理法是一种统计评估法，核心是追求零缺陷生产，防范产品责任风险，降低成本，提高生产率和市场占有率，提高顾客满意度和忠诚度。6σ 管理既着眼于产品、服务质量，又关注过程的改进。"σ"是希腊文的一个字母,在统计学上用来表示标准偏差值,用以描述总体中的个体离均值的偏离程度,测量出的 σ 表征着诸如单位缺陷、百万缺陷或错误的概率性,σ 值越大,缺陷或错误就越少。6σ 是一个目标,这个质量水平意味着所有的过程和结果中,99.999 66% 是无缺陷的,也就是说,做 100 万件事情,其中只有 3.4 件是有缺陷的,这几乎趋近到人类能够达到的最为完美的境界。

6σ 管理关注过程,特别是企业为市场和顾客提供价值的核心过程。因为过程能力用 σ 来度量后,σ 越小,过程的波动越小,过程以最低的成本损失、最短的时间周期来满足顾客要求的能力就越强。6σ 理论认为,大多数企业在 3σ~4σ 运转,也就是说每百万次操作失误在 6 210~66 800,这些缺陷要求经营者以相当于销售额 15%~30% 的资金进行事后的弥补或修正,而如果做到 6σ,事后弥补的资金将降低到约为销售额的 5%。

9.4.3 六西格玛质量管理实施步骤

为了达到 6σ,首先要制定标准,在管理中随时跟踪考核操作与标准的偏差,不断改进,最终达到 6σ。现已形成一套使每个环节不断改进的简单的流程模式:界定、测量、分析、改进、控制。

(1) 界定:确定需要改进的目标及其进度,企业高层领导就是确定企业的策略目标,中层营运目标可能是提高制造部门的生产量,项目层的目标可能是减少次品和提高效率。界定前,需要辨析并绘制出流程。

(2) 测量:以灵活有效的衡量标准测量和权衡现存的系统与数据,了解现有质量水平。

(3) 分析:利用统计学工具对整个系统进行分析,找到影响质量的少数几个关键因素。

(4) 改进:运用项目管理和其他管理工具,针对关键因素确立最佳改进方案。

(5) 控制:监控新的系统流程,采取措施以维持改进的结果,以期整个流程充分发挥功效。

复习思考题

9-1 如何理解"质量"这一概念?
9-2 简述产品质量的含义。
9-3 质量管理包括哪几个方面的内容?
9-4 质量管理发展的各个阶段都有哪些特点?
9-5 质量管理的 7 种常用工具是什么?
9-6 什么是全面质量管理?
9-7 什么是 PDCA 循环?它有哪些特点?
9-8 简述六西格玛质量管理理念?

案例讨论　上海大众汽车基于市场评价的全面质量管理

　　上海大众汽车有限公司(以下简称上海大众)成立于 1985 年,是中国最早的轿车合资企业之一,中德双方投资比例各为 50%。上海大众是中国现代汽车产业的开拓者,20 多年来一直引领中国汽车产业的发展,在行业内创下了诸多第一,并在发展中孕育形成了"追求卓越,永争第一"的核心价值观,以及"质量是上海大众的生命"的质量方针。上海大众致力于提供适应中国顾客需求并符合国际标准的汽车,发展成为国内领先并具有国际竞争力的多品牌、全系列汽车企业。公司主要产品是乘用轿车,产品包括两大系列:大众(VW)品牌,包括桑塔纳 B2、桑塔纳志俊、帕萨特、昊罗、途安、朗逸、途观、全新帕萨特;斯柯达(SKODA)品牌,包括明锐、晶锐、昊锐;以及多种型号的发动机。1985 年至 2012 年 3 月底,上海大众累计整车总销量超过 750 万辆,是全国轿车保有量最大的企业。

　　1995 年,上海大众在中国汽车行业中率先通过了 ISO 9001 质量体系认证。凭借质量、经济效益等方面的显著绩效,上海大众于 2001 年成为中国汽车行业首家也是唯一一家获得全国质量管理奖的企业,并在 2007 年顺利通过该奖项的再次确认。随着市场竞争的新特点以及技术进步,上海大众针对市场竞争新特点和汽车产品的特点,结合网络信息时代的技术发展,基于市场评价实施全面质量管理,有效地提高了公司整体质量水平。在这一过程中,上海大众基于市场评价,以顾客为中心实施全面质量管理,其目的在于针对顾客需求和质量问题,建立快速识别机制、快速反应机制,以及完善的预防机制和监控体系。产品质量的市场评价是企业与用户进行沟通的桥梁,是现代汽车企业全面质量管理的一个极其重要的组成部分,也是企业提升品牌形象的重要的工具和手段。上海大众开展基于市场评价的全面质量管理是基于如下 3 个方面的需求:首先,快速变化的市场竞争要求企业及时掌握质量问题并快速反应。随着我国汽车工业的迅猛发展,产品竞争也越来越激烈。企业在处理危机和应对市场质量问题方面需要提高其快速反应能力。对于规模较大的企业,销量越大,质量工作的要求也越高,一旦出现质量问题没有得到及时处理其影响面和经济损失都非常大。在"以顾客为中心"的经营原则指导下,上海大众自 2007 年后不断在市场中推出新车型。上海大众的整车产销速度提升得非常快。在产销量激增的情况下,如何保证高产量下的高品质就成为上海大众各项工作的重中之重。其次,汽车产品特点决定了企业必须高度重视市场评价。汽车具有价格高、重复使用、技术复杂、可靠性和安全性要求高等特点。这意味着相比其他商品,用户对汽车的产品质量、性能、技术、服务等都会提出更高的要求。最后,质量是企业核心竞争力的重要组成部分,也是公司可持续发展的重要保障。相对于降低成本和快速交付等其他竞争力而言,提高质量是基础条件。对于正处在规模快速提升、创新加快的上海大众来说,进一步做好质量工作、提升产品质量就更具特别的意义。

　　在"以顾客为中心"的市场环境下,针对上海大众的投诉涉及设计缺陷、质量、服务不到位等问题给上海大众带来了很大的负面影响。上海大众从市场产品质量评价着手,通过对各类投诉信息进行收集、整理、分析、挖掘的处理,可以深入剖析数字背后的规律,快速找到问题发生的根源,并通过实施快速整改措施和建立预防措施等质量管理方法达到推进产品质量全面提升的目的。在具体推进过程中参考戴明博士关于全面质量管理的知识体系,具体包括系统理论、变异理论、知识理论及心理学理论等。在构成上也由相应的4个部分组成,即快速行动、主动预防、重视质量、全员参与。

上海大众基于市场评价的全面质量管理自2008年全面推行实施以来,上海大众的产品质量获得了全面提升,整车故障率逐年大幅下降,市场快速反应的能力持续得到加强,为2009—2011年上海大众连创产销量新高,成为国内首批年产销量双破百万辆的汽车企业奠定了坚实的基础。具体效果表现在以下4个方面:

(1) 产品质量大幅提升。

在各项机制流程的共同作用下,企业的产品质量水平得到了大幅提升。2007—2011年,上海大众所有非营运车辆使用9个月的千车故障数同比下降65%,单车索赔费用下降了43%。在2010年年初大众汽车集团全球质量能力对标中,上海大众所有车型使用12个月的故障率水平已接近德国大众原厂水平。目前多款车型的故障率水平已优于欧洲市场的原型车水平,上海大众所有车型使用12个月单车索赔费用水平为大众集团全球标杆。

(2) 工作效率大幅提高。

基于产品质量市场评价的预测预警算法,上海大众已将目前世界上汽车行业发现市场质量问题的时间记录由平均90天缩短到了平均60天,相比上海大众以往需要180天的时间,实现了世界级的质的飞跃。

(3) 用户满意度持续领先。

用户满意是质量的最高要求。中国质量协会发布的2007—2011年度"中国汽车用户满意度指数"评测报告中,上海大众有显著的进步,从2007年的三款车型名列分组第一,到2011年的五款车型名列分组第一。

(4) 企业经营业绩大幅提升。

产品市场质量的大幅提升、市场地位的巩固,带来了经营业绩的大幅提升。2011年,上海大众累计生产车辆115万辆,比2010年同比增1.4%;累计销售车辆118万辆,比2010年同比增长18.2%;累计销售(营业)收入为1 349.4亿元,比2010年同比提高24.6%。

(资料来源:根据《汽车制造业企业的质量管理》一书整理而来)

讨论题

结合上海大众实施全面质量管理,你认为要达到公司设立的质量管理目标的最大困难是什么?

第10章

汽车生产质量管理体系

10.1 质量管理体系概述

当前,随着全球经济一体化进程的加快,大部分产品已经进入了买方市场,顾客对产品质量的要求不断提高,致使市场竞争异常激烈。世界各国的各类组织为了降低成本、提高产品质量、赢得市场,都在按全面质量管理的方法,规范或改造组织原有的管理模式。建立既能够实现质量目标、达到顾客满意,又使产品在整个生产过程中得到有效控制的质量管理体系,已是管理上的普遍需要。

组织为了建立质量方针和质量目标,并实现这些质量目标,经过质量策划将管理职责、资源管理、产品实现、测量、分析和改进等相互关联或相互作用的一组过程有机地组成一个整体,构成质量管理体系。质量管理体系可定义为:组织建立质量方针和质量目标以及为实现这些过程的相互关联或相互作用的一组要素。体系是指相互关联或相互作用的一组要素。要素是指构成体系的基本单元,可将其细化为组织结构、程序、过程和资源。可将这个定义的要点归纳为:

(1) 质量管理体系包括组织确定其方针、目标,以及为获得预期结果确定所需的过程和资源的活动。

(2) 质量管理体系管理相互作用的过程和所需资源,可以向有关的相关方提供价值,并实现结果。

(3) 质量管理体系能够使最高管理者,通过考虑其决策的长期和短期的影响,从而优化资源的利用。

(4) 质量管理体系给出了在提供产品和服务方面,针对预期和非预期的结果确定所采取的方法。

质量管理体系就是为了实现质量方针和目标的一种组织形式。最高管理者通过它指挥和控制质量方面的活动,从而确保质量方针和目标的实现。所以 QMS 是一种工具,是为了实现组织质量目标和组织特点量身定制而成的。

质量管理体系有 4 种模式:日本的全面质量控制(TQC)模式、ISO 9001 模式、全面质量管理(TQM)的 ISO 9004 模式、卓越绩效模式。

1. TQC 模式

TQC 模式是在美国率先提出的,在日本得以发展,1978 年从日本引入中国,给中国带来的是质量观念和质量管理方法的巨大转变,如:满足用户要求,全员参与,全过程管理,用数据说话,始于教育、终于教育,PDCA循环以及新、老7种工具等。这些全新的理念和方法在中国的企业土壤中得以融合、生根和发展。但应指出,TQC模式只是着眼于加强过程控制,从而保证产品质量,却没有质量保证(QA)的概念。同时,它对PDCA实际上是从C做起的,是检查出问题,再策划如何改进,而不是从P做起的,主动地预防问题的发生。在1987年,ISO/TC176技术委员会表决ISO 9001时,日本人是投反对票的。直到1992年,日本明显感到对外贸易吃亏了才等同采用了ISO 9001。

2. ISO 9001 模式

ISO 9001模式是从1987版、1994版一直发展到2000版、2008版和现在的2015版的ISO 9001模式。2000版和2008版全面吸收了TQM的基础思想和理念,解决了TQM的一些问题,建立了一个组织以过程为基础的完整的质量管理体系。但它提出的只是质量管理的起码要求,至于通过什么途径来达到这些要求则未涉及。

3. ISO 9004 模式

ISO 9001发布以来从质量保证发展到质量管理,但其一直是质量管理体系入门的最低要求。在它的基础上提出了更高、更全面要求的ISO 9004,而且不仅提出要求组织做什么,同时还指出了达到要求的方法和途径,如自我评估。但其最新版本尚未跟上ISO 9001:2015,目前其2009版的许多要求已纳入ISO 9001,新版本即将完成修订。

4. 卓越绩效模式

卓越绩效模式指组织通过综合的绩效管理方法,为顾客和其他相关方不断创造价值,提高组织整体的绩效和能力,促进组织得到持续发展和成功。卓越绩效准则模式既吸收了全面质量管理的理念,又考虑到ISO 9001以过程为基础的模式,同时克服了ISO 9001的缺陷,更加完善和科学。它是以美国国家质量奖(波多里奇奖)评奖标准为蓝本制定的。

10.2 国际汽车行业质量管理体系

10.2.1 汽车行业质量管理体系演变

汽车工业是产业关联度极高的产业,而汽车的整车性能,包括安全性、环保性和经济性等涉及经济社会的各个方面。随着国际贸易的飞速发展,越来越多的汽车零部件供应商都面临着给各国的汽车主机厂同时供货的情况。这样,一家供应商就可能被要求按照不同的标准建立多套的质量体系,并接受多次第三方审核。这既导致了行业内的国际性贸易壁垒,又增加了供应商的成本,阻碍了世界汽车工业的快速发展。为解决这些问题,汽车行业相关参与体都在积极探索适用于汽车行业的质量管理体系。

众所周知,ISO 9000族作为国际质量管理体系标准是适用于全行业的,而实践中的经验证明,相对于服务业,ISO 9000标准对制造型企业管理水平的提升更为明显。随着汽车产业的发展,从 20 世纪 90 年代开始,美国三大汽车公司开始采用 QS 9000 作为其供应商统一的质量管理体系标准;同时世界汽车业的另一生产基地,欧洲各国均各自发布了相应的质量管理体系标准,如德国的 VDA6.1、意大利的 AVSQ94、法国的 EAQF 等。随着国际贸易的发展,自由贸易和国际采购已成为主流,昔日各自为政的质量体系标准,渐渐变成了自由贸易的壁垒。如同汽车产业从井喷式的发展到渐渐归于几大整车生产基地,汽车行业的相关管理标准、理论也逐渐趋于统一。

1. 第一个时期(约 1981—1995 年):地区性汽车行业标准问世和多标准整合

在北美,美国福特汽车公司首先制定了 QI 01 质量体系标准(1981 年)。紧接着,美国克莱斯勒汽车公司制定了供方质量保证手册(1983 年),美国通用汽车公司制定了北美创优目标/采购物料通用标准(1987 年)。受到 ISO 发布国际标准成功的影响,世界各地区汽车公司在 ISO 标准的基础上,制定了国内或业内通用的汽车质量体系标准:

(1) 美国三大汽车公司(福特、通用、克莱斯勒)首先联合起来,在 ISO 9001:1994 的基础上,把三家质量管理体系整合成一个通用的质量管理体系,即 QS 9006 标准,同时还总结了多标准整合经验。

(2) 德国汽车工业协会质量管理中心(VDA-QMC)、汽车主机厂和汽车供应商共同努力,在 ISO 9004-1:1994 基础上制定了德国汽车工业质量管理体系标准 VDA6.1—质量体系审核。

(3) 法国在 ISO 9001:1994 基础上制定了法国汽车工业质量标准 EAQF—供应商质量表现评估。

(4) 意大利在 ISO 9001:1994 基础上制定了意大利汽车工业质量标准 AVSQ—应用指南。

同时,美国三大汽车公司在成功整合三家质量管理体系标准的过程中总结出多标准整合经验,并形成了一套完整的整合经验,该经验可概况为以下 4 个方面:

(1) 方针——共同的世界、共同的质量体系。

(2) 办事原则——协调、一致。

(3) 标准的架构——按照 ISO/IEC 导则第二部分。

(4) 标准的要求组成——由三大部分组成:第一部分 ISO 9001 质量管理体系要求,第二部分汽车行业特殊要求(各汽车企业质量管理体系要求的相同部分),第三部分汽车行业顾客特殊要求(各汽车企业质量管理体系要求的不同部分)。其组合方式是在 ISO 9001 标准的基础上,叠加其余两部分即可。

除北美以外,欧洲的德国、法国和意大利三国汽车工业与质量管理体系认证机构达成了认证证书相互认可协议,这为认证证书相互认可制度的建立打下了基础。1997 年,美国三大汽车公司也加入了认证证书相互认可协议。

2. 第二时期(1996—1999 年):ITAF 机构成立及汽车行业统一质量管理体系标准出台

1996 年,德国、法国和意大利三国汽车行业协会和主要汽车制造公司商定,在国际汽车制造协会(OCA)内成立了一个国际汽车特别工作组(IATF),后又改称为国际汽车推动小

组,其目的如下:

(1) 协调三国汽车行业质量体系标准和认证等事项。

(2) 开展研究工作,计划在 1998 年提出一个命名为 AQS 2000 的三国通用的汽车行业质量体系标准,该标准还可用于第三方认证。

1996 年,在 IATF 成立不久,就立刻开展了制定"统一标准"的前期准备工作,如集中欧洲各国的质量体系标准,研读 ISO 9000 标准制定成功的"多标准整合经验"等。1997 年,美国汽车工业行动集团(AIAC)也参加了 IATF 工作。接着 IATF 代表欧美汽车行业加入 ISO/TC 176 技术委员会,并参与 ISO 9000 系列标准的修订工作。从此之后,IATF 制定"统一标准"的进度加快。不久,在 ISO 9001 标准的基础上,结合汽车行业的特殊要求,很快制定出了"统一的质量管理体系标准"草案,得到了 ISO/TC 176 委员会的一致同意和认可。1999 年 3 月,ISO/TS 16949:1999 技术规范正式发布。标准全名:《ISO/TS 16949:1999 质量体系——汽车供应商应用 ISO 9001:1994 的特殊要求》,简称 ISO/TS 16949 标准。

3. 第三时期(1999 年至今):汽车行业质量管理体系发展与逐渐统一

(1) IATF 成员均表示认可和采用。其成员是 IATF 的发起者,由协会成员和顾客两部分组成,主要包括欧洲地域的汽车协会成员,以及在欧洲地域的汽车制造厂,包括美国福特、通用欧宝。

(2) 北美三大汽车公司仅表示了认可。

(3) 各国汽车质量体系标准同时存在。

从上述可知,第一版的 ISO/TS 16949:1999 主要为欧洲汽车工业的通用标准。随着 ISO 9001:2000 标准的发布,IATF 成员也启动了 ISO/TS 16949 的修订工作,日本车辆制造者协会(JAMA)也参加了此次标准修订工作。2002 年,IATF 把标准全名改为《ISO/T 16949:2002 质量管理体系——汽车行业生产件与相关服务件的组织实施 ISO 9001:2000 的特殊要求》。

新标准发布后,北美三大汽车公司和美国汽车工业行动集团(AIAG)参加了 IATF,分别成为顾客成员和协会成员。同时,北美三大汽车公司在美国召开了记者招待会,并宣布:凡与本公司配套的供应商可采用 ISO/TS 16949:2002,但需通过认证才能拿到订单。另外,JAMA 和日本汽车制造公司(本田、铃木、日产)表示了认可,日产也表示采用。

为了获得 IATF 顾客成员对 ISO/TS 16949 认证的认可,ISO/TC 176 技术委员会开发了一个全球统一的认证方案,即"ISO/TS 16949 汽车认证计划和实现 IATF 认可准则",并要求必须按照执行。同时规定,若 ISO/IS 16949 中附有顾客特殊要求,则此要求必须包括在认证审核中,这可促使获得更多顾客成员对 ISO/TS 16949 的认可。

ISO/TS 16949 发布后形势大好,成为通行欧洲、美洲、部分亚洲的汽车质量体系标准,其认证合格证也得到了业内各主机厂的认可。

2009 年,第三版 ISO/TS 16949:2009 标准发布后,汽车行业各质量管理体系标准共存局面继续存在,但其他标准均态势微弱,现只存下 VDA6.1 一个标准,而 ISO/TS 16949 变成了汽车行业广为采用和最受欢迎的标准。

为了适应时代新变化与 ISO 9001:2015 标准的新要求,2016 年 8 月 9 日,ISO 和 IATF

联合发布公告,ISO/TS 16949 将于 2016 年 10 月改名为 IATF 16949。2016 年 10 月 1 日,由 IATF 单独出版的 IATF 16949:2016 问世,其全名为:《IATF 16949:2016 汽车行业质量管理体系标准——汽车生产件及相关服务件组织的质量管理体系要求》。新标准的发布标志着汽车行业质量管理体系迈出了走向全球行业标准的关键一步。

10.2.2 IATF 16949:2016 简介

《IATF 16949:2016 汽车行业质量管理体系标准——汽车生产件及相关服务件组织的质量管理体系要求》连同适合的汽车顾客特定要求、ISO 9001:2015 要求以及 ISO 9000:2015 一起,定义了对汽车生产件及相关服务件组织的基本质量管理体系要求。正因为如此,汽车 QMS 标准不能被视为一部独立的质量管理体系标准,必须当作 ISO 9001:2015 的补充进行理解,并与 ISO 9001:2015 结合使用。ISO 9001:2015 是一部单独出版的 ISO 标准。

IATF 16949:2016 是一份创新标准,着重考虑了顾客导向性,综合了许多以前的顾客特定要求。本汽车行业质量管理体系具有如下特色:

(1) 顾客导向。

新标准着重考虑了顾客的导向性、制造过程的质量能力和组织的质量管理体系有效性,强调绩效和结果。顾客导向是指企业以满足顾客需求、增加顾客价值为企业经营的出发点,在经营过程中特别注意顾客消费能力、消费偏好和消费行为的调查分析,重视新产品开发和营销手段的创新,用动态方式适应顾客的需求,它强调要避免脱离顾客实际需求的产品生产或对市场的主观臆断。

(2) 标准架构。

新标准的架构与 ISO 9001:2015 一样,都采用了 ISO 推荐的管理体系标准的高层次架构。这样,就可提高标准的兼容性,为与其他管理体系标准的整合和统一创造了条件。

(3) 风险思维。

在策划和质量管理体系的实施过程中采用了基于风险思维的思想。

(4) 顾客特殊要求。

综合了许多以前各汽车制造商经验的顾客特别要求,为在标准要求中列入顾客特殊要求打下了基础。

(5) 要求与方法、工具结合。

标准既提出了要求,又提供了完成要求的方法和工具。

新标准是专供具有制造能力和相关的装配、安装和服务以及设计等汽车供应商建立质量管理体系用的。它可覆盖下列范围:

① 制造顾客指定的生产件、相关服务件或配件的生产现场。

② 具有支持生产现场职能,不论其是否在现场或远离现场的设计中心、公司总部、分销中心等;否则,不可覆盖。

③ OEM、热处理、油漆、涂装和原材料生产。

10.2.3 IATF 16949:2016 质量管理原则

为了建立和实施汽车行业质量管理体系标准,必须坚持如下原则:

1. 以顾客为关注焦点

质量管理的首要关注点是满足顾客要求,并且努力超越顾客期望,因此,必然要以顾客为关注焦点。组织只有赢得和保持其他相关方的信任,才能获得持续成功。与顾客相互作用的每个方面,都提供了为顾客创造更多价值的机会。理解顾客和其他相关方当前和未来的需求,有助于组织持续发展和成功。遵循以顾客为关注焦点,可有效提升顾客价值、满意度和忠诚度,以及组织的声誉;扩展了顾客群、重复业务和市场份额;增加了企业的收入和顾客的获得感等。

2. 领导作用

组织应建立统一的宗旨和方向,创造全员积极参与的条件,能够使组织将战略、方针、过程和资源协调一致,以实现其目标。管理者应从以下几个方面发挥领导作用与承诺:

(1) 对质量管理体系的有效性负责;
(2) 确保制定质量管理体系的质量方针和质量目标,并与组织环境相适应,与战略方向相一致;
(3) 确保质量管理体系要求融入组织的业务过程;
(4) 促进使用过程方法和基于风险的思维;
(5) 确保质量管理体系所需的资源是可获得的;
(6) 沟通有效的质量管理和符合质量管理体系要求的重要性;
(7) 确保质量管理体系实现其预期结果;
(8) 促使人员积极参与,指导和支持他们为质量管理体系的有效性做出贡献;
(9) 推动改进;
(10) 支持其他相关管理者在其职责范围内发挥领导作用。

提高实现组织质量目标的有效性和效率,开发和提高了组织及其人员的能力,以获得期望的结果。改善了组织各层级、各职能间的沟通,使组织的过程更加协调。

3. 全员积极参与

整个组织内各级胜任、经授权并积极参与的人员,是提高组织创造和提供价值能力的必要条件。为了有效地管理组织,各级人员都应该得到尊重,并参与其中,这对实施质量管理十分重要。通过全员积极参与,可以促进其对质量目标的理解和对共同价值观的关注,增强对实现目标的驱动力。同时,促进个人能动性和创造力的发挥,增强相互信任和协作。

4. 过程方法

质量管理体系是由相互关联、功能连贯的过程组成的。将活动作为相互联系、功能连贯的过程组成的体系来理解和管理时,可更加有效和高效地取得一致的、可预知的结果。

5. 改进

"改进"对于任何组织而言,不管其为保持当前的绩效水平、还是用来应对组织内、外条件的变化或用于创新,都是非常重要的。通过持续改进,可提高过程绩效、组织能力和顾客满意,还提高了对内外部风险和机遇的预测和反应能力。同时,增强对调查和确定根本原因及后续的预防和纠正措施的关注,以及对渐进性和突破性改进的考虑。

6. 循证决策

决策是一个复杂的过程,并且总会包含某些不确定性。它经常涉及多种类型和来源的输入和对其的一些见解,而这些见解有时可能是主观的。因此,决策时一定要弄清因果关系和可能存在的非预期后果,而对事实、证据和数据的分析,可使决策更加客观和可信。即在政策制定过程中,严格基于最佳证据的原则,这就是循证决策。其目的是提高决策的有效性和成功率。

7. 关系管理

因相关方能影响组织的绩效和持续成功,故组织需要建立关系管理职能,关注并妥善处理与相关方的关系。组织尤其要关注与供方及合作伙伴网络关系的管理,以尽可能有效地发挥其在组织绩效方面的作用,使组织持续成功更有可能实现。通过建立供需关系管理职能,日常沟通畅通,提供了办事效率,为公司持续成功提供了基础性保障。

10.3 汽车行业质量管理体系实施工具

美国三大汽车公司在公布 QS 9000 标准时,同时还公布了与其配套使用的五大核心工具与技术,即产品质量先期策划、测量系统分析、潜在失效模式及后果分析、统计过程控制、生产件批准程序。在 ISO/TS 16949 技术规范公布时声称:QS 9000 标准所采用的五大核心方法也可与本技术规范配套使用,是本技术规范的一部分,汽车供应商的质量管理体系中应包括这部分要求。相应地,五大工具也应与新标准 IATF 16949 配套使用。潜在失效模式及后果分析、统计过程控制两种工具在前面章节已经介绍过,本节主要介绍产品质量先期策划、测量系统分析、生产件批准程序三种核心工具。另外,还将介绍新标准所需的其他常用的重要工具和技术。

10.3.1 产品质量先期策划和控制计划

1. 产品质量先期策划

产品质量先期策划(Advanced Product Quality Planning,APQP),这是 AIAG(美国汽车工业行动集团)为了使产品设计和开发的策划工作更加规范化和更具可操作性,特以参考手册《产品质量先期策划和控制计划(APQP)》的形式,对产品设计和开发的策划工作进行了规定。

(1) 策划。策划是一个过程,它致力于实现使顾客满意这一目标,并规定为实现目标所需的过程和相关资源,确保所要求的步骤按时完成。策划的结果应形成文件,如产品质量目标、产品质量计划等。

(2) 先期。一个产品从开始构思到投放市场,最终到用户满意这一过程可分为两个时期:第一个时期是产品孕育、诞生到成熟;第二个时期是产品批量生产、交付并达到用户满意的效果。在这里先期的含义是指第一个时期。

(3) 产品质量先期策划。产品质量先期策划是指从产品构思开始到能够进行产品批量生产并达到预期过程能力和实物质量的这一时间段内,所有与产品质量有关的事项在策划时均应予以考虑并做出安排。批量生产成熟一般是指正式批量生产开始之后的 3 个月。

APQP 的实施效果,取决于高层管理者的承诺,以及 IATF 所强调的领导作用,同时也取决于团队的专业能力。

APQP 的最大特点是把复杂的产品质量策划变成了结构化的流程。它把从产品构思到产品批量成熟这一时间段内所有过程和事项均概括在一张产品质量策划进度图中。产品质量策划进度图是 APQP 的核心,它用直角坐标形式来表达。该图横坐标表示时间,把按时间顺序排列起来的工作阶段标在横坐标上,有以下 5 个阶段:

① 计划和确定项目;
② 产品设计、开发和验证;
③ 过程设计、开发和验证;
④ 产品和过程确认;
⑤ 反馈、评定和纠正措施。

各阶段开发的工作是按同步工程原则安排的。该图纵坐标表示工作内容,并按工作进行的先后标在纵坐标上。其计划节点(里程碑)是以立项批准作为起点,依次有:项目批准、初始批准、试生产计划批准、生产件批准、试生产认可、节拍生产确认和量产批准等。

2. 控制计划

控制计划(Control Plan,CP)是与 QS 9000 标准配套使用的方法之一,它既是一种方法,又是一种反映当前企业制造过程使用的控制方法和测量系统。它随着控制方法和测量系统变化而变化,是一个动态的文件。

使用控制计划这种方法的目的是帮助企业在生产过程中生产出符合要求的产品,因此用它表示提供生产过程的每个阶段所需的过程监测和控制方法。

在制造过程中,只要涉及需要对制造过程和过程的输出(过程产品)采用控制方法、进行监测记录时,均可采用控制计划方法。原则上一个过程应有一份与其对应的控制计划,这时控制计划应冠以过程名称,如适用初始样件制作过程的控制计划称为初始制作过程计划。若生产过程相同,而原材料也一样时,可用一个控制计划来描述一组或一个系列的产品。

10.3.2 测量系统分析

测量系统分析(Measurement Systems Analysis,MSA)作为五大核心工具与方法之一,详细地讲述了分析测量系统统计特性的方法和评价准则,是进行测量系统分析的指南。

众所周知,目前不论是对制造过程的监控,或是要找出事物相互之间的因果关系,常要使用某特性的测量值。为了确保对制造过程的监控质量或正确建立某过程之间的因果关系,就需要对采用的测量值有一定的要求,评价其可用或不可用。测量值是通过测量系统来获得的,因此对测量系统的适用与否进行评价是理所当然的。MSA 的目的就是介绍各种方法来评定测量系统质量,以确保测量系统所提供的测量值能够正确反映制造过程的变差,从而为保证能以经济的测量成本获得适用的测量数据打下基础。

在汽车工业中,为了满足用户的要求和降低产品的不良率,常采用统计方法对过程进行控制。因此,用于测量生产过程的参数和生产过程产品的质量特性值的测量系统,应具有满足要求的统计特性,以确保统计过程控制能顺利实施。由此不难看出,进行测量系统分析的目的是判别其统计特性值是否满足要求,以便用于对过程和产品的控制和分析。

MSA 所分析的测量系统,其应用范围如下:

(1) 产品控制。即通过测量系统有效地区分产品的特性是否在公差范围内,以区分该零件是合格还是不合格。

(2) 过程控制。即用于评价过程是否稳定且可接受,能够有效地区分过程的波动,识别过程或系统变差。

任何测量系统都存在一定误差,当测量系统的误差和零件公差交叉时,对零件合格与否,就存在误判的可能。理想的测量系统是不存在的,无论采用何种测量系统,都存在判断错误的可能性。因此,需要通过 MSA 这一方法,来判断测量系统的误差是否足够小,从而能够满足实际使用的要求。

10.3.3 生产件批准程序

生产件批准程序(Production Part Approval Process,PPAP)是汽车及航空业用于批准件的流程。PPAP 规定了包括生产件和散装材料在内的生产件批准的一般要求。PPAP 的目的是用来确定供应商是否已经正确理解了顾客工程设计记录和规范的所有要求,以及其生产过程是否具有潜在能力,在实际生产过程中按规定的节拍生产满足顾客要求的产品。

PPAP 流程的目的是用于确认组织(主机厂及供应商):

(1) 是否正确理解顾客的设计要求和规范;

(2) 是否能够持续生产满足顾客规范的产品;

(3) 是否满足顾客的产能(节拍)要求。

PPAP 适用于提供生产件、服务件、生产原料或散装材料的组织的内部和外部现场。一般而言,内部现场是指组织中生产零部件的车间,外部现场是指提供零部件的供应商。散装材料一般不要求 PPAP,但如果顾客有特殊要求则应按具体要求执行。

10.3.4 其他重要工具和技术

1. 可靠性技术

可靠性是一项包括技术和管理的综合技术,因而它涉及的范围相当广泛,但其主要内容是解决不可靠的问题。为了使产品不出故障或少出故障,就要研究如何预测故障、预防故障和消除故障。可靠性的技术基础相当广,大致可分为两大类:定性技术和定量技术。定性方法是以固有技术和故障经验为主,根据产品长期使用的效率和积累的许多失效、故障处理经验,指导新设计采取故障预防的对策,以提高产品的可靠性。这是从质的方面提高产品可靠性的根本途径。定量方法是在积累了大量可靠性数据的基础上,应用可靠性数学(含概率论、数理统计)方法,可以定量地确定产品的可靠性。

可靠性的技术基础十分广泛。定量化的方法就是从失效概率分布出发,定量地设计、试验控制、管理产品的可靠性。定性方法则是以经验为主,把过去积累的处理失效的经验设计到产品中去,使其具有避免故障的能力。定性和定量的方法可以相辅相成。可靠性技术的重点是研究故障事前、事中和事后分析技术,显然应把事前分析作为可靠性研究的重点。常用的提高产品可靠性的技术有冗余技术、预应力筛选、降负荷使用、应力-强度设计、环境防护设计、防错设计、潜在通路分析、人-机工程设计、维修性设计。

2. 故障树分析

故障树分析是一种描述事故因果关系的有方向的"树",是系统安全工程中重要的分析方法之一,它能对各种系统的危险性进行识别评价,既适用于定性分析,又能进行定量分析,具有简明、形象化的特点,体现了以系统工程方法研究安全问题的系统性、准确性和预测性。

故障树分析是在系统设计过程中,通过对可能造成系统失效的各种因素(包括硬件、软件、环境和人为因素等)进行分析,绘出逻辑框图(即故障树),从而确定系统失效原因的各种可能的组合方式及其发生概率,并以此为基础计算系统的失效概率,以便采取纠正措施,提高系统可靠性的一种设计分析方法。

3. 质量功能展开

质量功能展开(QFD)亦称"质量屋",是顾客驱动的一种产品开发方法。从质量保证的角度出发,通过一定的市场调查方法获取顾客需求,并采用矩阵图解法将顾客需求分解到产品开发的各个阶段和各职能部门中,通过协调各部门的工作以保证最终产品质量,使得设计和制造的产品能真正地满足顾客的需求。也是一种在产品设计阶段进行质量保证的方法,以及使产品开发各职能部门协调工作的方法。目的是使产品能以最快的速度、最低的成本和最优的质量占领市场。质量功能展开具有广泛的适用性,它适用于产品开发的全过程,既适用于新产品开发,也适用于老产品的改进;既适用于一般产品,也适用于大型复杂的高科技产品;既适用于硬件产品,也适用于软件产品及服务管理领域。

质量功能展开包括两个部分:狭义的质量功能展开和质量展开。前者就是把形成质量的功能和业务,以不同的层次,按目的手段系列中的步骤,进行详细的展开到具体部分。后者是将顾客需求转换为产品质量特性(即产品的设计质量要求),并将其系统地(关联地)展开到功能部件、零件的质量要求、工艺要求乃至工序要求。质量功能展开示意图如图10-1所示。

质量功能展开已在全世界得到广泛应用并取得了显著的成效,主要体现在可有效地提高公司的经济效益,有利于实现预防为主和早期的质量控制,以及实现持续的质量改进等作用。

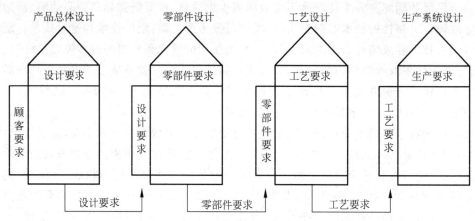

图 10-1 质量功能展开示意图

4. 防错法

预防是质量管理的精髓,预防也是最节省的。在设计和制造过程中采取预防措施则可避免 80% 以上的质量问题。在汽车行业用的 QS 9000 标准和 IATF 16949 标准中,都强调了必须采用防错法。防错法日文称 POKA-YOKE,又称愚巧法、防呆法,意即在过程失误发生之前即加以防止。是一种在作业过程中采用自动作用、报警、标识、分类等手段,使作业人员不特别注意也不会失误的方法。

美国质量管理大师菲利浦·克罗斯比提出的"零缺陷"理论是推动防错法不断发展的动力。为实现"零缺陷",必须明确:①质量就是符合要求;②产生质量的系统应立足于预防,而不是检验;③工作标准必须是零缺陷,而不是差不多就好;④质量是用不符合要求的代价来衡量的,而不是用指数;⑤"零缺陷"的管理理念是无论对产品质量,还是工作质量,都要努力实现第一次就提供正确的结果。

在作业过程中,由于忘记、对工作流程不熟悉、识别错误、故意失误等各种原因引起的失误而造成的不合格所占比例非常大。若能用防错法防止这类失误的发生,则产品质量和作业效率必将大幅提高。

(1) 有形防错。有形防错模式是针对产品设备、工装和操作者的物质属性所采用的一种硬件防错模式,如电饭煲中的感应开关,若不放水,加热开关就不会动作。

(2) 有序防错。有序防错模式是针对过程操作步骤,对其顺序进行监控或优先对易出错、易忘记的步骤进行作业的一种防错模式。

(3) 编组和计数式防错。编组和计数式防错模式,是通过分组或编码方式防止作业失误的防错模式。

(4) 信息加强防错。信息加强防错模式,是通过在不同地点、不同操作者之间传递产品信息,以实现可追溯的防错模式。

综上所述,防错法是以杜绝失误为出发点,从事前预防的角度对操作过程进行重新设计,加入防止失误的装置和程序等,可使失误达到不会发生或即使发生也不会产生缺陷,它是通向"零缺陷"管理的必经之路。

复习思考题

10-1 简述质量管理体系的概念与内涵。
10-2 简述质量管理体系的4种模式。
10-3 简述汽车行业质量管理体系的发展历程。
10-4 试比较最新版汽车行业质量管理体系与老版质量管理体系的区别。
10-5 简述以顾客为关注点的质量管理原则的要义与作用。
10-6 试分析企业全员参与对汽车生产质量管理的重要性。
10-7 简述汽车行业质量管理体系实施过程中常用的工具与方法。
10-8 简述"零缺陷"的含义。

案例讨论 上海日用—友捷汽车电气公司质量管理

上海日用—友捷汽车电气公司成立于1998年4月1日,其前身是上海日用电机厂。日用—友捷是一家在汽车发动机冷却风扇总成、冷凝器风扇总成和汽车相关用泵领域提供专业解决方案的集研发、服务、制造为一体的合资企业。日用—友捷由德昌汽车电气有限公司(以下简称"德昌汽车")与上海机电股份有限公司(以下简称"机电股份")共同投资而成,德昌汽车与机电股份的投资比为70%和30%。德昌汽车的母公司——德昌电机控股有限公司是在香港上市的高品质精密电机、驱动子系统及相关机电零件的全球领先的供应商。机电股份是上海电气集团股份有限公司旗下的一家引领中国机电装备制造企业快速发展的大型上市公司。

作为汽车发动机冷却风扇领域的领军企业,目前上海日用—友捷为国内外200多家汽车制造商及汽车零部件供应商提供专业的解决方案,并长期致力于为其合作伙伴创造价值并成为其安全选择。作为同时拥有自主知识产权并荣获多项技术开发创新奖的本土企业,日用—友捷每年将至少5%的销售额投入到产品研发和创新中,以契合不断变化的市场需求,并在不断变革的汽车行业中始终保持核心竞争力/地位。为了给客户提供稳定、迅捷的服务,日用—友捷以上海总部为中心不断扩大规模、贴近客户,已在长春、成都、烟台、武汉、郑州等地建立了生产基地。在过去的20多年中,日用—友捷奋发努力,不断创新,始终处于行业的龙头地位。企业销售额连年增加,在过去的10年中,复合年均增长率以两位数增长。

在质量管理方面,公司除了通过ISO 9001、QS 9000、TS 16949的质量体系认证外,日用—友捷多次荣获国家级、市级多项质量管理奖,如中国机械工业500强企业、上海市高新技术企业、上海市知识产权示范企业等。2015年,公司更是荣获了上海市人民政府颁发的"2014年度上海市质量金奖"的殊荣。

汽车零件制造行业市场竞争异常激烈,一个企业的质量管理水平对该企业的生存与发展至关重要,它是决定企业能否满足顾客需求的关键因素。作为汽车零部件的供应商,上海日用—友捷汽车电气有限公司也面临极好的发展机遇,但大幅增加的需求与日益饱和的产能成为无法回避的矛盾。公司几十年来主要依靠抓可靠性质量管理来占领中国的汽车零部件市场。公司领导层高度重视企业的质量管理。质量是经营管理的核心,可靠性是经营管理的基础。可靠性强调一定要以用户为中心,最大限度地满足顾客现在的和潜在的需求,在实践中切实做到了"产品是企业的立身之本,质量是企业的效益之源"。企业不能没有产品,还要有好的产品才能够占领市场份额。质量是企业的效益之源,没有质量就没有数量,没有数量就没有市场,没有市场就没有效益。质量是企业各项经营管理的核心,是管理工作的"牛鼻子",抓住质量是开拓市场的关键。

公司实施可靠性质量管理工作已经几十年,可靠性质量管理是强调以预防为主,公司以较少的费用、时间来实现产品的可靠性目标。特别是现在的产品从大型的成套设备到轿车中成千上万个零件,产品性能的优异性和结构的复杂性、产品使用的广泛性、工作环境的严酷性以及产品的可靠性与国家及社会安全的关系日益密切,这就要求把可靠性工作提升为系统质量管理和核心节点管理。

公司管理层深刻理解可靠性工作和质量管理工作的相同与不同之处。从市场维护角度分析,二者相同之处是可靠性工作和质量管理都强调预防为主、事先控制,但可靠性更强调的是产品的"优生、优育",抓住产品的设计灵魂,注重从产品的设计源头开始抓可靠性,推行平行工程,强调好的产品是设计出来的;质量管理强调全员、全过程、全面的控制,这是可靠性和质量管理的一个区别。

公司管理层认为可靠性是开拓市场竞争力的基础,高可靠性产品有高的市场占有率,有高的客户回头率。市场是可以量化的,量化的其中一个指标就是市场占有率,而这个标准恰是一个企业经营的生命;量化的另一个指标是用户的忠诚度。公司管理层认识到第一次的销售不是真正的销售,用户买了公司的产品有持续购买的欲望而且把公司的产品向同行进行介绍,这样才是真正的销售,销售是以产品的质优价廉、可靠性作为后盾的。现在,公司从原先一个名不见经传的企业发展到现在取得国内轿车行业散热器风扇三分天下的地位。公司多年来通过给上海大众、上海通用配套提供优质产品,并在上海大众桑塔纳系列中获取了第一桶金,成为公司产品发展的一个里程碑。目前,公司做到了国内、国外两个市场同时抓,产品从原来的上海大众辐射到国内所有的整车企业,也辐射到公司的自主品牌,产品也成功地出口到欧美等地。

可靠性质量管理需要有一定的研发投入作为保证。公司多年来把销售收入的4%~5%用于研究开发,用在可靠性的设计、验证和增长试验上。公司拥有针对用户配套的平台设计软件,用以开展整个试验工程,包括机械的、流体的、电子流场的,以及一套仿真的试验技术来进行产品设计的优化。此外,公司还借鉴了航空发动机螺旋桨的小雷诺设计,并成功地应用到公司的产品上,使公司的研发周期由原先的4~6个月缩短到4~5天,使公司有更多的时间去进行可靠性研究。

可靠性工作的要点是必须以用户、市场为中心,不断提高用户的满意度,处处为用户着想。售出产品并不是销售的结束,而是从市场上获得改进空间、满足用户潜在需求、进一步提高可靠性的开始。在可靠性工作的实践中,设计开发能力的提高是产品可靠性提高的有力保证。多年来,公司把可靠性方法有效地、有机地在企业各个方面得到应用,如失效模式与影响分析、故障树分析、统计过程控制、测量系统分析、质量功能展开、试验设计等。20 世纪 80 年代,田口的试验设计法(DOE)在公司得到了很好的实践。现在公司更进一步推广了项目管理、项目的策划职责评审以及可靠性的增强试验、可靠性的失效试验等。

可靠性工程是一项复杂的系统工程,需要将应用的条件、法律、法规、经验教训、顾客需求等作为输入,运用多种多样的可靠性技术,针对具体的工作对象,根据系统或产品的不同特点、不同的研制生产阶段,以及与其他系统工程要素相协调,制定出合理可行的可靠性计划和实施方案,并有效实施。公司的可靠性技术发展到今天已经相当成熟,拥有一整套科学完整的技术手段和管理方法,可以有效解决各类缺陷。

上海日用—友捷汽车电气公司应用可靠性理论与方法开展质量管理,取得了很多标志性成果,下面以上海大众PASSAT轿车的散热器风扇改进为例,简要说明。PASSAT轿车在国外不用于出租车,中国用于出租车。出租车空调的工况和其他车是不一样的,这种情况在原来标准里没有涵盖。由于这型车在欧洲,驾驶员是不会坐在车子里面开空调的,但是在中国情况不是这样。出租车司机就可能在等乘客的时候开空调,这样空调就出了问题。公司知道这个情况以后,把原来的硅油风扇改成电子风扇。德国人做事非常严谨,修改德国企业制定的公差比登天还难。但公司迎难而上,从建议到德国大众最后的试验认可用了三年半时间。德国大众一开始不认可,但公司把风扇的试验报告、上海大众的试验报告一起送到德国去,德国人就把风扇装到PASSAT轿车上,送到南非去跑了一年车,最后看到的结果和国内的试验报告的数据一致,最终认可了公司的产品。试验结果证实这个风扇比他们原造风扇更好,最后该品牌轿车全部用日用—友捷公司设计的风扇,这样也大大地改善了市场和客户对这个车的满意度。原装进口风扇的自动空调不能足够冷却。日用产品取代进口风扇后,车内温度迅速下降。公司在2006年到德国去,德国大众负责全球技术的设计总监对公司的成绩非常赞赏。捷达轿车改了,PASSAT轿车改了,因此公司能拿到大众80%的市场份额,完全得益于抓住产品的技术创新、开发运用可靠性设计的技术和根据中国道路的实际情况进行设计。这就正如国家《质量纲要》中提到的,从符合性质量到适用性质量发展。公司实验室完全可以模拟实际道路的工况,发现潜在的失效模式,然后再设计再验证。所以说设计是灵魂,材料是它的基础,工艺是它的保证,最终要靠试验来验证,试验是关键。也恰是如此,公司对试验的投入是毫不吝啬的,公司的汽车风扇实验室目前是全国第一。

通过可靠性质量管理方法的运用、并行工程的展开,上海日用—友捷汽车电气有限公司的竞争力持续提高。当企业发展面临瓶颈或挑战时,上海日用—友捷显示出了一种突破习惯思维的勇气和信心,运用可靠性质量管理的方法,提高效率,降低成本,这也成为上海日用—友捷发展史上的一大"亮点"。公司对于产品开发的概念从发展期到最后产品上市的这个阶段称为"泡泡","泡泡"越大,销售份额也就越大。公司应收账款占销售的比例每年都不超过3%~4%,2003年到现在不向银行借一分钱,长期贷款、短期贷款都是零,连续五年给股东分红,股东的红利超过投资的一倍以上,这就是多年以来抓可靠性工作,抓好可靠性质量管理方法开花所结的果。公司以抓可靠性质量管理工作为核心,坚持以满足市场用户需求作为企业的追求目标,坚持质量为本、创新为魂的经营理念,不断提高产品的市场占有率和高的回头率,上海日用—友捷这位"小巨人"也一定会再上个台阶,再铸辉煌。

(资料来源:根据网络资料及《汽车制造业企业的质量管理》一书整理而来)

讨论题

1. 上海日用—友捷汽车电气有限公司是如何采用可靠性技术实施质量管理战略的?
2. 实施可靠性管理提升产品质量的关键影响因素有哪些?

第11章

汽车生产方式

11.1 汽车生产方式概述

在1900年以前的汽车生产过程中,工人组成生产小组相互协作把各种零部件用手工的方式组装成汽车。这种小批量生产是非常昂贵的,组装一辆汽车需要花费大量的时间和精力,工人们一天只能够生产很少量的汽车。为了降低成本、提高销量,早期汽车厂的管理者需要具有较高的提高生产效率的技能。

1913年,福特汽车公司使整个汽车行业发生革命性变化。福特与他的生产管理团队开创大批量生产系统,传送带将汽车传送到工人面前,流水线旁的每一个工人负责完成一项特定的工作任务。流水线的速度是控制工人活动的主要方式。福特通过试验确定了使每一位工人完成其特定工作的最有效率的方式,工作变得非常具有重复性,这就是大批量生产方式。到1920年,福特使汽车生产成本降低了2/3,每年的汽车销量达200万辆,从而福特成为汽车行业的领头羊。许多福特的竞争对手也竞相采取大批量生产技术。通用汽车公司和克莱斯勒公司没有简单模仿福特的方法,而是采取一种新的战略:为消费者提供多种汽车类型选择的新战略。由于福特汽车公司对于汽车市场变化的局限性眼光,20世纪30年代,通用汽车取代福特成为市场领导者。

20世纪60年代,丰田汽车公司在参观美国汽车生产厂家后,开创了精益生产方式。在此模式下,工人们在一个流动的生产线旁工作,他们被组织成小的团队,每一小组对某一特定的装配环节负责,团队中的每一个成员都需要学习掌握他所在团队所有成员的全部工作技能,并且每一个工作团队的工作职责不仅是装配汽车,而且要不断发现可以提高效率、降低成本的办法。到20世纪80年代,日本汽车企业已称雄世界汽车市场。

精益生产方式起源于日本丰田汽车公司。20世纪50年代初,日本汽车工业开始起步。鉴于日本国内在技术、设备等方面的限制,日本汽车工业没有完全照搬美国的汽车生产方式。其中除了当时日本的市场环境、劳动力状况以及战后的日本资金短缺等原因以外,以丰田汽车的丰田英二、大野耐一等人为代表的精益生产方式创始者们从一开始就考虑到市场需求已经发生变化,需要采取一种更能灵活适应市场需求的、多品种、小批量,同时不失成本优势的生产方式。以福特汽车为代表的大量生产方式的最大特点在于以单一品种的规模生产来降低成本,这与当时(20世纪初)美国的经济环境是相吻合的。但到20世纪后半叶,时代进入了一个市场需求多样化的新阶段,而且对质量的要求也越来越高,随之给制造业提出了新课题,即如何有效地按照多样化的市场需求灵活组织多品种小批量生产。如何在多品种小批量生产环境下仍然保持成本优势的精益生产方式就是顺应这样的时代要求,作为一种在多品种小批量混合生产条件下高质量、低消耗地进行生产的方式,是在实践中摸索、创造出来的。

20世纪70年代以后,在世界范围内,一方面资源价格继续飞涨,另一方面市场需求更加迅速地朝着多样化、个性化的方向发展;市场对产品的质量要求变得更高,产品的生命周期变得更短。这种状况更加促使各个国家、各行各业的企业探索新的经营方式、管理方式和工作方法。精益生产方式的应变能力以及对质量、成本、时间的有效控制方法越来越多地影响了汽车工业。后来又有大型汽车生产厂商和专家学者相继提出并研究敏捷制造、大规模定制、绿色制造等生产方式,这些生产方式均凸显汽车生产高质量、高效率、社会化和全球化等发展趋势。

11.2 精益生产方式

11.2.1 精益思想

1. 精益起步于价值流

精益管理是以客户需求为拉动力、以消灭浪费和全员参与持续改善为核心的管理模式,其倡导企业以最少的投入获取效益作为企业的经营目标。并在这个过程中,将精益思想和方法植根到员工的日常行为习惯当中,逐步形成精益文化。精益关注客户对时间和价值诉求的不断超越,以科学、合理的管理模式为客户带来增值服务,缩短制造周期、提高交付能力,从而提高企业适应市场瞬息万变的制造能力。

精益起步始于价值流,价值流图分析是企业的"体检机",能够通过规范的诊断流程和诊断方法,系统、全面地判断企业经营系统存在的问题,从而根据企业经营的需要和精益技术应用的规律来规划企业的变革路径图,实现企业的有序变革和持续改善,通过价值流图的分析能够诊断出企业实现精益的蓝图,通过价值流现状的持续改善,从点到线、从线到面逐步实现企业精益化。

要想使中国的制造企业成功地推行精益生产方式并取得成效,需要正确而有效地应用价值流图分析方法开展企业诊断活动。价值流图分析有其分析和应用的特定流程,准确而全面地识别企业改善的最佳切入点,有效的精益起步是精益变革成功的关键。价值流图分析五步骤,如图11-1所示。

1)定义价值

定义价值是进行价值流分析的第一步。企业要想真正实现精益化,就必须为客户提供其真正需求的产品和服务。要想准确定义企业价值,必须遵循以下几条原则。

(1)由客户定义价值而不是由企业来定义价值。

(2)按照客户的观点定义价值就必须将生产的全过程浪费减至最少。

(3)精益价值观将商家和客户的利益统一起来,是"双赢"而不是"我赢你输"的观点。

(4)用以客户为中心的价值观来审视企业的产品设计、制造过程、服务项目就会发现太

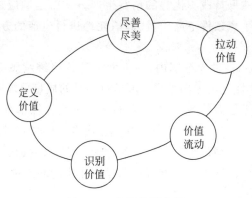

图 11-1 价值流图分析

多的浪费,从不满足客户需求到过分的功能和多余的非增值消耗,消灭这些浪费的直接受益者涉及供应链上的所有参与体。

2) 识别价值

价值流是指从原材料转变为成品、从客户提出需求到产品交付给客户的全过程,价值流描述的是企业经营活动的全部增加价值的活动。这些活动包括:从概念、设计直至投产的技术全过程;从订单处理、计划到送货的信息全过程;从原材料到产品的物质转换的全过程;以及产品全生命周期的支持和服务过程。

价值流图分析就是在价值流现状图中找到哪些活动是真正增值的活动,哪些是可立即去掉的不增值活动。精益将所有业务过程中消耗了资源而不增值的活动叫作浪费,识别价值流就是发现浪费和消灭浪费。识别价值流的工具主要为价值流图分析法,其主要是通过对现状价值流图进行分析,识别影响企业产品质量、制造成本和管理效率的直接或间接因素,从而找到非增值部分,确定企业改善方向和最佳切入点。

3) 价值流动

定义价值是价值流分析的基础,识别价值是开始,而精益思想实现价值的核心是价值的"流动"与"拉动"。

精益思想要求创造价值的各个活动(步骤)要流动起来,任何的停滞、等待、浪费都是值得怀疑和摒弃的。所以,仓库里堆积的原材料,车间里工序间积压的半成品,为促销提前很长时间的大批量备货等都是背道而驰的做法。价值流的本身内涵就是"动"。

4) 拉动价值

生产作业方式一般有两种:推动式生产与拉动式生产。推动式生产方式强调计划控制,期望各个部门按照计划管理的要求满足公司经营的目标。而"拉动"就是按客户的需求投入和产出,使用户精确地在他们需要的时间得到需要的东西。精益生产要求拉动式生产作业方式,因为采用拉动原则,生产和需求直接对应,消除了过早、过量的投入,可减少大量的库存和现场在制品,大大压缩制造的提前期。

5) 尽善尽美

精益化改善的结果必然是价值流动速度显著加快,这样就必须不断地用价值流图分析方法找出隐藏更深的浪费,然后进一步改善,这样的良性循环成为趋于尽善尽美的过程,就如持续改善的 PDCA 循环一样。

企业持续改善的"尽善尽美"目标是永远达不到的,但持续地对尽善尽美执着的追求作为企业经营的目标和方向,将造就一个永远充满活力、不断进步的企业。精益生产最忌短平快、一蹴而就的精益运动,企业要想追求精益生产必须持之以恒地追求尽善尽美的恒心和毅力。日本丰田公司从20世纪50年代推行精益生产方式的实践证明,尽善尽美的勇气和决心非常重要。

2. "一个流"生产

"一个流"生产是20世纪70年代在准时制生产方式的基础上由日本企业首先提出来的,是对传统生产观念的根本改变。一个流生产,即各工序只有一个工件在流动,使工序从毛坯到成品的加工过程始终处于不停滞、不堆积、不超越的流动状态,是一种工序间在制品向零挑战的生产管理方式,其思想是改善型的。通过追求"一个流",使各种问题、浪费和矛盾明显化,迫使人们主动解决现场存在的各种问题,实现人尽其才、物尽其用、时尽其效。

"一个流"的实质是以不断减少资源浪费为目的,将生产诸要素在生产过程中进行优化组合,实现用最少的人、物耗、资金、时间完成必要的工作。"一个流"的含义包括以下5个要点:

(1) 每道工序加工完一个制件后立即流到下一工序;
(2) 工序间的在制品数量不超过前工序的加工数量;
(3) 在制品的运动不间断、不超越、不落地;
(4) 生产工序、检验工序和运输工序合为一体;
(5) 只有合格的产品才允许向下道工序流动。

"一个流"既是一种精益制造系统的管理思想,也是实际操作的一套系统方法。通过生产流程的重新设计与组织,打破原来的批处理程序,而且在一个流动的过程中保证产品的质量和制造成本,生产效率由于浪费的减少而得到很大的改善。

"一个流"的运行原理是减少单位周转批量,从而降低了生产过程中的在制品等各个环节的库存,减少了大量的资金占用和场地占用,搬运的浪费得到改善,从而缩短制造周期,提高企业的产品交付能力,响应市场变化的能力得到加强,企业从中获得显著的经营效益。

"一个流"强调的是以单件或小批产品进行流转,而不是整批转移、间歇和等待。"一个流"是构成精益制造的最高思想境界和业务运行高度。"一个流"过程是自动(由工人自主)流动,不设置工序间的间歇和人工的控制,零件进入单元后自动周转,直至完工或流出单元。在实现"一个流"时,同一台设备上加工不同品种零件的快速换装和快速转移是最基本的条件。连续的流动和各工序之间良好衔接是"一个流"的本质特征。

3. 消除浪费

精益思想强调消除浪费,从而减少对各种资源的占用,提供资源的利用率,实现以尽可能少的资源消耗为最终顾客创造更多的价值。精益生产认为浪费包括两个方面含义:一种是一切不增加价值的活动都是浪费;另一种为尽管是增加价值的活动,但所用的资源超过了"绝对最少"的界限也是一种浪费。企业中存在难以计数的各种各样的浪费,精益生产创始人大野耐一把生产现场的浪费归纳为七大类(图11-2)。

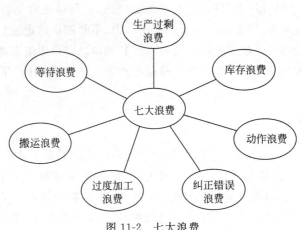

图 11-2　七大浪费

1）生产过剩浪费

生产过剩浪费是指制造过多或过早造成库存而产生浪费。制造过多是指生产量超过需要量,制造过早是指比预定的需求时间提前完成生产。生产过剩浪费被丰田生产方式视为最大的浪费,它是导致其他浪费现象的浪费之首,也是制造业中最常见的浪费。

生产过剩浪费不仅会使问题,即改善点被隐藏起来,而且会引发新的浪费,比如材料、零部件的过早消耗;电、气等能源的浪费;载货托盘、空箱等运载设备的增加;搬运车、叉车等运载工具的增加等。因此,必须提升生产管理水平,加强从计划到制造的各个单位间的密切合作,减少因制造过多或过早而引发的浪费。

2）等待浪费

等待浪费是指当两个相关的变量(工序、作业、流程等)不完全同步时产生的停顿时间。在生产过程中,工人在机器进行自动加工时,想工作却没有工作,只有瞪着眼看的份儿,或在将要进行加工时,却没有加工用的半成品,只好等上一工序加工完半成品才能工作而产生的浪费,均为等待浪费。

造成等待浪费的原因通常有:生产线的品种切换、计划安排不当导致忙闲不均、上游工序延误导致下游工序闲置、机器设备发生故障、人机操作安排不当等。

3）搬运浪费

从精益生产角度来看,搬运是一种不产生附加价值的动作,而不产生价值的工作都属于浪费。搬运的浪费具体表现为放置、堆积、移动、整理等动作浪费,由此而带来物品移动所需空间的浪费、时间的浪费和人力工具的占用等不良后果。

导致搬运浪费的原因有很多,包括材料放置不当、计划安排不平衡、更换品种时间长、工作场地缺乏组织、设备布局不当、缺乏对资源的管理等。改善不合理搬运浪费需要系统分析来寻求解决方案。

4）过度加工浪费

过度加工浪费是指把与工程的进展状况和产品质量没有任何关系(附加的无效的或可与其他工程合并)的加工当作是必要的加工而进行操作所产的浪费。例如,拼命整理自己身边的零件使其更加整齐,虽然干得大汗淋漓,但整理工作却不增加产品的任何附加价值,这种整理就是无用功,是一种浪费。过度加工浪费的常见表现形式包括没完没了的修饰,外加设备加工,频繁的分类、测试、检验,额外的复印件,额外的加工工序等。

有一些制造程序是可以省略、替代、重组或合并的,若是仔细地加以检查,将发现又有不少的浪费可以改善。在制造现场有很多的情况属于过度加工的工作,比如增加装配零部件而不是工艺要求的,加工精度超过了工艺的要求,使用工具时增加了过度的工作等。

5) 纠正错误浪费

纠正错误浪费是由于工厂内出现不合格品,在进行处置时所造成的时间、人力、物力上的浪费,以及由此造成的相关损失。这类浪费具体包括:不合格品不能修复而产生废品时的材料损失;设备、人员和工时的损失;额外的修复、鉴别、追加检查的损失;有时需要降价处理产品,或者由于耽误出货而导致工厂信誉的下降。产品制造过程中,任何不合格品出现,都会造成材料、机器、人工等资源浪费,同时任何修补也会产生额外的成本支出。

统计表明,产生不合格品的原因很多,任何事物的产生都有其深刻的内涵和原因,企业必须探究其真正的原因,避免头疼医头、脚疼医脚。另外,精益生产提倡"零缺陷率",要求及早发现不合格品,确定不合格品发生的源头,从而杜绝不合格品的产生。

6) 动作浪费

动作的浪费是不产生附加价值的动作、不合理的操作、效率不高的姿势和动作。在企业制造过程中我们经常会发现企业的生产员工存在员工走动频繁、过多的搬运活动、寻找工具材料、过度的伸展弯腰、等候期间额外的忙乱动作等。

在工业工程管理理论中,有专门研究动作的内容,其中所介绍的理论和方法对日常动作改善工作有很强的指导意义。

7) 库存浪费

精益思想的核心是提出库存是万恶之源,大量的库存滋生了众多的企业问题,而问题却被库存掩盖了,人们并没有紧迫感去解决这些问题,企业就会陷入经营效率低下、经营决策不畅的恶性循环之中(图 11-3)。

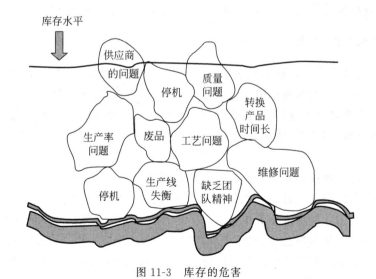

图 11-3 库存的危害

库存的存在给企业带来深重的"灾难",掩盖了企业本身存在而不被识别的问题,使得很多问题像毒瘤一样在企业滋生和发展。这些问题主要表现形式为:

(1) 生产缺乏计划性,灵活性差;
(2) 设备故障率高,保养和维修工作欠佳;
(3) 生产线运行不均衡,产量波动大;
(4) 人员安排不合理,缺勤率高;
(5) 废品率或次品率高,返修工作量大;
(6) 换装时间长,生产批量难以下降;
(7) 运输距离大,运输方式不合理。

库存给企业带来的危害很大,企业经营活动的绝大部分资源都会被库存所吞噬,严重影响了企业的运营效率,正所谓"库存是万恶之源"。企业的管理者都知晓库存给企业带来的危害,也需要通过有效的管理办法减少或消除。

4. 增值与非增值

精益生产的核心思想是通过持续改善消除各种浪费现象,来实现降低产品生产成本、提高产品质量、改善作业效率的目标,从而提高产品的赢利能力。增值活动是直接为顾客创造价值的活动,即生产顾客需要的产品,提供顾客需要的服务。例如,生产线上的组装过程、机械加工过程等。非增值活动包括必要但非增值的活动和不必要的非增值活动(即浪费)两种。必要但非增值的活动多数发生于支援部门的非增值行为,有些是必要的,但更多的是看似必要。例如,设备维护、来料/制品成品的检验、由于变更导致的额外工作(产品/工艺设计更改、计划变更、人员流动)、繁杂的审批过程和冗长的会议等。

某权威机构对一般制造业的制造过程增值和非增值工作进行统计和分析发现,增值活动约占企业生产和经营活动的5%,必要但非增值活动约为60%,其余35%为浪费。换言之,顾客只愿意冲着那5%的增值掏腰包。如果企业能够把其余的非增值的管理成本加进产品或服务的价格中,就有可能超过顾客对该产品或服务的价值期望。因此,在顾客对价值的认同下,企业应加大力度消灭浪费,降低成本,以赢取更高的边际利润。

5. 真效率与假效率

企业在经营过程中需要创造更多的利润,除了彻底地消除七大浪费之外,还要提高效率。一般而言,在一定的时间段内,生产出的产品数量越多,效率就越高。从理论上来说,这样的效率指标当然是越高越好,而且这种观念可以说已经根深蒂固在很多人员的头脑中了。但现实情况却可能与我们的认识截然相反,效率提升了,但是企业利润不增反降的现象经常会困扰我们。

归根结底,是对效率的意义并没有真正地掌握。许多公司提高的效率,以精益生产管理的眼光来看,都可以归为假效率。例如,一个产品的市场需求量为每天100个,按照原有生产方式需要10个人才能保证每天生产100个产品,通过改善活动促使现在10个人每天可以生产125个产品,从数据上来分析,人均产出由原来的10个增加到现在的12.5个,效率提升了25%。很多企业管理人员看到这种改善成果都会很高兴。但是这种"效率"在精益生产管理中就被归结为假效率。

造成假效率的关键在于忽略了市场的需求量,如果产品的需求量为每天100个,经过改良后,同样的人员每天可以做出125个,看上去效率是提升了,但是多出来的25个产品由于没有市场需求导致无法售出,对于企业来说,不但毫无利润收入,只能暂放仓库。由此必须导致额外的仓储管理费用的增加,甚至由于市场变化变为呆料、废料,这是很多人容易忽视的地方。因此,盲目提高这样的假效率,对企业的损害是非常巨大的,不但不会给企业带来收益,还会造成巨大的成本压力。

那么什么是真效率呢？以同样的例子来说,首先保证每天只生产能够满足市场需求数量的 100 个产品,如果能从 10 人减少到 8 人来生产同样的 100 个产品,人均产出同样由 10 个增加到 12.5 个,效率同样提高 25%,更重要的是没有库存品,这就是所谓真效率。因此,精益生产管理的改善是建立在市场每日需求数量的基础上,以最少的人员来生产出需要的数量,也就是所谓少人化的意义,是非定员制的生产方式。

简而言之,假效率是指固定的人员做出更多产品的方式。真效率是指以最少的人员,仅做出市场需要量的产品的方式。企业要获取更多的利润,就必须朝真效率努力,而不是提高假效率。

6. 持续改进

持续改进是企业连续改进某一或某些运营过程以提高顾客满意度的方法。一般步骤包括确定改进目标、寻找可能的解决方法、测定实施结果、正式采用等。要求企业营造一个全员参与、主动实施改进的氛围和环境,以确保改进过程的有效实施。

改进与创新,都是进步和提高。改进是渐进式的进步,是细微的改变,其过程是连续的,使工作质量不断提高,通过日积月累,就会获得巨大的成功。创新是跃进式的进步,是显著的变化,其过程是不连续的。创新可以是少数人所为,改进则必须众人努力。若创新之后无改进,则实际成果会降低；创新之后继续改进,成果将更大。精益生产更加强调进行永无休止的持续改进,并且这种改进是众人之事,是每个员工的责任,应该成为每个员工的指导思想,成为员工工作的一部分。

精益生产就是强调一个无止境的改善过程,在这个过程中,要使问题摆在每个人的面前,群策群力,让大家想办法解决。这个过程是不断收紧的过程,它使人们永远不会自满,永远面临新的问题,这也正是精益生产的实质所在。

11.2.2 准时化与自动化

丰田生产方式是以准时化生产(Just in Time,JIT)及自动化作为两个主要的支柱。制造产品时最理想的状况是使机械、材料、人等经济地、有效地组合,实现全部无浪费,最大限度地只做对提高附加价值有作用的工作。丰田生产方式以此两大支柱为制造产品的理念,在制造现场的各生产环节上,赋予探索和挑战精神而得到的一种生产体系。

1936 年,丰田自动织布机制作所汽车部正式开始生产时,丰田汽车创始人丰田喜一郎在厂里贴了一张写着"Just in Time"的标语。实现这个口号并创造出今天的生产方式的是大野耐一。大野耐一受美国超级市场的运作模式启发,从中找到了通过看板来实现"非常准时"思想的方法。他认为,可以把超级市场看成作业线上的前一道工序,把顾客看成这个作业线上的后一道工序。顾客(后工序)来到超级市场(前工序),在必要的时间就可以买到必要数量的必要商品(零部件)。超级市场不仅可以"非常及时"地满足顾客对商品的需要,而且可以"非常及时"地把顾客买走的商品补充上来。

准时生产,或更准确地称适时生产,是精细生产方式在生产现场的体现,它是围绕减少成品库存、在制品库存和原材料库存而形成的一套原则和方法。准时生产的概念传播较早,它是通过看板管理来实现的。因此,JIT 又被称为无库存生产、零库存、一个流生产方式等。通过准时化生产可以消除七大浪费中的大部分浪费。

在丰田生产方式中,自动化的创想是源于丰田的创办人丰田佐吉先生的自动织布机。丰田式自动织布机,只要纵线断掉或横线用完,机械具有立即停止的装置。在丰田,这种想法不仅对机械,而且扩大到有作业人员的生产线上。就是说,彻底实施一旦发生了异常,作业人员毫不犹豫地把生产线停下来。由于"自动化",便能够防止不良品的发生,限制了制造过剩,同时具有自动点检生产现场异常的作用。

通常的质量管理方法是在最后一道工序对产品进行检验,如有不合格品进行返工或做其他处理,而尽量不让生产线或加工中途停止。但在精益生产方式中,却认为这恰恰是使不良产品大量或重复出现的"元凶"。因为发现问题后如果不立即停止生产,问题得不到暴露,以后难免还会出现类似的问题。而一旦发现问题就使其停止,并立即对其进行分析、改善,久而久之,生产中存在的问题就会越来越少,企业生产系统的素质就会逐渐增强。

精益生产的自动化包括两个机制:①使设备或生产线能够自动检测不良产品,一旦发现异常或不良产品,可以自动停止的设备运行机制,为此在设备上开发、安装了各种自动停止装置和加工状态检测装置;②生产第一线的设备操作工人发现产品或设备的问题时,有权自行停止生产的管理机制。依靠这样的机制,不良产品一出现马上就会被发现,防止了不良产品的重复出现或累积出现,从而避免了由此可能造成的大量浪费。而且,由于一旦发生异常,生产线或设备就立即停止运行,比较容易找到发生异常的原因,从而能够有针对性地采取措施,防止类似异常情况再发生,杜绝类似不良产品再产生。

11.2.3 实行精益生产的条件

1. 精益布局

"一个流"生产或单元生产是对"精益生产"认识不断深化的产物,单元生产是一种基于追求无浪费理念,以工作单元(机械设备、生产人员和在制品的物流系统)为基本组成,对生产线合理布置,进行单一或多品种的生产方式。采用单元生产的企业,在布置、人才培养、物料控制上发生了极大的改变,而单元式布置(Cellular layout)是单元生产的硬件要求之一,其中 U 形布局是其中的重要工作。

U 形布局是通过对生产制造过程中的设备、工装设施进行 U 字形布局放置,保证物流的通畅和生产的紧凑。U 形布局结构如图 11-4 所示。在这种生产线模式中设备和工位按照工艺流程的顺序紧密配置,这样能够减少不必要的人员走动和物料的搬运时间,使得生产线的运行更加顺畅,U 形生产线的最大特征就是实现生产线的平衡,该生产线为了减少工作人员由于生产线布局不当所造成的行走时间浪费现象,把生产的投入点即原材料的放置点与半成品或成品的产出点的位置,二者间距离尽可能缩短。

采用 U 形布局可以给企业带来巨大的经济效益和生产效率。同时,大型 U 形布局结构

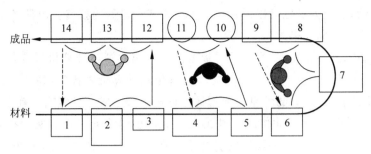

图 11-4　U 形布局示意图

容易暴露整体上的问题,促进问题解决,从而提高整体率。

2. 拉式生产与看板

对于加工装配式生产系统,产品由许多零件构成,每个零件要经过多道工序加工。要组织这样的生产,可以采用两种不同的发送生产指令的方式。一种方式为推式生产,另一种为拉式生产。推式生产运作体系是传统的生产运作体系。该体系是根据生产计划的要求,确定产品零部件的投入产出计划,然后把生产计划同时发至各部门和车间。各部门和车间均按计划指令进行生产,工件在本工序完工后则送到下一个工序去,而不管后道工序此时是否需要。显然,在瞬息万变的市场环境下,推式生产方式难以适应市场需求。特别是,要消除过量生产浪费,就要采用拉式系统。

拉式生产是指一切从市场需求出发,根据市场需求来组装产品,借此拉动前面工序的零部件加工。每个生产部门、工序都根据后向部门以及工序的需求来完成生产制造,同时向前向部门和工序发出生产指令。在拉式生产方式中计划部门只制定最终生产计划,其他部门和工序的生产是按照后向部门和工序的生产指令来进行的。根据"拉动"方式组织生产,可以保证生产在适当的时间进行,并且由于只根据后向指令进行,因此生产的量也是适当的量,从而保证企业不会为了满足交货的需求而保持高水平库存产生浪费。

拉式生产系统是要通过看板控制系统来实现。看板就是表示出某工序何时需要何数量的某种物料的卡片,又称为传票卡,是传递信号的工具。看板分两种,即传送看板和生产看板。传送看板用于指挥零件在前后两道工序之间移动。当放置零件的容器从上道工序的出口存放处运到下道工序的入口存放处时,传送看板就附在容器上。当下道工序开始使用其入口存放处容器中的零件时,传送看板就被取下,放在看板盒中。

看板是物料拉式生产方式中独具特色的管理工具,看板的操作必须严格符合规范,否则就会陷入形式主义的泥潭,起不到应有的效果。概括地讲,看板操作过程中应该注意以下运行原则:

(1) 后工序只有在必要时,向前工序领取必要的零件。

(2) 前工序只生产后工序所需的零件(包括型号、质量和数量等)。

(3) 看板数量越多,在制品越多。所以,应尽量减少看板的数量。

(4) 挂有生产看板的料箱内不允许有不合格品。

需要强调的是,看板方式作为一种进行物料控制与生产管理的有效方式,在生产管理史上是非常独特的,看板方式也可以说是拉式生产方式最显著的特点。但是,绝不能将拉式生产方式与看板方式等同起来。

随着信息技术的飞速发展,当前的看板方式呈现出逐渐被计算机所取代的趋势。现在最为流行的 MRP 系统就是将拉式生产之间的看板用计算机来代替,每道工序之间都进行联网,指令的下达、工序之间的信息沟通都通过计算机来完成。目前国内有很多企业都在推行 MRP,但真正获得成功的却很少,其中的主要原因就是企业在没有实行拉式生产的情况下就直接推行 MRP。实际上,MRP 只不过是一种将众多复杂的手工操作电脑化的软件,虽然能够大大提高生产率,但是并不能替代拉式生产所提出的一些观念和方法。因此,MRP 仅仅是单件工具,必须建立在推行拉式生产的基础之上。如果企业没有推行拉式生产就去直接使用 MRP,那只会浪费时间和金钱。

3. 均衡化管理

1) 概述

当前市场的特征是追求个性化多品种、少批量,大量生产出来的产品难以保证完全销售,因此,必须采用均衡化的生产方式,应对多品种、小批量的市场需求。均衡生产是拉式生产的前提。

所谓均衡化生产,就是指生产车间、产成品总装生产线在向前工序、车间领取零部件时,应均衡地使用各种产品系列的零部件,均衡生产资源,按照客户需求的顺序和数量,均匀、混合各种产品,以最低的产品库存和灵活的生产组织能力应对不断变化的市场。均衡化生产是实现精益生产的必要条件,也是当今制造型企业选择的新型生产运作模式,是适应新的市场环境条件下的生产管理技术,应对多品种、少批量的生产制造要求。

均衡化生产是准时化生产方式的重要基础,均衡化生产要求生产数量的均衡和产品种类的均衡,即总装配线向各前工序领取零部件时,要均匀地领取各种零部件,实行混流生产,消除不均衡的现象。图 11-5 显示的是批量生产不均衡情况,即当一种产品在生产时,另外的产品处于停滞或等候状态。这种情况下,容易导致设备、人力或库存的浪费,这是精益生产所不允许的。与此相对应的均衡化生产,则采取后道工序不应采用集中连续的顺序装配同一产品,而采用在某一单位时间内各品种出现的比率均等的顺序进行装配,从而实现均衡

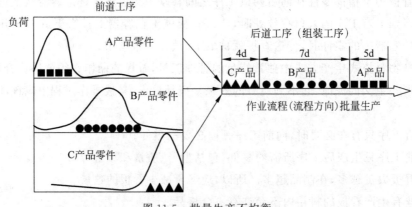

图 11-5 批量生产不均衡

化管理,如图11-6所示。采用均衡化生产具有以下5个方面的优点:

(1) 零部件使用量稳定;

(2) 设备和人力负荷稳定化,提高利用率;

(3) 在制品与库存大大减少;

(4) 提高了对市场的反应速度;

(5) 使工人操作更加熟练。

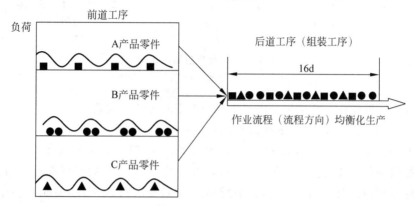

图11-6 混流生产均衡化

2) 总量均衡

总量均衡就是将连续两个时间段之间的总生产量的波动控制到最小程度,可以简单地理解为每一个时间段(一般为一天)内的生产数量相同。对于批量生产的某种产品,要按照预测需求制定以月为单位的生产总数,按这个月的劳动天数进行平均,就可以得出每天的生产数量。

如果工厂生产总量不均衡,即产品的产量出现波动,那么工厂的设备、人员、库存以及其他各种必要的生产要素,必然要依照生产量的高峰期(日)做准备。尤其是在人和设备方面。因此,在生产量减少时,就容易产生人员、库存等浪费。

【例11-1】 某汽车零部件厂某产品的实际需求量为400台,一月生产20天,每日生产量的需求不同,最高日30台/日,最低日10台/日,如图10-7(a)所示。

在未实行均衡化前,显然,为了满足生产高峰日(30台/日)的需求,需要按30台最大产量准备人员及其其他相关要素,但当产量为每日10台时,却造成了人员和设备的浪费。反之,若采用了总量均衡的方法,使日产量保持一致,即每天生产20台,如图11-7(b)所示,则可以按这个产量准备每日所需的人员及其他生产要素,显然,总产量没有减少,但生产要素可以减少1/3,成本投入也相应减少。

3) 品种均衡

品种均衡是指在一个单位期间内生产的产品组合平均化,使各种产品在不同单位期间不产生波动,在生产各种产品时所需前工序的零部件数量不产生波动。

从企业内部组织来看,由于面临多品种生产,企业必须配备多种设备和多种技能工,准备多种原材料。如果生产不均衡,在一段时间内只生产一种产品,就会造成忙闲不均。在生产某一种产品时,可能一部分车间和设备超负荷运行,部分工人加班加点,某些原材料和外购件一时供应不上;相反,另一部分车间和设备负荷不足,甚至空闲,工人无事可做,某些原

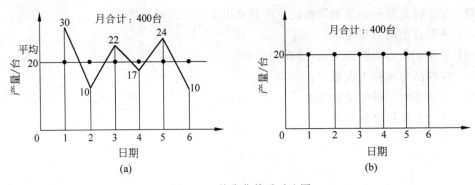

图 11-7 均衡化前后对比图

(a) 实行总量均衡前；(b) 实行总量均衡

材料和外购件出现积压。其结果导致了库存的浪费和等待的浪费。

下面,我们就用某汽车生产案例简要说明品种均衡化管理。

【例 11-2】 某汽车装配线装配 A、B 两种车型,装配顺序是 4 个 A 型车和 2 个 B 型车循环。装配线和部件线的生产节拍都是 4min,生产部件 A 和 B 的工序都需要两名操作工。由于车型的不同而需要不同的部件,即装配 A 型车需要用到 A 部件,装配 B 型车需要用到 B 部件,如图 11-8 所示。

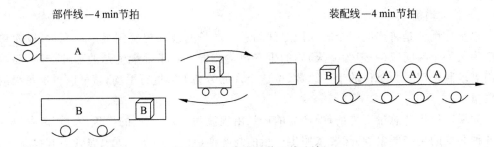

图 11-8 未均衡的装配线生产

① 如果按照准时化的生产要求进行生产,当后工序装配线装配 B 型车时,需要使用 B 部件,则生产 A 部件的生产线等待,反之亦然,这样就造成了等待的浪费。

② 部件线的生产节拍仍为 4min,如果为了使各工序不等待,就会出现生产过剩而库存增加,造成生产过早的浪费和库存的浪费,如图 11-9 所示。

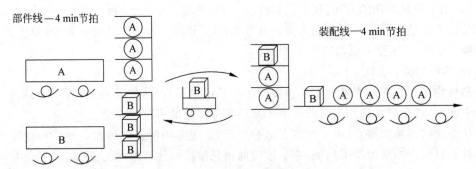

图 11-9 产生制造过早和库存

③ 为了解决上述问题,如果将部件线的生产节拍调整到 8min,各工位无等待现象,并且生产能力配置可减少 50%(如部件线操作人员只需 1 人)。但是后工序的装配线在使用其中一种部件时,另一种部件会有中间库存。例如,后工序的装配线在使用部件 B 时,A 部件线还在生产,但 A 部件并未领取,因此出现中间库存,最多时会出现 2 个 A 部件。

④ 若对后工序进行品种均衡,按照"A—B—A—B—A…"循环顺序进行生产,如图 11-10 所示。这样可消除库存和等待,同时生产能力配置可减少 50%。

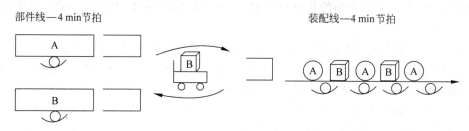

图 11-10　实行品种均衡的混流生产

4. 快速换模

精益生产要求生产系统能够快速应对市场的变化,可以更快更好地满足顾客的多变化和快速交货的要求。精益生产缩短生产周期是通过缩短产品的加工周期、缩短搬运时间、缩短等待时间和缩短其他业务的处理时间来实现的。均衡化管理的关键是如何缩短品种切换的时间。为了缩短品种切换时间,就需要注意一系列的业务运行要点。

作业切换时间指从前一种产品加工结束转换到能生产出后一种产品的合格品时所需要的时间。在生产现场,从一种产品切换到另一种产品时,通常都要做许多切换的工作,例如,进行换模、换刀、更换物料和调试等作业切换辅助工作,此时往往要使生产活动停顿下来。缩短更换作业时间是缩短生产提前期,减少在制品库存,组织混流生产、小批量生产不可缺少的条件。

切换作业分为内切换作业(只有停机才能进行的切换作业)与外切换作业(不停机就能进行的更换作业),它们所需的时间分别称为内切换作业时间与外切换作业时间。快速切换的实施步骤是:

(1) 分离内切换作业和外切换作业;

(2) 采取技术措施尽可能地把内切换作业转化为外切换作业;

(3) 采取技术措施最大限度地缩短内外切换作业;

(4) 不断改进以减少总时间和总工作量;

(5) 迈向"零切换"。

减少作业切换时间一定要依据一定的步骤,循序渐进地进行,持续改进,最终实现企业"零切换"这一终极目标。

5. 管理保证

推行精细生产方式是一场大变革,要求人们从观念、组织和管理上发生大的改变。在思想上,要建立精细思维方式;在组织上,要减少管理层次,要向员工充分授权;在观念上,要引导建立精细文化。

1）思维方式

传统的生产管理关注局部改进，追求单个机器或工人的利用率最高。于是，让大量的工件等待加工，让大量的顾客等待服务，使设备利用率最大化。精细生产是一种整体思维方式，要求领导者从全局出发，进行持续改进。精细生产是要从总体上消除物料转化过程中妨碍增值的所有活动，使从原材料到成品的整体物料流优化。它将连续的一个流作为理想模式，强调人、机器、物料与设施的集成和优化，从而导致质量、成本、时间和绩效的显著改进。

2）组织

精细生产企业具有全新的组织及人际关系。对企业内部来说，不仅要求彻底改变机构臃肿、人浮于事的状态，而且要对劳动分工做出调整。要减少组织的层次，尽量做到扁平化，在组织的各个层次建立功能交叉、任务交叉的小组，实行团队工作，保证不同职能的工作员相互沟通。实行并行工程，缩短新产品开发周期和生产技术准备周期，提高工作过程的质量和产品质量。要广泛实行分权和授权，让下级和工人分享权力与责任，有充分的自主权和积极性去做好各自的工作。在现代社会，权力过分集中不仅容易做出错误的决策，而且会降低组织的应变能力和工作效率。一个成功管理者的基本条件之一是让其下属充分发挥主动性与创造性。工人与管理者的合作是日本企业成功的重要条件。

3）企业文化

差异往往导致实施精细生产效果上的差异，很多非日本企业学习精细生产方式不成功，或者没有达到应有的绩效，其根本原因在于企业文化。领导高度集权与员工民主管理不相容，团队精神与个人英雄主义相互冲突，主人翁感与打工感背道而驰。丰田汽车公司实行员工授权和员工参与，注重发挥团队精神，让每个员工有一种主人翁感甚至自豪感，做到"善用员工的大脑和双手"，是实行精细生产的根本保障。改变企业文化是件十分困难的事情，但是只要经过持续不懈的努力，企业文化是可以改变的。其中一项主要措施就是改变绩效考核办法。人们总是按照考核的要求去做，而不是按照领导号召的去做。如果以绩效考核每个人或每台机器的产出或效率，并以此作为领取奖金的依据，人们就会过量生产，导致库存增加、生产周期加长；如果考核一个团队（如一个 U 形制造单元）的在制品库存量，大家就会齐心合力，想方设法减少调整准备时间，改进调整准备方法。推行精细生产方式，最根本的是考核每件导致顾客满意或不满意的事情。

11.3 敏捷制造方式

11.3.1 概述

20 世纪 80 年代末，相对于日本的丰田生产方式（精益生产）的崛起并因而带动日本制造业乃至整体国家社会经济的迅速进步，曾经一度领先的美国制造业风光不再。与此同时，信息技术突飞猛进，信息化的浪潮汹涌而来，许多国家制定了旨在提高自己国家在未来世界中的竞争地位、培养竞争优势的先进制造计划。为了应对日本企业的挑战，重振美国制造业的雄风，1988 年，美国通用汽车公司与美国里海大学的几位教授首次共同提出了敏捷制造的概念。1991年,美国里海大学的艾柯卡(Iacocca)研究所在美国国会战略和国防部的支持下,主持召开了21世纪发展战略讨论会,历时半年形成了一份著名报告——《21世纪制造企业战略》,并提交给美国国会。这份报告对敏捷制造的概念、方法及相关技术作了全面的描述。报告提出了以下两个最重要的结论:

(1) 影响企业生存、发展的共性问题是目前竞争环境的变化太快而企业自我调整、适应的速度跟不上。

(2) 依靠对现有大规模生产模式和系统的逐步改进和完善不能实现重振美国制造业。

该结论得到了200多位来自美国工业界、政府机构和社会各界人士的认可和赞成。一种新兴的制造体系——敏捷制造的概念开始在美国得到了广泛的研究和应用。

11.3.2 敏捷制造的内涵

敏捷制造是一种哲理,蕴涵着新的思想,是企业在无法预测的持续、快速变化的竞争环境中生存、发展并扩大竞争优势的一种新的经营管理和生产组织模式。美国敏捷制造研究组织将敏捷制造(Agile Manufacturing,AM)定义为能在不可预测的持续变化的竞争环境中使企业繁荣和成长,并具有面对由顾客需求的产品和服务驱动的市场做出迅速响应的能力。

随着人民生活水平的不断提高,人们对产品的需求和评价标准将从质量、功能和价格转为最短交货周期、最大客户满意、资源保护、污染控制等。市场是由顾客需求的产品和服务驱动的,而顾客的需求是多样的和多变的,因此企业需要具备敏捷性(Agility)的特质,即必须能在无法预测、不断变化的市场环境中保持并不断提高企业的竞争能力。具备敏捷性的生产方式即敏捷制造。

敏捷制造的核心思想是:要提高企业对市场变化的快速反应能力,满足顾客的要求。除了充分利用企业内部资源外,还可以充分利用其他企业乃至社会的资源来组织生产。其主要特点如下:

(1) 从产品开发开始的整个产品生命周期都是为满足用户需求的。敏捷制造采用柔性化、模块化的产品设计方法和可重组的工艺设备,使产品的功能和性能可根据用户的具体需要进行改变,并借助仿真技术可让用户很方便地参与设计,从而很快地生产出满足用户需要的产品。

(2) 采用多变的动态的组织结构。21世纪衡量竞争优势的准则在于企业对市场反应的速度和满足用户的能力。而要提高这种速度和能力,必须以最快的速度把企业内部的优势和企业外部不同公司的优势集中在一起,组成为灵活的经营实体,即虚拟公司。

(3) 着眼于长期获取经济效益。敏捷制造是采用先进制造技术和具有高度柔性的设备进行生产,这些具有高柔性、可重组的设备可用于多种产品,使生产成本与批量无关,做到完全按订单生产,充分把握市场中的每一个获利时机,使企业长期获取经济效益。

(4) 建立新型的标准体系,实现技术、管理和人的集成。敏捷制造企业需要充分利用分布在各地的各种资源,要把这些资源集中在一起,以及把企业中的生产技术、管理和人集成到一个相互协调的系统中。为此,必须建立新的标准结构来支持这一集成。这些标准结构包括大范围的通信基础结构、信息交换标准等的硬件和软件。

(5) 最大限度地调动、发挥人的作用。敏捷制造提倡以"人"为中心的管理。强调用分散决策代替集中控制,用协商机制代替递阶控制机制。

显然,敏捷制造方式把企业的生产与管理的集成提高到一个更高的发展阶段。它把有关生产过程的各种功能和信息集成扩展到企业与企业之间的不同系统的集成。当然,这种集成将在很大程度上依赖于国家和全球信息基础设施。

11.3.3 敏捷制造的实施

敏捷制造作为一种先进的生产组织模式,其实施一般包括总体规划、敏捷化建设、敏捷化企业的构建和敏捷化企业的管理与运行4个步骤。

1. 总体规划

根据企业发展战略的要求确定敏捷制造的目标,在此基础上制定实现敏捷制造的中长期计划和实施方案。

2. 敏捷化建设

企业的敏捷化建设工作包括更新传统的经营理念,调整企业组织结构,要加强企业信息、知识网络化建设,建立高素质的人才队伍等。

3. 敏捷化企业的构建

按照具有敏捷性及快速反应能力、充分利用制造资源、整体的协调一致性和个体独立自主性高度统一的要求,根据企业自身的类型(产品型企业/加工型企业)和特点、敏捷化目标等,设计并构建敏捷化企业。构建过程中,应构建面向运作过程的多功能工作团队,实施并行工程和协同工作。动态联盟(虚拟公司)是实现敏捷制造的主要形式。

4. 敏捷化企业的管理与运行

动态联盟应做好联盟企业之间在运作上的组织协调、过程协调、资源协调和能力协调,确保联盟具有敏捷性,实现敏捷制造。同时,建立敏捷性的评价指标体系和方法,对运作过程进行评价,确认企业的敏捷性及其变化情况,确定制约企业敏捷性的因素,有针对性地采取措施,从而提高企业的敏捷性。

11.4 大规模定制

11.4.1 概述

1970年,美国未来学家阿尔文·托夫勒(Alvin Toffler)在 *Future Shock* 一书中提出了一种全新的生产方式的设想:以类似于标准化和大规模生产的成本和时间,提供客户特定需求的产品和服务。1987年,斯坦·戴维斯(Start Davis)在 *Future Perfect* 一书中首次将这种生产方式称为"Mass Customization",即大规模定制(MC)。1993年约瑟夫·派恩二世(Joseph Pine Ⅱ)在《大规模定制:企业竞争的新前沿》一书中写道:"大规模定制的核心是产品品种的多样化和定制化急剧增加,而不相应增加成本;其范畴是个性化定制产品与服务的大规模生产;其最大优点是提供战略优势和经济价值。"

大规模定制是一种在系统整体优化的思想指导下,集企业、顾客、供应商和环境于一体,充分利用企业已有的各种资源,根据顾客的个性化需求,以大量生产的低成本、高质量和高效率提供定制产品和服务的生产模式。

随着技术进步速度的加快、经济的发展和生活水平的提高,人们对产品多样性的要求越来越突出。顾客需求个性化将成为一种趋势,通过为顾客提供个性化的产品和服务来提高顾客的满意度是现代企业获得竞争优势的有效途径。因此,大规模定制将成为21世纪的主流生产方式。丰田汽车公司、松下自行车公司、摩托罗拉公司、戴尔公司等先行者已经通过实施大规模定制获得了巨大的竞争优势,起到了良好的示范作用。

11.4.2 大规模定制生产模式

大规模定制生产模式按客户订单分离点(CODP)所在位置不同,可分为按订单销售(Sale-To-Order,STO)、按订单装配(Assemble-To-Order,ATO)、按订单制造(Make-to-Order,MTO)和按订单设计(Engineer-To-Order,ETO)4种类型(图11-11),这种分类方法已经被学术界和企业界普遍接受采用。

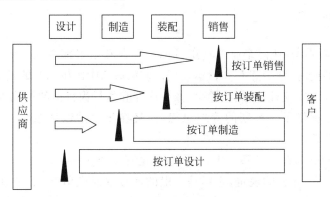

图11-11 大规模定制模式

(1) 按订单销售。按订单销售又可称为按库存生产(Make-to-Stock,MTO),这是一种大批量生产方式。在这种生产方式中,只有销售活动是由客户订货驱动的。

(2) 按订单装配。按订单装配是指企业接到客户订单后,将企业中已有的零部件经过再配置后向客户提供定制产品的生产方式,如模块化的汽车等。在这种生产方式中,装配活动及其下游的活动是由客户订货驱动的,企业通过客户订单分离点位置往后移动而减少现有产品零部件和模块库存。

(3) 按订单制造。按订单制造是指接到客户订单后,在已有零部件的基础上进行变型设计、制造和装配,最终向客户提供定制产品的生产方式,大部分机械产品属于此类生产方式。在这种生产方式中,客户订单分离点位于产品的生产阶段,变型设计及其下游的活动是由客户订货驱动的。

（4）按订单设计。按订单设计是指根据客户订单中的特殊需求，重新设计能满足特殊需求的新零部件或整个产品。客户订单分离点位于产品的开发设计阶段。较少的通用原材料和零部件不受客户订单的影响，产品的开发设计及原材料供应、生产、运输都由客户订单驱动。企业在接到客户订单后，按照订单的具体要求，设计能够满足客户特殊要求的定制化产品，从供应商的选择、原材料的要求、设计过程、制造过程以及成品交付等都由客户订单决定。

11.5　OPT 和 TOC

最优生产技术（Optimized Production Technology，OPT）是以色列物理学家戈德拉特（Eli Goldratt）博士于 20 世纪 70 年代提出的。最初，它被称为最优生产时间表（Optimized Production Timetable，OPT），20 世纪 80 年代才改称为最优生产技术。后来，戈德拉特又进一步将它发展成为约束理论（Theory of Constraints，TOC）。TOC 作为有效解决问题的方法十分流行。OPT 出现时间不长，却取得了令人瞩目的成就。

11.5.1　最优化生产技术 OPT

1. OPT 目标

OPT 的倡导者强调，任何企业的真正目标是现在和未来都赚钱；要实现这个目标，必须在增加产销率的同时，减少库存和营运费用。它吸收 MRP 和 JIT 的长处，是以相应的管理原理和软件系统为支柱，以增加产销率、减少库存和运行为目标的优化生产管理技术。其特别之处不仅在于提供了一种新的管理思想，而且在于它的软件系统。OPT 两大支柱是 OPT 原理及 OPT 软件。

按照 OPT 的观点，在生产系统中，作业指标也有 3 个：

（1）产销率。按 OPT 的规定，它不是一般的通过率或产出率，而是单位时间内生产出来并销售出去的量，即通过销售活动获取金钱的速率。生产出来但未销售出去的产品只是库存。

（2）库存。是一切暂时不用的资源。

（3）运行费。是生产系统将库存转化为产销量的过程中的一切花费，包括所有的直接费用和间接费用。

按照 OPT 的观点，用这 3 个指标就能衡量一个生产系统。如果从货币角度考虑，产销率是要进入系统的钱，库存是存放在系统的钱，而运行费是将库存变成产销率而付出的钱。

2. OPT 的基本思想

OPT 是一套可提高产出、减少存货的分析性技术理论。OPT 系统将重点放在控制整体产出的瓶颈资源上,集中精力优先解决主要矛盾,这对于单件小批生产类型比较适应。这类企业由于产品种类多、产品结构复杂,控制对象过多,因此必须分清主次,抓住关键环节。其基本内容包括以下 4 方面:

(1) 物流平衡是企业制造过程的关键。

对企业的产品需求是外部因素,时刻都在变化。为适应市场,企业必须以可能的低成本、短周期生产出顾客需要的产品。因此,制造问题主要是物流平衡问题,即需要强调实现物流的同步化。

(2) 瓶颈资源是产品制造的关键制约因素。

在制造过程中,影响生产进度的是瓶颈环节。瓶颈资源实现满负荷运转,是保证企业物流平衡的基础。瓶颈资源损失或浪费 1 小时,制造系统即损失或浪费 1 小时。因此,瓶颈资源是制造系统控制的重点,为使其达到最大的产出量可采取以下措施:

① 在瓶颈工序前,设置质量检查点,避免瓶颈资源做无效劳动。

② 在瓶颈工序前,设置缓冲环节,使其不受前面工序生产率波动影响。

③ 采用动态的加工批量和搬运批量。对瓶颈资源,通常加工批量较大,减少瓶颈资源的装设时间和次数,提高其利用率;而较小的运输批量,使工件分批到达瓶颈资源,可减少工件在工序前的等待时间,减少在制品库存。

(3) 由瓶颈资源的能力决定制造系统其他环节的利用率和生产效率。

(4) 对瓶颈工序的前导和后续工序采用不同的计划方法,提高计划的可执行性。

根据 OPT 的原理,企业在生产计划编制过程中,首先应编制产品关键件的生产计划,在确认关键件的生产进度的前提下,再编制非关键件的生产计划。

3. OPT 的 9 条原则

OPT 的基本思想具体体现在 9 条原则上,这 9 条原则是实施 OPT 的基石。OPT 有关生产计划与控制的算法和软件,就是按这 9 条原则提出和开发的。此外,这些原则也可以独立于软件之外,直接用于指导实际的生产管理活动。

(1) 平衡物流,而不平衡能力。

(2) 非瓶颈资源的利用程度不是由它们自己的潜力决定的,而是由系统的约束决定的,系统约束就是瓶颈。

(3) 资源的"利用"(utilization)与"活力"(activation)不是同义词,"利用"是指资源应该被利用的程度,"活力"是指资源能够被利用的程度。从平衡物流的角度出发,应允许非关键资源上有适当的闲置时间。

(4) 瓶颈上 1 小时的损失则是整个系统 1 小时的损失。

(5) 非瓶颈获得的 1 小时是毫无意义的。

(6) 瓶颈控制了库存和产销率。

(7) 转运批量可以不等于(在许多时候应该不等于)加工批量,车间现场的计划与控制的一个重要方面就是批量的确定,它影响到企业的库存和产销率。

(8) 加工批量应是可变的,而不是固定的。

(9) 安排作业计划应兼顾所有的约束,提前期是作业计划的结果,而不应是预定值。

11.5.2 约束理论 TOC

1. TOC 内涵与原则

约束理论(Theory of Constraints, TOC)最早于 20 世纪 80 年代在最优生产技术 OPT 基础上发展而成,在中国常常被翻译为瓶颈管理、限制理论、制约因素、制约法,其与木桶理论、短板理论、链条理论等相类似。

约束理论是企业识别并消除在实现目标过程中存在的制约因素(即约束)的管理理念和原则。它可以帮助企业或组织识别出在实现目标的过程中存在着哪些制约因素,即"瓶颈",并进一步指出如何实施必要的改进措施以消除这些瓶颈,从而更有效地实现企业目标。

TOC 的管理思想是首先抓"重中之重",使最严重的制约因素凸显出来,从技术上消除了"避重就轻""一刀切"等管理弊病发生的可能,避免了管理者陷入大量的事务处理当中而不能自拔的情形。但在实现目标的过程中,瓶颈并非是一成不变的,其会随着环境的变换而产生变化,如实际生产过程中出现机器故障、刀具磨损、临时插单、急件、物料短缺、交货期变动、工艺路线改变等会使瓶颈不断发生改变。对瓶颈的持续改善,短期的效果是"抓大放小",长期的效果是大小问题齐抓共管,从而使得企业的整体管理水平持续提高。

TOC 已经在许多领域得到成功的运用。应用 TOC 需要遵循 13 条原则:

(1) 在解决问题和管理变化中,系统思维比分析思维更重要。

(2) 随着系统环境的变化,原有的最佳系统方案会逐渐失效,需要持续改进来更新和维护方案的有效性。

(3) 系统的局部最优并不等于整体最优。也就是说,系统的每一部分处于最优状态,但系统作为整体并不是最优的;如果系统整体是最优的,系统至少有一个部分不是最优的。

(4) 系统像一根链。每个系统都有一个最弱的环节,它就是约束,最终限制整个系统的成功。

(5) 加强链的每一个环节来改善整条链的强度,不如加强它最薄弱的环节。

(6) 要想知道改变什么,必须要对系统有一个彻底的了解,如系统的现实状况、它的目标和规模,以及两者之间差别的趋势。

(7) 一个系统中的不良效果(Undesirable Effect, UDE)主要是由少数几个核心问题造成。

(8) 核心问题从来都不是表面化的。它们主要通过一系列的 UDE 来显示,这些 UDE 相互作用,形成一个网络。

(9) 排除单个的 UDE,提供了一个虚假的安全感觉,而忽视了潜在的核心问题,这样的方案极可能是短命的,而针对核心问题的方案会同时排除所有的 UDE。

(10) 隐藏的冲突使核心问题长期存在。针对核心问题的解决方法需要挑战隐藏在冲突中的假定,至少使其中的一个假定失效。

(11) 系统的约束可能是有形的或无形的。有形的,诸如设备能力不足、原材料短缺、资金缺乏等;无形的,诸如落后的管理思想、不合理的规章制度等。有形的约束相对容易识别,排除也较简单。而无形的约束的识别和排除是困难的,但它们比排除一个有形的约束会导致对系统更大的改进。

(12) 思维惯性是持续改进的最大敌人。解决方案通常有自己的一些假定,这可能会阻碍进步的变化。

(13) 思想和想法不是解决方案。

以上 13 条原则构成了运用约束理论解决复杂问题的思想方法,其正确性已经得到很多事实的验证。

2. TOC 实施步骤

TOC 有一套思维的方法和持续改善的程序:
(1) 找出系统中存在哪些约束。
(2) 最大限度利用瓶颈,即提高瓶颈利用率。
(3) 使企业的所有其他活动服从第二步中提出的各种措施。
(4) 打破瓶颈,即设法解决第一步中找出的瓶颈。
(5) 重返第一步,持续改善。

以上 5 步构成了一个持续改进的程序,每循环一次,有效产出就可提高一次。

11.6 绿色制造

11.6.1 概述

环境与资源问题是当前和今后人类社会面临的主要问题。自 20 世纪 70 年代以来,全球掀起了一场绿色革命。1992 年,联合国召开了联合国环境与发展大会,会议通过了《21 世纪议程》,提出了全球可持续发展的战略框架。一些发达国家政府采取一系列环境保护措施,例如日本推出了"绿色行业计划",加拿大政府已开始实施环境保护"绿色计划",美国、英国、德国也推出类似计划。同时,广大消费者已热衷于购买环境无害产品的绿色消费的新动向,促进了绿色制造的发展。产品的绿色标志制度相继建立,凡产品标有"绿色标志"图形的,表明该产品从生产到使用以及回收的整个过程都符合环境保护的要求,对生态环境无害或危害极少,并利于资源的再生和回收,这为企业打开销路、参与国际市场竞争提供了条件。

由于绿色制造的概念和内涵尚处于探索阶段,至今还没有统一的定义。根据文献资料,绿色制造的内涵可描述为:在保证产品的功能、质量、成本的前提下,从产品设计、制造、使用到报废整个产品生命周期中不产生环境污染或环境污染最小化,符合环境保护要求,对生态环境无害或危害极少,节约资源和能源,使资源利用率最高,能源消耗最低,是一种综合考虑环境影响和资源效率的现代制造模式。

绿色制造模式是一个闭环系统,也是一种低熵的生产制造模式,即原料—工业生产—产品使用—报废—二次原料资源,从设计、制造、使用一直到产品报废回收整个寿命周期对环境影响最小,资源效率最高,也就是说要在产品整个生命周期内,以系统集成的观点考虑产品环境属性,改变了原来末端处理的环境保护办法,对环境保护从源头抓起,并考虑产品的基本属性,使产品在满足环境目标要求的同时,保证产品应有的基本性能、使用寿命、质量等。

1996年,美国制造工程师学会发表了有关绿色制造的蓝皮书——Green Manufacturing,提出绿色制造的概念,并对其内涵和作用等问题进行了较为系统的阐述。在科技部、国家自然科学基金委员会和有关部门的支持下,国内一些高等院校和研究院所对绿色制造技术进行了广泛的探索,许多企业也投入了大量研究资源。进入21世纪,自然环境和全球气候进一步恶化,联合国和各国政府纷纷采取并加强应对措施。一直以来,中国坚定不移推进生态文明建设,推动美丽中国建设迈出重要步伐。2015年4月,中共中央、国务院印发《关于加快推进生态文明建设的意见》,明确了生态文明建设的总体要求、目标愿景、重点任务、制度体系。同年9月,《生态文明体制改革总体方案》出台,提出完善生态文明绩效评价考核和责任追究制度等。值得注意的是,被称为"史上最严"的新环保法从2015年开始实施,一部被称为"绿色税法"的《中华人民共和国环境保护税法》将于2018年1月1日正式实施。另外,国家环境保护"十三五"规划已从单一目标即总量控制目标、减排目标,变成双目标即环境质量改善和污染物总量控制,内容将涉及绿色经济、土壤环境保护、生态环境保护等诸多方面。

11.6.2 绿色制造实现策略

要实现绿色制造,一是坚持绿色理念贯穿产品生产周期全过程;二是持续不断降低生产过程资源消耗;三是要善于重复利用各种废弃物。

1. 坚持绿色理念贯穿产品生产周期全过程

绿色制造要从设计、制造、使用一直到报废、回收整个产品生命周期内,综合考虑产品的环境属性,由传统的末端环境保护办法调整为源头抓起,使产品在满足环境目标要求的同时,保证产品应有的基本性能、使用寿命和质量。从产品全生命周期来看,绿色制造包括绿色设计、工艺规划、材料选择、产品包装和回收处理等方面的关键技术。

1) 绿色设计

绿色设计是指在产品及其生命周期全过程的设计中,充分考虑对资源和环境的影响,在充分考虑产品的功能、质量、开发周期和成本的同时,优化各有关设计因素,使得产品及其制造过程对环境的总体影响和资源消耗减到最小。这要求设计人员必须具有良好的环境意识,既综合考虑了产品的质量、成本等基本属性,还要注重产品的环境(Environment)属性,即产品使用的绿色度。

2) 工艺规划

产品制造过程的工艺方案不一样,物料和能源的消耗将不一样,对环境的影响也不一样。绿色工艺规划就是要根据制造系统的实际,尽量研究和采用物料和能源消耗少、废弃物少、噪声低、对环境污染小的工艺方案和工艺路线。

3) 材料选择

绿色材料选择技术是一个很复杂的问题。绿色材料尚无明确界限,实际中选用很难处理。在选用材料时,不仅要考虑其绿色性,还必须考虑产品的功能、质量、成本、噪声等多方面的要求。减少不可再生资源和短缺资源的使用量,尽量采用各种替代物质和技术。

4) 产品包装

绿色包装技术就是从环境保护的角度,优化产品包装方案,使得资源消耗和废弃物产生最少。这方面的研究很广泛,但大致可以分为包装材料、包装结构和包装废弃物回收处理3个方面。当今世界主要工业国要求包装应做到"3R1D"(Reduce 减量化、Reuse 回收重用、Recycle 循环再生和 Degradable 可降解)原则。

5) 回收处理

产品生命周期终结后,若不回收处理,将造成资源浪费并导致环境污染。研究表明,面向环境的产品回收处理是一个系统工程,从产品设计开始就要充分考虑这个问题,并作系统分类处理。产品寿命终结后,可以有多种不同的处理方案,如再使用、再利用、废弃等,各种方案的处理成本和回收价值都不一样,需要对各种方案进行分析与评估,确定出最佳的回收处理方案,从而以最少的成本代价,获得最高的回收价值。

一直以来,机动车回收管理存在的问题长期没有得到解决,给我国机动车回收工作带来了极大困扰。一组数字可以清晰比对我国与欧美发达国家的差距:2015 年,我国汽车注销量 604 万辆,占汽车保有量的 3.51%;同年的汽车回收量仅为 170 万辆,占汽车保有量的 0.99%,占注销量的 28%。而欧美发达国家报废率(报废车量与保有量占比)为 6%~8%,回收率为 5%~7%。我国机动车的报废率和回收率远远低于欧美发达国家。截至 2020 年 9 月,我国汽车保有量已达 2.75 亿辆,按照国际 4%~6% 的报废率平均水平,未来我国每年的汽车报废规模是相当大的。老旧汽车不及时报废会加剧空气污染,报废汽车处理不好又将带来安全和环保问题,汽车产品报废回收是当前我国面临的一大问题。2019 年 6 月,国务院常务会议审议通过了《报废机动车回收管理办法》,该管理办法通过鼓励报废机动车"五大总成"再制造、再利用等,助力形成汽车报废更新的长效机制,加快淘汰老旧机动车,助力大气污染防治的源头治理,这将对我国汽车业乃至整个经济高质量发展产生深远影响。针对汽车回收难问题,汽车生产要充分考虑产品报废后的可拆卸性和易拆解性;优先考虑资源利用率高、污染物产生量少,以及有利于产品废弃后回收利用的技术和工艺;禁用散发有毒物质和破坏环境的材料;限制使用铅、汞、镉和六价铬等重金属;拆卸及报废汽车产品的零部件要分类收集存放,妥善保管等措施。

2. 持续不断降低生产过程资源消耗

降低产品在制造过程和使用过程中的资源消耗,是降低自然资源消耗和减少环境污染的重要措施。而要做到这一点,就要求借鉴精益思想来指导产品的生产与使用过程。正如《改变世界的机器——精益生产之道》一书中所讲的那样,通过精细生产使制造产品的资源消耗减少一半,那么自然资源的使用期、能源消耗时间将延长一倍。

另外,研发和采用降低资源消耗的技术,如纳米技术、3D 打印技术、干式切削加工技术、近净成型技术等,也可以降低产品加工过程中的材料和能源消耗,减少环境污染。

3. 善于重复利用各种废弃物

仅仅降低资源消耗还不够,在技术难关没有被攻克之前,产品制造过程不可避免地产生废水、废气和各种废渣。"三废"和未经处理的垃圾,不仅浪费了资源,而且污染了环境。要实施绿色制造，就是要创造生产制造、使用和报废处理各阶段的循环，使产品制造、使用和报废处理过程所产生的"三废"得到回收和利用，使所消耗的资源得到补充。

例如，最新的报废机动车回收管理办法规定报废汽车拆解的"五大总成"具备再制造条件的，可以按照国家有关规定出售给具有再制造能力的企业，从而提高报废机动车回收价值，引导车主积极主动报废更新，为促进汽车消费优化升级和提质转型置换出空间。

11.6.3 发展趋势

当前，世界上掀起一股"绿色浪潮"，环境问题已经成为世界各国关注的热点。制造业将改变传统制造模式，推行绿色制造技术，发展相关的绿色材料、绿色能源和绿色设计数据库、知识库等基础技术，生产出保护环境、提高资源效率的绿色产品，如绿色汽车、绿色冰箱等，并用法律、法规规范企业行为。随着人们环保意识的增强，那些不推行绿色制造技术和不生产绿色产品的企业，将会在市场竞争中被淘汰，使发展绿色制造技术势在必行。

（1）全球化。绿色制造的研究和应用将越来越体现全球化的特征和趋势，主要体现制造业对环境的影响超越空间、地域限制，绿色制造的全球化标准的出现，绿色产品的市场竞争全球化等。

（2）社会化。绿色制造的研究和实施需要全社会的共同努力和参与，以建立绿色制造所必需的社会支撑系统。

（3）集成化。将更加注重系统技术和集成技术的研究。

（4）并行化。绿色设计今后的一个重要趋势就是与并行工程的结合，从而形成一种新的产品设计和开发模式——绿色并行工程。

（5）智能化。人工智能和智能制造技术将在绿色制造研究中发挥重要作用。

（6）产业化。绿色制造的实施将导致一批新兴产业的形成，除废弃物回收处理装备制造业和废弃物回收处理的服务产业外，绿色产品制造业、实施绿色制造的软件产业也值得关注。

复习思考题

11-1 简述精益生产的两大支柱。
11-2 如何理解决策错误造成的浪费和员工才智浪费。
11-3 企业的敏捷化建设主要包括哪些内容？
11-4 试述大规模定制的基本思想及其类型。
11-5 试对大量生产、敏捷制造和大规模定制生产方式进行比较分析。
11-6 简述 OPT 与 TOC 的内涵特征；简述看板控制系统的工作过程。
11-7 为什么绿色制造是可持续发展的制造模式？

案例讨论 约束理论在某汽车制造企业物料供应系统中的应用

随着某大型汽车公司生产和销售的发展,对公司供应系统的要求越来越高。该公司共有30多种车型,按照市场的需求随时调整生产的车型和数量,这样零件供应必须有一定的弹性才能适应。为适应生产经营的发展,公司在国内首家正式实行散件按件供应。所谓按件供应是指该公司依据自己的制造明细、生产计划、零件库存、运输周期,按零件或生产材料的型号、规格和包装单位制作并向国外供应商发订单,采用要货令的形式每月确定订购的数量及交货日期。正是由于按件订货的实行,使得该公司能够适应新的要求,让计划人员可以根据生产需求灵活调整各零件的分配。但是由于散件一般由国外海运,从订货到零件上线整个过程长达6个月,而当前市场瞬息万变,生产计划随之而动,这大大增加了供应系统的难度。要满足生产的要求,必须对供应系统进行优化。

该企业运用约束理论的基本思想,从保证该公司的散件供应出发,找出生产供应系统的瓶颈,通过采取不同提高供应能力的措施,保证企业能够按照市场需求灵活安排生产。

1. 合理确定瓶颈零件

该公司是高标准、高起点建设的。设计生产能力一期工程为年产15万辆整车,已于若干年前通过了国家验收。由于市场等多方面的原因,现在公司实际产量为5万辆左右。从这一点看,设备生产能力不饱和,可以认为不可能成为瓶颈。公司的员工是高素质的,且公司历来重视员工培训,应该认为员工行为不是瓶颈。相比之下,当前瓶颈最可能发生在物资供应上。该公司的物资供应分为国内采购和国外采购两部分。国内采购部分由A、B两个供应商来管理,且供应商所处距离较近,容易做到快速响应。国外采购部分的散件就麻烦得多,比如周期长、只一家供应商供货等,这正是当前瓶颈所在。

根据约束理论,在该公司上千种进口零件中,应有一小部分是可能影响生产的关键性零件,为确定这些重点,结合公司的实际情况,用ABC分类法找出了这部分零件。在实际运用中,按零件价值分类,对于单价超过100法郎的零件定义为A类,B类零件则是单价介于5法郎到100法郎之间的零件,C类零件为单价低于5法郎的零件。另外,根据实际情况,还按零件在不同车型的使用情况进行分类:对于只在一种车型上使用的专用零件定为A类,在两种或多种车型上的专用零件定为B类,在所有车型上使用的零件定为C类。这主要是因为通用零件相互可以调剂,对生产变化的反应不明显;而专用零件正相反,容易成为瓶颈。最终确定A类零件最有可能是瓶颈,必须进行连续的系统监控;对于C类零件则无须进行精确的控制;对于两者之间的B类零件可以根据企业的实际情况加以确定如何管理。

2. 采取措施消除瓶颈

找到瓶颈零件后,该公司采取了如下措施进行优化管理。

按照约束理论建立"缓冲器"。一般来说,"缓冲器"分为"时间缓冲"和"库存缓冲"。"库存缓冲"就是建立保险库存保证生产,"时间缓冲"则是将所需的物料比计划提前一段时间提交,以防随机波动。由于该公司是以销定产,生产计划变化较大,而按件订货的周期相对而言是比较长的,要以订货来满足生产变化不现实,因此建立时间缓冲至关重要。

按照该公司和国外独家供应商签订的按件供应协定,该公司在每月订单发出的同时,要发出要货令,用以指导供应商发货。要货令将一个月所需的发货数量分配在4个小周期内发送。根据这一特点,该公司对要货令进行了适当的调整。比如重点零件,将头两个小周期的发货量适当加大,这就相当于开辟了一个时间缓冲。对于提前量,可以根据对市场的预测、仓库的库存量等进行调整。

虽然时间缓冲是一个极为有效的办法,但是并不能解决一切问题。比如,国外独家供应商由于自身生产能力的限制经常导致其不可能完全按该公司要货令的要求发货,从而导致时间缓冲遭到破坏,为此不可避免地需要建立一个库存缓冲。前面已经提到A类零件价值高,因此建立库存缓冲必须十分谨慎。库存缓冲建立在计划管理人员严格控制之下,为此计划管理人员要对零件做完整、精确的记录,经常检查,对零件的发货期限、库存盘点、出库等严格监控,掌握大量数据并进行分析,确定缓冲库存量的上限;同时要根据库存的情况催促供应商尽快发货并督促运输部门及时将货物运到目的地仓库,以防止零件短缺。

上面已经提到该公司的生产方针是以销定产,也就是说生产计划是由市场决定的。因此要尽量满足用户的需求,同时绝不能冒险采购并生产和销售用户不感兴趣的产品。正是由于建立了缓冲,才能满足生产变化的需求,保证生产和销售。例如,装有自动变速箱的新车型及装有ABS的车型在启动时市场反应很好,生产计划不断提高。由于预先合理地建立了时间缓冲和安全库存缓冲,及时地满足了生产的需要,使公司成功进入市场并不断扩大份额,提升了企业的影响力。

3. 适当调整,指导储运,平衡非关键零件的物流

根据约束理论,生产系统的产出是由瓶颈资源最终决定的,但这并不是说非瓶颈资源就不起作用,事实上瓶颈资源必须有非瓶颈资源参与才能发挥作用。前面分析也指出,使非瓶颈资源按瓶颈资源的鼓点运转才能真正平衡物流。所以,该公司对于C类和B类零件同样充分重视。正如每一个生产管理者所了解的,控制库存有极为重要的意义,即便是非瓶颈资源也一样。比如,不必要的库存阻碍了流水线和物流,对于提高生产效率不利。过多的库存还掩盖了企业生产经营中的一些严重问题:①经常性的零部件制造质量问题;②企业计划的不当,需求预测不准确;③工人劳动技能、劳动纪律和现场管理方面的问题。只有依据约束理论,使非瓶颈资源跟随瓶颈资源的鼓点进入物流才能使生产发挥最大的效益,为此该公司采用以下方法适当减少公司的库存。

根据该公司进口零部件按件订货的具体操作规程,其独家国外供应商每向它发一个集装箱,都要利用EDI(电子数据交换)技术向它反馈发货信息。公司接收到之后,将信息转入自己的信息系统,包括的信息有零件的使用点、订单号、交货时间、数量、集装箱号等。该公司的系统建立在IBM大型计算机上,用户可以共享,方便地知道零件在各个物理点(仓库、本地港口、上海港口、海上、法国发运港等)的数量和时间。同时,通过公司的Intranet(企业内部网),计划管理人员可以及时同工厂仓库管理人员进行沟通,获得库存零件和在途零件的精确数量。另外,在港口规定有一定时间的滞箱期,在公司仓库紧张时,可以用其作为缓冲。这使非瓶颈资源按瓶颈资源的鼓点进入企业内部成为可能。

根据生产计划,计划管理人员可以知道哪些零件在某个时期可能出现短缺,哪些零件在某个时期库存已经过大。这时可以根据实际情况通知储运部门,调整其运输安排,从而平衡库存。同时要及时把情况传递给其他有关部门,协调各个部门解决有关生产中的实际问题,如废品率、返修率高。这就需要相关部门调整检修设备、培训工人和加强管理等,以便达到平衡和减低库存的作用。

4. 改进工厂内部供应过程,加快物流速度,减小瓶颈资源的影响

在不改变大批量订货的前提下,加速物料流动,将使瓶颈资源的利用更加充分,非瓶颈资源的库存也将随之减小。在进口零部件按件供应的应用中,该公司发现一些进口零部件的包装单元和工厂中相对应的容器一样或相近。这就是说,在一定的条件下,可以用包装单元整体当成零件的容器,在集装箱开箱后,直接用包装单元上线,而不是再经过一个工厂容器转运,这大大提高了物流的速度。特别地,如果是瓶颈资源,将提高整个物流速度,也相应地减小了仓库占用与人工搬运的时间和费用。

为了达到这一目的,公司进行了大量的调查,并正和国外供应商进行协商,希望取得外方供应商的支持,使工作顺利进行。公司看板供应系统已经投入使用,这一部分零部件可以当成一种特殊形式的看板供应,将其融入看板供应系统中。另外,可以利用附近的物流公司的仓库进行周转,采用第三方物流的方式,实现 JIT 的供应,将该公司的物流管理水平进一步提升。

(资料来源:陈荣秋,马士华.生产运作管理[M].5版.北京:机械工业出版社,2017.)

讨论题

你认为,这家汽车制造企业对约束理论的运用如何?是否存在改进的空间?若存在,应该如何改进?

参 考 文 献

[1] 王金武.可靠性工程基础[M].北京:科学出版社,2013.
[2] 芮延年,傅戈雁.现代可靠性设计[M].北京:国防工业出版社,2007.
[3] 王霄峰.汽车可靠性工程基础[M].北京:清华大学出版社,2007.
[4] 肖生发,郭一鸣.汽车可靠性[M].北京:人民交通出版社,2008.
[5] 赵宇.可靠性数据分析[M].北京:国防工业出版社,2011.
[6] 刘俊.汽车可靠性工程基础[M].合肥:合肥工业大学出版社,2011.
[7] 付百学.汽车试验技术[M].北京:北京理工大学出版社,2015.
[8] 李胜琴,王若平,张文会.现代汽车设计方法[M].北京:机械工业出版社,2013.
[9] 胡启国.机械可靠性设计及应用[M].北京:电子工业出版社,2014.
[10] 贝尔恩德·贝尔舍.汽车与机械工程中的可靠性[M].蓝晓理,金春华,汪邦军,译.北京:机械工业出版社,2014.
[11] 朱敏波,曹艳荣,田锦.电子设备可靠性工程[M].西安:西安电子科技大学出版社,2016.
[12] 茆诗松.可靠性统计[M].北京:高等教育出版社,2008.
[13] 曹晋华,程侃.可靠性数学引论[M].北京:高等教育出版社,2006.
[14] 刘混举.机械可靠性设计[M].北京:国防工业出版社,2009.
[15] 姜同敏.可靠性试验技术[M].北京:北京航空航天大学出版社,2012.
[16] 中国质量协会.中国制造业企业质量管理蓝皮书(2016年)[M].北京:人民出版社,2017.
[17] 陈秀华,刘福尚.汽车制造质量管理[M].北京:机械工业出版社,2014.